QUALIDADE com HUMOR

CB037609

Volume 1

Victor Mirshawka

Qualidade com Humor

DVS Editora Ltda.
www.dvseditora.com.br

Qualidade com Humor
Copyright© 2005 DVS Editora
www.dvseditora.com.br

Todos os direitos para a língua portuguesa reservados pela editora.
Nenhuma parte dessa publicação poderá ser reproduzida, guardada pelo sistema *retrieval* ou transmitida de qualquer modo ou por qualquer outro meio, seja este eletrônico, mecânico, de fotocópia, de gravação, ou outros, sem prévia autorização, por escrito, da editora.

Produção gráfica: Spazio Publicidade e Propaganda
Revisão: Jandyra Lobo de Oliveira
Diagramação, ilustração e *design* de capa: Jean Monteiro Barbosa
ISBN: 85-88329-24-7

Dados Internacionais na Catalogação da Publicação (CIP)
(Câmara Brasileira do Livro, SP, Brasil)

```
    Mirshawka, Victor
        Qualidade com humor, volume I / Victor
    Mirshawka. -- São Paulo  :  DVS Editora, 2005.

    Bibliografia.

        1. Administração - Humor, sátira etc.
    2. Competitividade 3. Criatividade em negócios
    4. Empreendedorismo 5. Liderança 6. Mirshawka,
    Victor, 1941 - 7. Planejamento da qualidade
    I. Título.

    05-8010                              CDD-658.40130207
```

Índices para catálogo sistemático:

```
    1. Qualidade : Administração : Tratamento
        humorístico  658.40130207
```

Dedicatória

Dedico este livro à minha querida mulher Nilza Maria, a incrível companheira de mais de 40 anos de vida em comum, a incansável e carinhosa mãe de nossos três filhos, a inspiradora das minhas ações, a insufladora de toda a energia que precisei para poder transpor as barreiras na estrada da vida, e a inseparável companheira dos inolvidáveis e mais felizes momentos da minha existência.

Parafraseando o poeta Carlos Drummond de Andrade:

"Esse longo caminho percorrido lado a lado, nos bons e maus momentos, fez de nós dois um ser unificado pelos mais fundos, ternos sentimentos.

A gente sempre se amando nem viu o tempo passar.

O amor foi-nos ensinando que é sempre tempo de amar."

Obrigado por todo esse tempo, Nilza Maria!!!

Índice

APRESENTAÇÃO COM UM RELATO AUTOBIOGRÁFICO _____ 13

APRENDENDO POR ANALOGIA _____ 24
O que se pode aprender com os lobos?

CATOLICISMO _____ 32
Conseguirá o papa Bento XVI ser o guardião das certezas?

COMPETÊNCIA _____ 44
Por que e como fazer para valorizar as competências das pessoas?

COMPETITIVIDADE _____ 48
Você acha fácil responder a uma pergunta do tipo: Como?

COMUNICAÇÃO EFICAZ _____ 53
Como proceder para se ter uma comunicação eficaz?

CONQUISTAS _____ 58
O que se pode aprender com as conquistas de Alexandre, o Grande?

CONSULTORIA _____ 70
Os consultores estão ficando cada vez mais descartáveis ou são ainda indispensáveis?

CONTROLE E APRENDIZADO _____ 78
Você acha fácil responder a uma pergunta do tipo: Como?

CRIATIVIDADE E COMPORTAMENTO _____ 85
O que você deve fazer para transgredir as regras como fazia Einstein?

EDUCAÇÃO _____ 93
Quais são as grandes tendências da educação no século XXI?

EMPREENDEDORISMO _____ 101
O que está confuso no empreendedorismo?

FELICIDADE _____ 105
O que é felicidade angelical?

GESTÃO DO CONHECIMENTO _____ 108
Qual é a importância da gestão do conhecimento (GC)?

HÁBITOS VENCEDORES _____ 116
Quais são as características e hábitos dos empresários de sucesso?

HUMOR _____ 122
Por que o humor é importante?

IDÉIAS _____ 129
Por que as idéias são importantes?

INFORMAÇÃO _____ 135
Você sabe como interpretar o que está escrito num jornal sobre política?

INOVAÇÃO _____ 139
O que vem a ser inovação?

INTIMIDADE COM OS ANIMAIS _____ 143
Qual é a melhor maneira de encontrar um espírito (ou alma) com o(a) qual se tenha afinidade?

LIDERANÇA 147
Como é possível descobrir futuros líderes?

LONGEVIDADE 151
O que fazer para quem tem mais de 60 anos?

MARKETING 159
Em quais segmentos ou áreas um profissional deve ser um *expert* para poder fazer um plano de *marketing* eficaz?

OPORTUNIDADE PARA SE DESTACAR 163
O que significa estar fugindo da síndrome de *koi?*

OTIMISMO 166
Otimismo e realidade

PAZ 177
O campeão da luta pela paz: Karol Wojtyla

PERSISTÊNCIA 191
Como está a sua persistência?

PRINCÍPIOS DE LIDERANÇA MILITARES 196
Quais são as lições de liderança que se pode tirar dos tempos de guerra?

PRISÃO 202
O que um empresário ou um político que for preso deve ler na cadeia?

PROGRESSO 205
Qual é o país que numa década tem espantado o mundo com o crescimento de sua economia?

QUALIDADE DE SERVIÇO _____ **211**
O que leva uma empresa a crescer quando ela tem foco no cliente?

RESPONSABILIDADE SOCIAL _____ **218**
Como é possível fazer a diferença em empresas sociais?

SAÚDE _____ **223**
Você está se valendo do fator Wellness?

SOBREVIVÊNCIA PERANTE A EVOLUÇÃO _____ **228**
Será que sobreviver é o suficiente para uma empresa?

SUCESSO _____ **232**
Com quem se deve aprender a vencer?

TALENTOS _____ **238**
Qual é a dificuldade de lidar com profissionais talentosos?

VISIONÁRIO _____ **244**
Quem foi o visionário cujas fantasias se tornaram realidade?

BIBLIOGRAFIA _____ **251**

REVISTAS _____ **255**

Apresentação com um Relato Autobiográfico

Elaborei este livro em vários volumes justamente para poder continuar fazendo o trabalho de que mais gosto, que é aquele de poder dialogar com os alunos-aprendizes de todos os níveis e idades – discutindo e apresentando temas que de alguma forma têm relação com a melhoria da qualidade humana tanto no contexto individual como da sociedade no seu todo.

É por isso que abordei assuntos que vão desde a eficácia do atendimento até a influência da religião na vida de um povo, desde os exemplos de uma eficiente liderança até os progressos de uma nação, desde o incremento da capacidade individual até a validez do trabalho em equipe, etc.

Tudo isso sempre acompanhado de mensagens humorísticas, através de imagens, de pequenas historietas, de relatos cômicos e de comentários ou reflexões satíricas para tornar a leitura do livro mais amena e atraente.

Uma coisa que gostaria de passar aos leitores é que não acredito muito em motivação externa, mas sim em automotivação.

E o segredo, então, é descobrir o que o motiva.

Nesse sentido, é preciso aprender a perceber a si mesmo.

Para tanto é necessário fazer constantes autocríticas, parando regularmente para analisar como anda a sua vida, efetuando um balanço entre o planejado e o conquistado.

É vital, pois, fazer periodicamente uma **introspecção** da própria vida.

É imprescindível também ouvir quem o ama.

E nesses mais de 40 anos de vida em comum eu pude inúmeras vezes perguntar à minha querida esposa: "Amor da minha vida, como é que eu sou?"

Foi dela que recebi a observação dos meus pontos fracos e fortes; o consolo para não ficar triste quando algumas pessoas não me viam como gostaria que vissem; a sugestão de manter sempre o brilho nos olhos, e principalmente para sorrir, pois o sorriso além de ser uma fantástica "arma de *marketing*", é também um valioso termômetro para que cada um possa medir o seu grau de automotivação.

Você, meu caro(a) leitor(a), anda sorrindo para a vida ou está esperando que ela sorria para você?

O importante é que além de sorrir para os outros, pude viver com Nilza Maria, a minha família e os meus amigos sorrindo bastante...

E o incrível é que ninguém me orientou sobre o que fazer para achar alguém que fosse amar para sempre e conseguir reciprocidade dessa pessoa.

Tampouco eu sabia quando jovem que Santo Tomás de Aquino aconselhava: "É essencial amar a Deus para poder amar o próximo.

E para que haja amor verdadeiro se requer que a pessoa queira o bem de alguém na medida que lhe cabe.

Na verdade, quando se quer bem a alguém, só pelo fato desse bem redundar em bem para outros, este alguém é amado por redundância."

Nesse ponto gostaria de citar o que diz Suzi Malin sobre as três categorias visuais do amor – ecoísmo, harmonismo e prima-copulismo – e a categoria não-visual denominada **amor sereno**.

No **harmonismo**, o casal compartilha proporções faciais semelhantes, quando a possibilidade de reciprocidade é boa. O harmonismo funciona para muitos casais, porém há também um significativo índice de fracasso, pois a relação começa pela aparência física. O tempo com certeza fará com que a beleza desapareça e, a menos que encontrem a "beleza interior", o amor do casal pode diminuir muito ou até morrer. Para a maioria, porém, o harmonismo funciona bem, pois não ser mais o centro das atenções acaba até sendo uma vantagem (!?!?) quando as dificuldades aparecem. Apesar disso, algumas mulheres harmonistas fazem de tudo para se manterem atraentes (por sinal, a indústria cosmética viceja com o amor harmonista) e o envelhecimento lhes causa ansiedade.

No **ecoísmo** o amor visual não é definido pelas proporções do rosto do casal, como no harmonismo, mas por três principais traços da face: a linha superior da pálpebra, a linha superior dos lábios e a curva da sobrancelha. O exterior da pessoa reflete o interior, portanto, os ecoístas são sempre pessoas semelhantes, ou seja, constituem o grupo de amor das "almas gêmeas". Casais ecoístas têm um grande privilégio: são autênticos, não receiam julgamento da pessoa com quem vivem, se divertem juntos, compartilham a mesma "visão" em vários assuntos, adotam os mesmo passatempos e interesses. Uma união ecoísta traz felicidade, porém o preço é a sensação de ausência quando se perde o outro. A dor de sobreviver ao outro se torna maior pela perda do(a) amigo(a) quando era mais necessário...

Prima-copulismo é a atração baseada na semelhança visual da pessoa com o seu primeiro laço afetivo (mãe, babá, parente próximo, etc.). Prima-copulismo é o amor original, alimentado por algumas necessidades e inseguranças infantis. Se o primeiro laço estiver ausente nos primeiros anos, maior será a necessidade de plenitude emocional. Os homens em particular se atiram nesses relacionamentos sem vacilar, não importando cargos e responsabilidades. Por instinto, confiam nessa mulher por ser o amor que os resgata ao berço, quando confiança e afeto eram as primeiras lições. Geralmente, num relacionamento prima-copulista, a mulher tem o poder, pois a mãe (ou sua substituta) sempre sabe mais. Porém, não há equilíbrio no prima-copulismo, pois ele é involuntário e sufocante, deixando os parceiros vulneráveis. Quando um casal se encaixa nas três categorias visuais, acontece o amor de uma pessoa que lembra o primeiro laço afetivo da outra (a categoria mais poderosa de todas), além das características partilhadas de harmonismo e ecoísmo.

Existe uma outra categoria de amor relacionada a uma "atração não-visual" entre duas pessoas. Não significa que os parceiros não sejam atraentes, mas nesse caso o visual não é fundamental para a aproximação. Chama-se a este "encantamento" de amor sereno. No amor sereno não há similaridade fácial nem nos traços principais, nem nas proporções matemáticas. Também não é prima-copulista, pois os parceiros não se remetem aos seus respectivos primeiros laços afetivos.

É uma atração baseada em calor humano e amizade!!!

Envolvente, pode passar despercebido na primeiras etapas, mas, aos poucos, um sente que o outro pode ser a "pessoa ideal". Pois é, talvez os processos visuais sejam a chave para se ter sucesso no amor, o problema é que os jovens não são instruídos para usar bem esses processos e tampouco sabem o que é um amor sereno.

E não poderia ter sido diferente comigo quando tinha só 17 anos...

Existem muitos livros sobre o amor nas bibliotecas e nas livrarias do mundo.

O amor de que tratam esses livros é aquele que aproxima um homem de uma mulher (como foi explicado há pouco) permitindo-lhes criar a vida, como foi o nosso caso, que tivemos a felicidade de ter e educar três filhos maravilhosos: Victor Jr., Sergio e Alexandre.

Na realidade, não precisei ler muito sobre esse amor pois o encontrei na prática na convivência com Nilza Maria, e principalmente dentro do ambiente da nossa casa.

Todo ser humano pode conhecer, dentro da sua casa tudo aquilo que vale a pena conhecer, ou seja, a beleza, a inocência, a culpa, o sentido da dor, e principalmente o amor de uma mulher.

E se alguém acha que para aprender muito sobre a vida deve viajar bastante e ter inúmeros relacionamentos, por certo erra se antes não explorar tudo o que tem dentro da própria casa e da pessoa com quem se casou e está sempre ao seu lado.

Com Nilza Maria foi possível sonhar juntos, o que nos deu uma fonte ilimitada de energia e entusiasmo.

E com a Nilza Maria foi gostoso sonhar, pois inclusive graças a ela poucas vezes acabamos falando: "Poderia ter sido de outra forma ou acontecido algo diferente!!!"

A nossa vida junto com os nossos filhos foi muito feliz porque sempre soubemos sonhar, e assim sempre tivemos algo para fazer, para amar e para esperar até que se concretizassem os nossos objetivos a partir dos nossos esforços.

Tive a felicidade nesses mais de 40 anos de vida compartilhada com Nilza Maria de sempre achar o caminho de casa, e apesar de cada vez mais conhecido, ser aquele que tinha as melhores cores e formas, os mais agradáveis sons e os delicados perfumes.

E então, pudemos formar uma família maravilhosa, hoje aumentada com duas noras e cinco netos.

Mas como é que foi que o destino me fez conhecer Nilza Maria?

Aí vai um rápido relato desse crucial acontecimento para a minha vida...

Não podia ouvi-la nem cheirá-la.

Apenas vê-la, e a uns 15 metros de distância, em um daqueles bailinhos organizados pelos alunos do científico – curso colegial de hoje. Mas foi o suficiente para me apaixonar por ela.

Nenhum outro momento afetou mais a minha vida.

Foi assim, que em 1958 conheci o amor da minha vida: Nilza Maria!!!

Namoramos os dois anos do colegial e mais cinco anos durante os quais me formei engenheiro na Universidade Mackenzie.

E durante esses 7 anos planejamos muito e até começamos a economizar, abrindo uma conta conjunta para que pudéssemos ter no futuro o nosso lar e a nossa família.

De fato, nessa época, além de estudar, aprendi a jogar basquetebol com o qual alcancei muitas conquistas inclusive tornando-me campeão mundial em 1963 na competição que aconteceu no Rio de Janeiro, campeão mundial universitário no mesmo ano em Porto Alegre e medalha de bronze nos Jogos Olímpicos de Tóquio em 1964.

Aliás, pratiquei intensamente esse esporte por mais de 20 anos, tendo jogado nas equipes do Tietê, Sírio, Palmeiras, Monte Líbano, e uma passagem rapidíssima num torneio mundial interclubes fazendo parte do Corinthians.

É evidente que nessas duas décadas de prática esportiva, muitos títulos regionais, nacionais e sul-americanos tive a possibilidade de conquistar. Isso me obrigou a fazer diversos "malabarismos" para poder continuar estudando com dedicação, e mais tarde lecionando em várias instituições de ensino superior – Universidade Mackenzie, Escola de Engenharia Mauá, Fundação Armando Alvares Penteado (FAAP) e Fundação Educacional de Bauru – e não deixar de conviver intimamente com a minha família.

Além disso, para poder ganhar algum dinheiro ainda como estudante de engenharia comecei a escrever textos – na época chamados de apostilas –, que mais tarde se transformariam em livros editados pela Livraria Nobel. Usei esses livros nas várias disciplinas que tive oportunidade de lecionar, como Matemática Superior, Cálculo Numérico, Calculo Integral e Diferencial, Estatística, Pesquisa Operacional, Física, Mecânica, Eletricidade e Circuitos Elétricos.

Nilza Maria era a digitadora, a revisora, a pessoa que intercalou comigo os fascículos – que no seu conjunto constituíam uma apostila –, e no final a controladora da distribuição e venda desses textos.

Foi com a sua ajuda constante que consegui publicar dezenas de livros didáticos que foram extremamente úteis para que as minhas aulas, e mais tarde as minhas palestras tivessem um conteúdo consistente, e que eu pudesse de fato transmitir aos meus alunos informações sobre algo que conhecia com mais profundidade.

Com os ganhos do meu trabalho como professor universitário e com alguma ajuda do esporte conseguimos economizar dinheiro suficiente para comprar a nossa casa, e aí pensamos que já era tempo de termos uma família maior.

O nosso casamento aconteceu em 29 de junho de 1965, o nosso primeiro filho, Victor, nasceu em 20 de dezembro de 1969, e os outros dois: Sergio e Alexandre, vieram ao mundo respectivamente em 19 de novembro de 1971 e 18 de setembro de 1976.

Assim, a década de 70 foi realmente aquela em que Nilza Maria cuidou intensamente do crescimento e educação dos nossos três filhos, sem nunca deixar de me auxiliar na transposição de todos os obstáculos e desafios que encontrei na minha carreira, bem como de compartilhar comigo os sofrimentos de várias frustrações que foram acontecendo na estrada da vida...

A década de 1970 foi vital para o meu desenvolvimento como gestor, porquanto aceitei em 1972 o convite para ser vice-diretor da Faculdade de Engenharia da FAAP.

Em 1976 fui escolhido como diretor da Faculdade, cargo no qual permaneci até 1988.

A partir desse momento foi preciso aprender a lidar com os anseios das pessoas: dos alunos, com seus problemas particulares; dos professores, que não conseguiam esquecer suas atribulações pessoais nas salas de aula; e dos funcionários, muitas vezes não valorizados adequadamente na sua contribuição ao processo educacional.

Foi aí que comecei a envolver-me mais com as questões de administração, até porque também passei a lecionar nas Faculdades de Administração e Economia da FAAP.

Fiz vários cursos que me permitiram adquirir conhecimentos de como se deve proceder para poder liderar pessoas, tomar decisões (algumas intuitivas), desenvolver trabalho em equipe, comandar reuniões, etc.

Nasceu aí também o gosto e a preocupação com a **qualidade** quando comecei a escrever livros sobre o assunto, abordando os problemas de produção, a melhoria de processos, o aperfeiçoamento dos serviços, e principalmente enfocando o tema qualidade de vida, navegando nas águas do sucesso pessoal e da emoção.

Por sinal, foi no início da década de 80 que o Brasil começou a acordar para a eficácia industrial, e as empresas nacionais voltaram-se de forma intensa para a melhoria da qualidade, inspiradas no maravilhoso exemplo de sucesso do Japão, um país vencedor no mundo através dos seus produtos inovadores e de sua qualidade.

Se viajei para várias partes do mundo como jogador de basquete, ao me envolver com a qualidade fui convidado a ministrar inúmeras palestras para as mais diversas organizações em praticamente todos os Estados do Brasil. Bem, aí fiz centenas de viagens!!!

Mas foi maravilhoso conhecer de perto os costumes e especialmente as maravilhas do nosso País, do Amazonas ao Rio Grande do Sul.

Em muitas dessas viagens tive ao meu lado a minha companheira inseparável, Nilza Maria, e às vezes até de todos os meus filhos, podendo assim sentir o efeito daquele *slogan*: **"Família que trabalha junto, também se diverte junto!!!"**

Cheguei a pensar seriamente que devia deixar de lecionar nos cursos de graduação, até porque as constantes viagens atrapalhavam ou impossibilitavam a minha presença nos horários predeterminados para as aulas nas faculdades da FAAP, na Escola de Engenharia Mauá e na Universidade Mackenzie.

Assim, para minimizar os conflitos, a melhor solução foi a redução drástica do número de aulas nos cursos de graduação, e a liberação de três dias por semana para atuar mais como palestrante e consultor. Dediquei uma parte do tempo reservado à docência para envolver-me com a nascente área da informática no Brasil, escrevendo mais de uma dezena de livros sobre as linguagens FORTRAN e BASIC, além do *Fazendo maravilhas com a Grafix*, no qual era explicado o uso da impressora mais vendida naquela época.

Nesse período, graças ao estímulo do amigo Milton Mira de Assumpção Filho, na época à frente da Makron *Books*, escrevi 12 livros, a maioria abordando qualidade, confiabilidade e manutenção, entre os quais *Os 14 princípios do Dr. Deming – A vez do Brasil*, apoiado também pelo engenheiro Celso Varga, então presidente de uma das empresas mais importantes do Brasil, a Freios Varga.

Esse livro vendeu algumas dezenas de milhares de cópias, e só no ano de 1987 cheguei a dar 85 palestras sobre o que estava escrito nele, em diferentes empresas e locais do Brasil.

Realmente esse livro marcou muito a minha vida e não posso deixar de lembrar que quem o leu três vezes antes de ser lançado foi Nilza Maria, que inclusive estava apta a me substituir nas palestras que ministrei em tantos lugares, caso quisesse...

Foi seguramente de tanto discutir e propor a implementação dos 14 pontos do Dr. Deming que me vieram muitas idéias novas, ou seja, aprofundar meus conhecimentos em tópicos como a criatividade e a inovação, o aprendizado acelerado, o trabalho em equipe, o desenvolvimento de competências, em particular a liderança, a qualidade de vida, o aconselhamento de pessoas e a gestão de conflitos, a administração pública, o empreendedorismo, a responsabilidade social, o capital intelectual, etc.

Aí surgiu a idéia de publicar uma revista que abordasse a qualidade e todos esses temas. Assim surgiu a *Qualimetria*, hoje apoiada pela FAAP, o que fez com que eu procurasse conhecer mais profundamente novas áreas de conhecimento.

Tudo isso foi muito rico pois permitiu-me um desenvolvimento ímpar.

Claro que como extensão de diversos artigos que escrevi para a *Qualimetria*, já com mais de 16 anos de existência, surgiram livros abordando especificamente esses tópicos, os quais agora são novamente analisados na coleção *Qualidade com Humor*, da Editora DVS.

Em 1992 tive uma nova mudança na minha vida, quando recebi o convite para fazer parte da diretoria da entidade mantenedora da FAAP, compondo a mesma com o seu atual presidente, Antonio Bias Bueno Guillon, o seu diretor-tesoureiro Américo Fialdini Jr., e tendo como presidente do Conselho Curador, Celita Procopio de Carvalho.

Foi um desafio para o qual não tinha me preparado pois entre as novas funções precisaria lidar com mais de 1.000 professores buscando atualizar os currículos nas várias faculdades da FAAP, oferecer um **ensino de alta qualidade**, e além disso poder complementá-lo com cursos de especialização e pós-graduação que permitissem aos estudantes da FAAP ter uma formação sólida e que lhes possibilitasse de fato se destacarem no mercado de trabalho.

Foram inúmeros os cursos, seminários e congressos dos quais participei, tanto no Brasil como no exterior, para conhecer o que estava sendo feito nas melhores instituições de ensino e organizações de treinamento do mundo.

Como resultado foram surgindo várias novidades, como foi a introdução obrigatória da Criatividade em todos os cursos de graduação e pós-graduação da FAAP, a implementação do projeto Reeducação para todos os docentes da instituição, que tem como um dos seus produtos principais o Máster em Tecnologia da Educação (MTE), um curso de pós-graduação apenas para os seus professores, e o inovador curso de administração pública Gerente de Cidade, sugerido pelas principais lideranças do setor de construção civil que comandam associações de classe, como a Fiabci e o Secovi.

Atualmente o curso Gerente de Cidade é oferecido em inúmeras cidades do Brasil e já teve até mesmo duas realizações em Buenos Aires, numa parceria da FAAP com a Universidade de Belgrano.

Sistematicamente a FAAP divulga como é possível fazer "mais com menos" na gestão das cidades na sua revista *Gerente de Cidade*.

No cargo de diretor cultural da FAAP, um grande benefício para a minha carreira foi sem dúvida a possibilidade de envolver-me bastante com a cultura e a arte.

Aliás, certamente é na FAAP que nesta última década aconteceram algumas das mais importantes exposições que se organizaram em São Paulo, com obras dos mais importantes museus da Europa, como é o caso da mostra *A Herança dos Czares*, apresentada em 2005, com peças do acervo do Museu do Kremlin de Moscou.

A FAAP, num trabalho exemplar da sua diretoria executiva e da presidente do Conselho Curador, convidou sistematicamente as maiores personalidades mundiais para pronunciar palestras, estando nessa lista os ex-presidentes dos EUA, George Bush e Bill Clinton, bem como os ex-presidentes do Brasil José Sarney e Fernando Henrique Cardoso.

Ministros, governadores, prefeitos, parlamentares, os mais destacados empresários, artistas e educadores brindam continuamente os professores, alunos e convidados da FAAP com as suas "lições de vida".

Foi de fundamental importância para mim nesta última década poder ouvir e aprender tanto com pelo menos duas centenas das mais privilegiadas cabeças do mundo que vieram à FAAP expor suas idéias.

A propósito, isso me convenceu mais ainda da importância de que se devia ensinar aos jovens que ingressam na FAAP não apenas uma profissão, mas dar-lhes a capacidade de usar de forma plena os dois lados do seu cérebro. Isto é, serem aptos a desenvolver o seu raciocínio lógico, bem como a possuir uma inteligência emocional que lhes permita ter a habilidade social, ou melhor, saber lidar com a socialização mostrando afetividade, compaixão e atenção com os outros.

Tratei de passar aos meus professores que é vital que eles, além de ensinarem alguma disciplina específica, buscassem desenvolver nos seus estudantes as 10 funções vitais da inteligência humana:

1ª. Saber pensar antes de reagir.

2ª. Expor e convencer e não impor as suas idéias.

3ª. Aprender a importância da solidariedade fazendo de tudo para aliviar a dor dos outros.

4ª. Saber gerenciar os seus pensamentos dentro e fora dos focos de tensão.

5ª. Saber se colocar no lugar dos outros.

6ª. Dedicar um tempo para contemplar o belo que está ao seu redor.

7ª. Dominar a arte de amar a vida e tudo que a promove.

8ª. Saber trabalhar em equipe.

9ª. Ter espírito empreendedor, sabendo sair da zona de conforto e poder caminhar por terrenos desconhecidos.

10ª. Ter a aptidão para superar o medo e saber extrair lições das perdas e frustrações.

Dessa forma, o que os docentes da FAAP procuram hoje ensinar aos seus alunos não é apenas um conjunto de conhecimentos ligados a uma disciplina, mas transmitem um conjunto de valores e princípios que possibilitam aos estudantes alçar a sua qualidade de vida a um patamar bem elevado.

Isso realmente fez com que a FAAP fosse adquirindo uma grande respeitabilidade pela forma como lida com a educação.

Hoje, no início do século XXI, estou vivendo em alto astral pois posso conviver com a educação, a arte e a cultura, uma **trindade maravilhosa**, sentindo que fui e estou sendo útil à sociedade.

Nestes mais de 40 anos que se passaram desde que me formei engenheiro, lecionei mais de 90 mil de horas, para mais de 100 mil estudantes, ministrei mais de duas mil palestras para várias dezenas de milhares de pessoas diferentes, escrevi mais de uma centena de livros e apostilas, elaborei milhares de artigos destinados principalmente a publicações como *Qualimetria*, *Gerente de Cidade* e *Revista de Engenharia* da FAAP, e durante todo esse trabalho sempre tive a ajuda e os comentários construtivos da minha querida Nilza Maria, ao lado da qual já estou há mais de 360 mil horas e espero que Deus me permita mais algumas centenas de milhares de horas em sua companhia...

Para que, entre outras coisas, possamos rir muito juntos.

Aliás, a risada espanta a ansiedade, ajuda a lidar com o estresse, a depressão, o medo e a preocupação.

Ela inclusive pode estimular o processo de cura de doenças.

Um sorriso amplo, voluntário e descontraído traz grandes benefícios físicos, psicológicos, sociais e até espirituais.

Por isso mesmo, esta coleção de livros – no mínimo cinco volumes – tem piadas e historinhas para que o leitor desfrute desses benefícios.

A risada é como uma ginástica interna.

Ela melhora o nosso sistema respiratório, ajuda a oxigenar o corpo, relaxa os músculos e é um ótimo analgésico.

Além disso, reduz a pulsação e a pressão arterial.

A risada pode abrir o caminho para um novo e empolgante olhar para a vida, pois é uma linguagem universal capaz de romper barreiras raciais e culturais.

É impossível ficar bravo ou preocupado quando se ri, uma vez que o estresse e a tensão são incompatíveis com a risada.

A risada tem baixo teor calórico, não contém cafeína, sal, preservativos ou aditivos, é 100% natural e vem em tamanho único.

A risada é realmente um dom de Deus.

Você pode rir sem parar e nunca terá uma *overdose*...

A risada é contagiosa.

Quando começa, nada é capaz de contê-la.

A risada geralmente não comete ofensas nem crimes, não começa guerras nem acaba como um relacionamento.

Ela é compartilhada por quem ri e para quem se ri.

Ela freqüentemente não custa muito (ou até nada...) e não é tributável!!!

A risada acaba se constituindo numa criadora de tendências.

E se alguém encontrar uma forma de rir logo ao acordar, essa alegria pode continuar pelo resto do dia.

Um dos usos mais construtivos da risada é quando **conseguimos rir de nós mesmos**!!!

Quando conseguimos isso, não deixamos espaço para que os outros riam de nós.

O humor pode existir em praticamente todas as situações do dia-a-dia, como pude comprovar com Nilza Maria e os meus filhos durante o seu crescimento.

Se pararmos para pensar e olharmos cuidadosamente à nossa volta, sempre vamos descobrir razões para compartilhar alegria.

Quando rimos, é como se declarássemos: **"Estou bem. Você está bem."**

É às vezes a maneira de aceitarmos o que não podemos mudar...

O fato é que o palhaço que existe dentro de cada um de nós não precisa usar uma roupa colorida e ter o rosto pintado.

O palhaço que existe dentro de você deve achar que a vida é uma alegria e vale a pena ser vivida.

Ele pode ser um lado seu que precisa das pessoas e que pode viver em harmonia com elas.

A risada deve ser a força motriz que reacende a chama e o fulgor da sua vida.

Na verdade, é importante ressaltar que não é necessário que uma pessoa saiba contar piadas para "entreter" os outros, mas é essencial que tenha senso de humor, pois o efeito do humor principalmente para o sucesso da vida conjugal é enorme.

Pode-se até afirmar que os maridos e mulheres que rirem juntos amarão juntos e permanecerão juntos!!!

Pois é, o otimismo e o senso de humor que Nilza Maria me passou todos esses anos foram certamente os componentes mais poderosos que fizeram com que o nosso casamento fosse tão duradouro.

Apprecie, caro(a) leitor(a), as piadinhas deste livro, e certamente isto o(a) auxiliará a ter um melhor relacionamento com o(a) seu(sua) parceiro(a).

O que realmente lhe desejo é que isto sirva para que você tenha um(a) confidente e companheiro(a) como a minha insubstituível Nilza Maria.

Foi Nilza Maria quem nesses quase cinqüenta anos (estou incluindo o tempo de namoro...) de convivência sempre me proporcionou a condição de **ser feliz**.

Ser feliz não é só ter uma vida isenta de perdas e frustrações, mas, ao contrário, a condição que permite transformar os erros em lições de vida.

Ser feliz é saber extrair das pequenas coisas grandes emoções, encontrando todos os dias motivos para sorrir, rindo das próprias tolices.

Ser feliz é não desistir de quem se ama, mesmo se houver decepções.

Ser feliz é nunca deixar de sonhar, mesmo quando se tiver pesadelo.

Ser feliz é ser sempre jovem, mesmo se os cabelos começarem a embranquecer...

A vida junto com Nilza Maria fez com que eu não percebesse a passagem dos anos, sentindo-me sempre jovem ao seu lado, pois ela me inspirou a ter esperança e a estar apaixonado pelo que fazia, não deixando nunca de sonhar com novas realizações.

Isso é que é ser feliz!!!

Foi Nilza Maria também quem me ajudou a navegar (e continua ajudando...) nas águas da emoção, possibilitando-me ter qualidade de vida no estressante mundo em que vivemos.

Aceito a idéia de que existem dois tipos de sabedoria: a inferior e a superior.

A sabedoria inferior é aquela evidenciada por quanto uma pessoa já sabe, e a superior é mostrada por quanto ela tem consciência de que não sabe.

Todos os assuntos apresentados neste livro indicam claramente quanto eu não sabia, e imagino que isto também aconteça com o leitor.

Espero com esta coleção de livros estar colaborando para que o leitor eleve o patamar de sua sabedoria superior, tornando-se um eterno aprendiz.

Quanto mais um indivíduo desenvolver a sua sabedoria superior, mais saberá tolerar e menos usará a sabedoria inferior para julgar.

É vital que cada um saiba que a sabedoria superior alivia, a inferior culpa, e é a superior que o leva a perdoar, enquanto a inferior força-o muitas vezes a condenar.

A sabedoria superior faz com que cada um aplique a "sabedoria da água", que faz com que os seres humanos bloqueiem menos as portas, não gastando as suas energias no confronto, mas sim procurando janelas!!!

A "sabedoria da água" nos ensina que essa substância essencial para a vida inicialmente não procura discutir com os seus obstáculos, mas busca contorná-los...

Caro(a) leitor(a), espero que a leitura deste livro lhe permita incrementar significativamente a sua sabedoria superior!!!

Aproveite pois o que está neste primeiro volume da coleção.

Aprendendo por Analogia

O QUE SE PODE APRENDER COM OS LOBOS?

Embora nossas vidas tenham se tornado muito complexas e sofisticadas, pouco tempo atrás nossos ancestrais viviam de colher e caçar, coexistindo com o lobo e os outros animais.

Atualmente, podemos inclusive ter sucesso profissional e material enquanto nossa unidade familiar se desintegra diante de nossos olhos.

A tecnologia domina as nossas vidas, ao passo que nossas almas buscam entendimento.

Em resumo, muitos de nós não sabemos mais quem somos.

Perdemos nosso lugar e o sentido das coisas não somente em relação à natureza, como também em relação a nós mesmos.

Durante séculos, homens e lobos coexistiram, vendo-se uns aos outros com mais respeito do que com medo.

Cada um respeitava a organização social e a habilidade de caça do outro.

Foram igualmente parceiros na manutenção do intrincado equilíbrio da Terra.

Entenderam que faziam parte da natureza mais do que a natureza fazia parte deles.

Aí, o homem começou a achar que era **superior** e que não precisava mais do lobo.

Realmente, ele não permitiu mais ao lobo nem o direito de viver.

Começou a oferecer recompensas para estimular o fuzilamento e a captura de lobos em toda parte.

Isso, apesar de o lobo ter dado ao homem o seu **mais leal amigo** e **companheiro de trabalho**, o **cão**.

Hoje felizmente há um reconhecimento crescente de que podemos aprender muito com os nossos velhos amigos *canis lupus,* e atualmente os lobos, com o auxílio dos homens, estão começando a ressurgir em muitas partes do mundo.

A ordem social dos lobos é muito evoluída, com um macho e uma fêmea **alfa** como **líderes**, um macho e uma fêmea **beta** como os segundos no comando, e usualmente um **ômega** no escalão mais baixo.

O macho **alfa** tem força, habilidade para caça, facilidade para tomar decisões, personalidade marcante e muita bravura.

Ele é literalmente o líder do grupo.

A fêmea **alfa** atua como sua companheira e como vice-líder da alcatéia.

Sua personalidade é basicamente semelhante à do macho **alfa**.

A sobrevivência do grupo depende essencialmente da sabedoria, julgamento e liderança de ambos.

O macho e a fêmea demonstram constantemente sua autoridade, jamais permitem que outros lobos **"saiam de seus lugares"**.

O macho **alfa** geralmente se concentra em manter os outros machos na linha, enquanto cabe à fêmea alfa dominar as outras fêmeas.

O macho **alfa** freqüentemente demonstra seu domínio rosnando, mordendo, perseguindo, e até dilacerando os outros lobos.

Essas "lições" são entendidas pelos demais membros do grupo.

O lobo **ômega** é o bode expiatório do grupo. Come por último, leva a culpa por tudo que não dá certo e é geralmente um alvo fácil para se atormentar.

Enquanto os lobos **alfa** transmitem eficazmente sua autoridade, o lobo **ômega** é um exemplo de submissão quando se deita de costas com o estômago em posição vulnerável, ou quando caminha com a cauda entre as pernas.

Os lobos são muito importantes para manter um ambiente natural e saudável.

São carnívoros, e comendo animais fracos, doentes, velhos, e os filhotes de outros animais, desempenham um papel vital no controle dessas espécies.

Não fosse pelos lobos, os animais maiores, como o gnu, o alce americano e os cervos, que necessitam de grandes quantidades de alimentos, prejudicariam as florestas em razão da superpopulação e da dizimação de plantas e árvores.

Quando os lobos se satisfazem e abandonam a carcaça de animais mortos, muitos outros animais, como corvos, coiotes, raposas e hienas saciam-se com os restos.

Na natureza nada se perde.

Lobos são a síntese da beleza, dignidade e inteligência.

São espertos e duros e podem competir com qualquer coisa no mundo, exceto com armas, veneno e armadilhas, **ou seja, o homem**.

Os lobos são devotados às suas famílias e mostram grande sensibilidade em relação às necessidades de seus membros.

Lobos são extremamente leais e esbanjam afeição a seus companheiros de grupo.

Muitas são as lições dos lobos que podem guiar ou melhorar o nosso comportamento com outros seres humanos.

➡ **Trabalho em equipe** - Os lobos andam muito além do horizonte, atravessando a neve à procura de suas presas. Um dos seus métodos favoritos para caminhar é o da fila indiana, um atrás do outro.

O lobo líder despende a maior energia.

Ele abre a trilha em meio à neve macia, permitindo que os outros lobos conservem suas energias.

Quando se cansa, esse líder sai de lado, e o lobo seguinte assume a liderança.

➡ **Paciência** - a esperteza dos lobos vai muito além de identificar as vítimas mais fáceis.

Eles observam e gravam vários traços e hábitos minúsculos da personalidade que os humanos dificilmente (ou talvez nunca) perceberiam.

Os lobos obtêm comumente a sua vitória por causa de sua paciência, e eles só atacam frontalmente um animal quando percebem que ele está seriamente debilitado.

A lição que se deve tirar disso é que o lobo procura uma vitória a longo prazo, e não um sucesso imediato.

➡ **Unidade através da individualidade** - Poucas coisas são tão misteriosas, tristes, aterrorizadoras e bonitas quanto a estranha sinfonia de lobos uivando à noite.

Devido à melodia das vozes, muitas vezes as pessoas se imaginam rodeadas por uma grande quantidade de lobos.

Na realidade, geralmente não há mais do que cinco a oito animais uivando juntos.

O segredo é que os lobos são muitos cuidadosos em não imitar uns aos outros.

Cada lobo assume um único tom, respeitando a singularidade dos outros membros do grupo.

A sinfonia dos lobos faz a alcatéia parecer um inimigo muito mais formidável do que seria se todos produzissem o mesmo som.

Não é à toa que seus inimigos ficam confusos e amedrontados com o que pensam ser um exército de lobos.

A lição que as pessoas, famílias e empresas deveriam tirar disso é que as peculiaridades individuais devem ser celebradas e não sufocadas.

Um fato é indiscutível: expressando a própria individualidade, bem como respeitando e encorajando a individualidade dos outros, a unidade torna-se fortalecida e **fica quase indestrutível**!!!

➡ **Curiosidade** - Os lobos consideram que nada já é conhecido; em vez disso preferem investigar tudo pessoalmente.

Os objetos inanimados da natureza tornam-se seus brinquedos e cada descoberta lhes proporciona encantamento e surpresa.

Os lobos são extremamente curiosos em relação ao ambiente em que vivem.

Não se pode esquecer que para os humanos a curiosidade é o pavio da vela do conhecimento e é também uma das características mais certas e permanentes de um talento vigoroso.

➡ Atitude - A atitude dos lobos pode ser resumida com facilidade.

É uma visualização constante do sucesso.

Os lobos têm uma técnica aprimorada de focalizar suas energias em direção às atividades que os conduzirão à consecução de seus objetivos.

Os lobos não vagueiam sem destino ao redor de suas vítimas potenciais, para lá e para cá.

Eles têm um plano estratégico e o executam mediante constante comunicação.

Quando chega o **momento da verdade**, cada um entende seu papel e exatamente o que o grupo espera dele.

O lobo não depende da sorte.

A coesão, o trabalho em equipe e o treinamento do grupo determinam se a alcatéia vai sobreviver ou desaparecer.

A atitude dos lobos é sempre baseada na pergunta: "O que é melhor para o bando?"

Este é um forte contraste com os humanos, que freqüentemente sabotam os amigos, as famílias e as empresas quando não conseguem o que querem.

➡ Fracasso - Embora a alcatéia seja uma das mais eficientes máquinas de caçar da natureza, a sua taxa de insucesso é de aproximadamente 90%.

Em outras palavras, estatisticamente o lobo obtém sucesso em uma caçada de cada dez, o que é suficiente para a sobrevivência do grupo, porém deixa os lobos sempre famintos...

Os lobos parecem priorizar os acontecimentos malsucedidos de suas vidas.

Nove caçadas sem resultado não os desanimam, porque sabem que na décima, na décima primeira, ou mesmo na décima segunda a vitória será deles.

Os homens devem aprender com os lobos que o fracasso muitas vezes gera o sucesso.

➡ Comunicação - Os lobos estão entre os carnívoros mais sociáveis.

Não confiam em apenas uma forma de comunicação e utilizam todos os meios à sua disposição.

Eles vivem, lambem, assumem uma postura dominadora ou submissa, usam uma linguagem corporal complexa, lábios, olhos, expressões faciais, posição da cauda, o olfato, como opções para transmitir as suas mensagens.

Para os lobos, a arte da comunicação envolve todos os tipos de comunicação, particularmente a linguagem corporal.

O poder de observação que têm é tão apurado que eles podem registrar até a mais sutil mudança de comportamento em cada um dos companheiros.

Talvez a habilidade dos lobos de se comunicarem tão efetiva e claramente consista em uma das razões pelas quais raramente lutam uns com os outros até a morte.

Será que os homens não poderiam evitar muita violência, desentendimento e fracasso se trabalhassem duro para desenvolver e usar sistemas de comunicação competentes tal como fazem os lobos?

➡ **Perseverança** - Os lobos percorrem este planeta há mais de um milhão de ano. Eles ainda perseveram, perambulando livres pelas partes mais remotas do mundo.

São animais que não desejam ser alimentados pela mão do homem.

Somente querem ficar sozinhos e viver da forma que o Criador determinou que vivessem, apesar disso ser cada vez mais difícil.

Não há substituto para a perseverança na vida dos lobos porque ela possibilita sobreviver contra todas as vicissitudes. Como nos tornamos cada vez mais dispensáveis em uma sociedade, será que damos valor a essa característica da nossa personalidade?

Parece que não entendemos mais que perseverança não é uma longa corrida, mas sim uma série de pequenas corridas, uma atrás da outra e a cada dia.

➡ **Estratégia** - Existem infinitas variações de estratégias que os lobos usam para atingir seus objetivos, e uma delas é a de seguir um rebanho de forma aparentemente letárgica, porém repentinamente entram em ação, sendo que cada lobo faz uma tarefa de forma eficiente e todos trabalham em equipe.

Lamentavelmente muitos seres humanos, ao contrário dos lobos, não sabem enumerar claramente suas metas pessoais e missões a cumprir, parecendo que adotaram uma filosofia do velho ditado, de acordo com o qual "se você não sabe para onde está indo, qualquer estrada vai levá-lo até lá"!!!

Jack Welch, o administrador do século XX, diz:

"Uma importante estratégia é tentar entender que posição você ocupa hoje no mundo.

Não onde você gostaria de estar ou onde esperava estar, mas onde está.

É tentar entender onde você quer estar dentro de cinco anos. É saber as possibilidade reais de passar daqui para lá."

➡ **Diversão** - Os lobos compreendem que a diversão não é somente um subproduto da vida, e sim uma razão para viver.

A paixão do lobo pela brincadeira jamais acaba, não importa qual seja a sua idade.

Nos dias de hoje, em muitas famílias a diversão não parece uma opção viável.

O pai e a mãe têm carreiras exigentes que os deixam muito cansados no fim do dia, e praticamente sem energia para a diversão.

Muitas vezes eles trabalham fora do local em que vivem, perdendo dessa maneira grande parte da interação com a família, tendo tempo reduzido para a diversão.

Por sua vez, o marido e a mulher raramente brincam um com o outro...

E o pior de tudo é que as pessoas que não acham tempo para a recreação são obrigadas mais cedo ou mais tarde a achar tempo para a doença.

➡ **Morte e sobrevivência** - A morte de um lobo adulto pode pôr em risco toda a alcatéia.

O conhecimento de covis seguros para criar os filhotes, de trilhas favoráveis à raça, ou de nascentes de água pode desaparecer com a perda de um lobo mais velho.

A eliminação de um lobo-chave significa o sacrifício de anos de experiência, conhecimento e liderança.

Felizmente, os lobos mais velhos **ensinam** e **treinam** os mais novos, dando-lhes oportunidade de falhar, aprender e melhorar sua posição de liderança.

Em qualquer organização, seja ela uma empresa ou uma família, a chave para a sobrevivência prolongada é a participação de todos no conhecimento, na informação e na experiência de seus membros, porém não parece ser essa a satisfação geral que domina nas empresas e nas famílias...

➡ **Lealdade** - A lealdade demonstrada pelos lobos é muito conhecida e tem sido analisada minuciosamente.

Nenhum mamífero mostra maior espírito de devoção à sua família, organização ou grupo social do que o lobo.

Os membros da alcatéia caçam juntos para assegurar a sobrevivência do grupo e também se divertem juntos, cantam, dormem, se engalfinham e protegem uns aos outros.

O propósito da existência do lobo é assegurar a sobrevivência do grupo.

Claro que entre seres humanos para receber devoção e lealdade é essencial que você também as dê.

Caso uma empresa esteja preparando os seus empregados para sobreviver em qualquer conjuntura econômica, em qualquer lugar e em qualquer tempo, então pode-se dizer que está construindo um novo tipo de devoção e lealdade, e desta maneira terá empregados de qualidade superior.

➡ **Mudança** - A habilidade dos lobos de se adaptarem a mudanças é a razão principal pela qual eles, juntamente com os homens, estão entre os mais bem-sucedidos e duráveis mamíferos do mundo.

Por exemplo, os lobos parecem praticar um tipo natural de controle de natalidade, aumentando ou diminuindo sua taxa de reprodução em relação à disponibilidade de presas e de espaço.

Hoje em dia, a alcatéia parece que pode sobreviver tão bem comendo o gamo-de-rabo-branco, abundante na natureza, quanto sobrevivia comendo o gnu, o alce americano ou o veado, que não existem mais em muitas regiões.

Os lobos podem aceitar mudanças desse tipo, porém não podem sobreviver se não alimentarem, educarem e protegerem seus filhotes.

Isso eles não aceitam mudar!!!

Conclusão: Os antigos não viam os lobos como seres inferiores.

Ao contrário, viam-nos como parceiros no complexo ecossistema da natureza.

Os lobos eram respeitados pela sua sabedoria e por outros dons específicos, que felizmente estão sendo mais uma vez redescobertos.

Os lobos sabem quem são.

Eles existem uns para os outros.

Usando o lobo como metáfora de nossas vidas e do comportamento empresarial, as pessoas não apenas podem aprender princípios valiosos, como também devem se divertir bastante.

Mas precisa ficar claro para todos que a lição dos lobos evidencia uma "filosofia de administração" que toda empresa deveria encorajar entre seus funcionários.

Como subproduto, pelo menos todos saberiam a resposta para a pergunta: "O que seria dos homens sem os animais?"

Se todos os animais desaparecessem, o homem morreria de grande solidão espiritual.

Porque, o que quer que aconteça com os animais, logo acontecerá com os homens.

Observação importante: Essa resenha se baseia no livro *A Sabedoria dos Lobos – Princípios para Alcançar Sucesso Pessoal e Profissional* (Negócio Editora – São Paulo 1998), escrito pelo doutor em psicologia e mestre em administração médica e hospitalar Twyman L. Towery, do qual sem dúvida nenhuma podem-se extrair inúmeras lições de uma matilha de lobos para orientar cada um a executar melhor o seu trabalho, a ter um relacionamento familiar mais afetivo, e principalmente a ser mais brilhante como líder na sua comunidade.

Catolicismo

CONSEGUIRÁ O PAPA BENTO XVI SER O GUARDIÃO DAS CERTEZAS?

O papa eleito em abril de 2005, após a morte do papa João Paulo II, o cardeal Joseph Alois Ratzinger, considerado o grande teólogo da Igreja Católica, tem a grande responsabilidade de sobrepujar todas as turbulências que afligem neste momento o Catolicismo.

Na sua primeira mensagem no dia 20 de abril de 2005, o cardeal Ratzinger, agora papa Bento XVI, disse: "...No meu espírito convivem nestas horas dois sentimentos contraditórios.

De um lado, um sentido de inadequação e de perturbação humana pela responsabilidade que me foi confiada pelos cardeais, como sucessor do apóstolo Pedro nesta sede de Roma, cara a cara com a Igreja Universal.

Por outro lado, sinto em mim uma viva gratidão a Deus que – como nos faz cantar a liturgia – não abandona o seu rebanho, mas o conduz através dos tempos, sob a orientação daqueles que Ele mesmo elegeu como vigários e pastores do seu Filho.

Se é enorme o peso da responsabilidade que se coloca sobre os meus ombros, é certamente desmesurada a força divina com a qual posso contar.

Escolhendo-me como bispo de Roma, o Senhor quis fazer de mim o seu vigário, **"pedra"** sobre a qual todos se podem apoiar com segurança.

Peço-lhe que supra a pobreza das minhas forças, para que eu seja pastor fiel e corajoso do seu rebanho, sempre dócil às inspirações do seu espírito.

Seguindo o caminho no qual avançaram os meus venerados predecessores, também eu me proponho a continuar, unicamente preocupado em proclamar ao mundo inteiro a presença viva de Jesus Cristo.

Tenho diante de mim, de forma particular, o testemunho do papa João Paulo II.

Ele deixou uma Igreja mais corajosa, mais livre, mais jovem.

Uma Igreja que, segundo o seu ensinamento e exemplo, **olha com serenidade para o passado e não tem medo do futuro!!!**

A Igreja de hoje deve reavivar em si mesma a consciência da missão de propor ao mundo, novamente, a voz daquele que disse: 'Eu sou a luz do mundo, quem me segue não andará nas trevas, mas terá a luz da vida (Jo 8,12).'

Sei que a minha missão é a de fazer resplandecer diante dos homens e mulheres de hoje a luz de Cristo.

Com esta consciência, dirijo-me a todos, mesmo aos que seguem outras religiões ou que simplesmente procuram uma resposta às perguntas fundamentais da existência e ainda não a encontraram.

A todos me dirijo com simplicidade e afeto, para assegurar que a Igreja quer continuar a tecer com eles um diálogo aberto e sincero, à procura do verdadeiro bem do homem e da sociedade.

Invoco de Deus a unidade e a paz para a família e declaro a disponibilidade de todos os católicos em cooperar para um autêntico desenvolvimento social, que respeite a dignidade de cada ser humano.

Não pouparei esforços e dedicação para prosseguir o promissor diálogo começado pelos meus venerados predecessores com as diversas civilizações, para que da compreensão recíproca nasçam as condições de um futuro melhor para todos."

Porém, desde que o nome de Joseph A. Ratzinger foi anunciado como sucessor de João Paulo II, surgiram críticas à sua atuação como prefeito da Congregação para a Doutrina da Fé.

Assim, os seus pensamentos e atos têm sido revirados em busca de provas de que ele **combateu sistematicamente tudo o que significasse a abertura da Igreja para a modernidade!!!**

E nessa busca de provas está ficando claro que uma coisa da qual Joseph A. Ratzinger não pode ser acusado é de **falta de coerência**.

Em mais de duas décadas de poder no Vaticano, ele sempre defendeu de forma intransigente os chamados valores absolutos do Cristianismo e combateu o relativismo na moral, na doutrina e na teologia.

Vários documentos da história recente da Igreja assinados por Joseph A. Ratzinger, como a declaração *Dominus Iesus* sobre o diálogo com outras religiões, de 2000, e o texto *Instrução sobre Alguns Aspectos da Teologia da Libertação*, de 1984, estão permeados de críticas ao relativismo.

Ratzinger nunca recuou em sua concepção de que a crise da nossa época é uma crise de valores.

Ele sempre esteve em sintonia ideológica com João Paulo II durante o seu longo pontificado.

Aliás, o polonês Karol Wojtyla **admirava** Ratzinger desde quando era cardeal em Cracóvia.

UMA BREVE BIOGRAFIA E ALGUMAS IDÉIAS E CONVICÇÕES DO PAPA BENTO XVI

Assim como a vida e o pensamento do seu antecessor e amigo Karol Wojtyla, os do atual papa Bento XVI também foram moldados pelas ameaças do nazismo e do comunismo.

Na realidade, Joseph Alois Ratzinger cresceu sob o governo de Adolf Hitler, pois o ditador nazista tomou o poder na Alemanha cinco anos depois de o papa ter nascido, na pequena cidade de Marktl-am-Inn, em 1927.

Ratzinger passou toda a infância e juventude na Bavária, uma região tradicionalmente católica.

Conta-se que seu pai, um policial, era totalmente contrário ao nazismo, o que levou a sua família a se mudar constantemente, temendo a perseguição.

Aos 14 anos, no entanto, Ratzinger entrou para a Juventude Hitlerista, associação da qual todos os jovens alemães da época eram obrigados a ser integrantes.

Dois anos depois teve de participar da defesa antiaérea de uma fábrica alemã, e assim que completou 18 anos, em 1945, foi recrutado pelo exército.

Viu judeus serem levados para campos de extermínio, porém parece que nunca disparou um tiro.

Joseph, que já estudava para ser padre durante a guerra, acabou sendo ordenado em 1951, ao lado do seu irmão mais velho, Georg.

O jovem sacerdote logo mostrou sua paixão pela teologia e um grande talento acadêmico, o que lhe abriu as portas para ser professor das mais destacadas universidades alemãs.

Trabalhando no final de um dos papados mais conservadores do século XX, o de Pio XII, Ratzinger mostrou não apenas inteligência, mas muita disposição de repensar os caminhos da Igreja.

Com pouco mais de 30 anos, o teólogo Ratzinger foi nomeado *peritus* (especialista) do cardeal alemão Josef Frings, uma das principais figuras do Concílio Vaticano II (1962-1965).

O Concílio modificou séculos de tradição católica ao abrir a Igreja para o mundo moderno, defendendo a justiça social e a maior atuação dos leigos.

E um dos momentos mais marcantes do encontro – o ataque do cardeal Frings contra o Santo Ofício ou Inquisição, chamado de "escândalo" e "vergonha" – teve o dedo de Ratzinger, que deu todos os argumentos teológicos para a fala do prelado.

Seria de esperar que ele continuasse a defender uma Igreja renovada. Mas todos os que conhecem o novo papa parecem concordar que o ponto de virada radical na sua carreira surgiu quando ele ensinava Teologia na Universidade de Tübingen, em pleno 1968, ano em que uma onda de contestação sem precedentes varreu a Europa, vinda principalmente do movimento estudantil.

Aliás, o *slogan* do movimento era: "**É proibido proibir.**" Para aqueles jovens, nenhuma autoridade secular ou religiosa tinha validade.

Muitos desses jovens se inspiravam no marxismo e viam a fé como algo retrógrado.

Ratzinger ficou horrorizado com tudo isso, e diante dessa ameaça de perder tudo que dois milênios de Cristianismo tinham construído, encheu-se de entusiasmo para resistir a qualquer preço.

Hans Kung, o teólogo liberal que tinha sido seu companheiro no Concílio e articulara sua vinda para Tübingen, tornou-se seu arquiinimigo.

O futuro papa chegou a fundar uma revista teológica, a *Communio*, para fazer oposição à *Concilium*, dirigida por Kung.

Mas na realidade o seu prestígio só cresceu nos anos seguintes, quando o papa Paulo VI o nomeou arcebispo de Munique e Freising em 1977.

Poucos meses depois ele recebeu o chapéu de cardeal, participando de dois conclaves seguidos – os que elegeram João Paulo I e João Paulo II.

No último, parece ter sido um dos principais articuladores da eleição de Karol Wojtyla.

O novo papa logo retribuiu essa confiança, tornando-o seu principal assessor teólogico e sendo o grande responsável pela ascensão do cardeal Ratzinger no Vaticano.

Lamentavelmente em alguns setores essa ascensão não foi bem-vista e não demoraram a surgir apelidos que o ridicularizavam como: cardeal *panzer* (uma referência aos tanques alemães da 2ª Guerra Mundial) e até *rotweiller* de Deus.

Entre os combates travados pelo cardeal Ratzinger está a luta contra a Teologia da Libertação na América Latina.

Para ele, essa linha de pensamento, com ênfase na atuação política e na justiça social, teria abandonado a preocupação central da Igreja com a espiritualidade e a salvação humanas.

Ele impediu as tentativas por parte dos teólogos asiáticos de adaptar as idéias cristãs ao pensamento oriental, e viu sempre com desconfiança o diálogo com as outras religiões que seguem Jesus Cristo.

Sempre se manifestou contrário à denominação de outras Igrejas como "irmãs", já que no seu entendimento o Catolicismo é a Igreja-mãe.

Sua posição sobre as religiões não-cristãs foi sempre polêmica.

Sobre o Judaísmo, do qual João Paulo II se aproximou muito, ele afirmou ser evidente que Deus ainda mantinha uma ligação especial com o povo do Antigo Testamento, entretanto "esperamos o instante no qual Israel dirá sim a Cristo".

Nas questões de moral sexual, Bento XVI fez sempre declarações fortes contra os anticoncepcionais, o casamento de padres e o homossexualismo.

Aos que defendem a ordenação de mulheres, ele disse que o sacerdócio exclusivo para homens era a expressão da vontade soberana do próprio Jesus Cristo.

Apesar dessa rigidez, Ratzinger é um intelectual de formação clássica, capaz de citar no mesmo sermão o escritor russo Dostoievski, o filósofo grego Aristóteles, e um obscuro teólogo bizantino, Nicolau Cabasilas, do século XIV.

O brasileiro Leonardo Boff, que se transformou em ícone da teologia da Libertação do Brasil, sofreu em 1984 um processo da Congregação chefiada por Ratzinger, versão atual do Santo Oficio da Inquisição.

Conta o próprio Leonardo Boff: "Fui interrogado pessoalmente pelo cardeal Ratzinger durante três horas.

Fui em seguida por ele punido com o silêncio obsequioso, deposição da cátedra e proibição de escrever e falar em público sobre o assunto.

Porém ele sempre foi afável em outras ocasiões, e gastava metade do seu salário de professor para ajudar estudantes do Terceiro Mundo.

É interessante citar que foi ele também que ajudou a publicar a minha tese de doutorado, achando uma editora, além de ter investido seu próprio dinheiro nessa impressão."

Realmente o cardeal Ratzinger, além de teólogo brilhante, é um poliglota falando catorze línguas diferentes (o dobro de João Paulo II), sendo autor de três dezenas de livros.

Em todas essas obras, por meio de uma prosa cristalina e envolvente, capaz de dar prazer mesmo ao leitor que se lhe opõe, defende a validade da doutrina da Igreja Católica e a necessidade de preservá-la intacta, também como referência e elemento constitutivo do Ocidente.

Uma de suas conclusões é que a batalha em prol de um Catolicismo mais puro na crença e mais integral na prática **deve ser desenvolvida**, antes de mais nada, **no berço** em que, se não nasceu pelo menos **cresceu**, que é a Europa!!!

Mesmo que isso signifique uma redução ainda maior do número de fiéis, seja no continente europeu, seja ao redor do planeta.

Bento XVI também acredita que é melhor ter uma sede mais enxuta e funcional e não tantas filiais frágeis pelo mundo!?!?

Em linguagem mais direta, na sua concepção deve-se privilegiar a **qualidade dos fiéis**, em lugar da **quantidade**.

Há muitos anos, Ratzinger expressou-se da seguinte forma: "A Igreja Católica certamente diminuirá de tamanho no futuro.

Mas dessa provação sairá uma Igreja Católica que terá extraído uma grande força do processo de simplificação que atravessou, da capacidade renovada de olhar para dentro de si.

Porque os habitantes de um mundo rigorosamente planificado se sentirão tremendamente isolados.

E descobrirão, então, a pequena comunidade de fiéis como algo completamente novo.

Como uma esperança que lhes cabe, como uma resposta que sempre procuraram secretamente."

O cardeal Ratzinger sempre teve um plano para fortalecer a Igreja Católica e já provou isso ao ter escolhido o seu nome quando se tornou papa.

São Bento, patrono da Europa, foi alguém capaz de reanimar a fé cristã num momento em que ela experimentava a decadência.

O cardeal Ratzinger, no seu discurso *A Europa na crise das culturas*, feito um dia antes da morte de João Paulo II, destacou: "Precisamos de homens como Bento da Norcia: Em um tempo de dissipação e decadência, ele mergulhou na solidão mais extrema e conseguiu, depois de todas as purificações pelas quais devia passar, voltar à luz."

Bento XV, por sua vez, foi o papa que buscou de todas as formas que as nações não se envolvessem na 1ª Guerra Mundial, de onde se pode inferir que o papa Bento XVI também pretende ter um papel importante na pacificação dos conflitos em curso e de profilaxia para que outros não apareçam.

O primeiro, por sinal, é administrar um problema que ele próprio criou com a Turquia. Ratzinger declarou, quando era cardeal, que aquele país não deveria jamais entrar para a União Européia.

Na Cúria Romana corre a historieta de que todos os papas, quando morrem, são convidados a ter um colóquio reservado com São Pedro a respeito de teologia.

Desse colóquio eles invariavelmente saem em prantos, inconsoláveis pelo fato de que tenham errado tanto nessa matéria fundamental durante o pontificado.

Mas quando Bento XVI morrer, completam os piadistas, quem sairá chorando dessa conversa sobre teologia será São Pedro!!!

Bem, apesar desses comentários sarcásticos e até negativistas, o próprio Bento XVI procura eliminá-los explicando: "Não me vejo como um grande inquisidor.

A bondade também implica a capacidade de dizer não.

Uma bondade que deixa tudo correr não pode fazer bem aos outros."

Isso mostra que o papa Bento XVI se sente um guardião e que a civilização, principalmente a ocidental, precisa de pontos de referência morais, de maneiras claras de julgar o bem e o mal no cotidiano, e segundo ele, só a fé em Cristo e na Igreja Católica é capaz de fornecer isso.

Espera-se que o eminente teólogo Bento XVI saiba reconsiderar algumas de suas posições anteriores relativas à moralidade, aprendendo com o tempo e distinguindo com maior perspicácia uma questão a princípio tipicamente política.

Porém, ao escolher um intelectual de prestígio, a Igreja Católica optou pelo pensamento no século da criatividade e da sabedoria.

A GLOBALIZAÇÃO E OS PRINCIPAIS DESAFIOS DE BENTO XVI

Parece que o papado deixou definitivamente a Itália.

Claro que é sempre um orgulho e uma esperança para um país ser a terra de um papa.

Quando Karol Wojtyla foi eleito papa com o nome de João Paulo II, a Polônia enlouqueceu!!!

Agora é a vez da Alemanha se gabar e ela o fez com um fervor mais reservado, com sabedoria e uma certa desconfiança.

A Alemanha tem pelo menos três motivos para se alegrar.

O primeiro é que o papado não é uma especialidade alemã, pois o último papa alemão viveu há mais de 500 anos.

O outro motivo é que com a reforma protestante, o catolicismo alemão fracassou!?!?

O terceiro motivo importante é que sobre a história recente da Alemanha pesa uma falta inexpiável, ou seja, a selvageria nazista que levou milhões de pessoas à morte. A designação de um papa alemão certamente vai aliviar um pouco esse fardo, não que o horror nazista seja perdoado ou esquecido, mas provavelmente o país vai ter uma oportunidade maior de mostrar o seu humanismo e apoio aos países menos desenvolvidos neste turbulento mundo globalizado.

Aliás, Bento XVI acredita que a globalização é uma grande inimiga da humanidade!!!

Assim, ele crê que deverá enfrentar os seguinte problemas na era da globalização:

1. Sexo e bioética.

Talvez a faceta pública mais controversa do papado de João Paulo II tenha sido o seu extremo conservadorismo em temas comportamentais, tais como o casamento homossexual e o divórcio.

O cardeal Ratzinger, na qualidade de guardião da doutrina da Igreja Católica, nas últimas décadas perseguiu todos que tentaram discutir o tema.

Agora Bento XVI terá uma oposição terrível vinda de várias partes do mundo, em particular da Alemanha, a residência do mais forte movimento favorável a diversas flexibilizações.

No campo da bioética, a situação tende a ficar como está.

João Paulo II foi um conservador extremo e Bento XVI dificilmente não o será.

Assim, não há flexibilização visível no horizonte sobre aborto, uso de células embrionárias para pesquisa, etc.

2. Colegialidade.

Este jargão indica a preocupação da Igreja Católica com a descentralização, ou melhor, existem entre os cardeais muitos que desejam maior participação dos sínodos de bispos na gestão da Igreja.

O fato é que com Karol Wojtyla o poder ficou tão concentrado em Roma, que qualquer decisão sobre um assunto de menor importância, como a presença de dançarinos animistas em uma missa na Ásia ou África, precisava ter antes a autorização da Cúria.

3. Ecumenismo.

Pois é, a grande bandeira propagandística de João Paulo II – primeiro papa a entrar numa mesquita e numa sinagoga – o ecumenismo, vai enfrentar agora a hora da verdade.

Isso porque, por detrás da propaganda wojtyliana, estava a mão pesada do cardeal Ratzinger escrevendo tratados e dando ordens exatamente contrárias ao espírito da coisa.

Além disso, em junho de 2000, o cardeal Ratzinger mandou uma carta a todas as conferências de bispos do mundo avisando que não era possível falar em "igrejas irmãs" ao se referirem a demoninações cristãs como anglicanas e ortodoxas.

E agora, como ficará?

4. Europa.

Uma forte razão para a eleição de um papa alemão é a tentativa de revigorar o Catolicismo na Europa.

Em 1900 a Europa concentrava 70% dos católicos do mundo, e no início de 2005 esse percentual é de apenas 25%.

5. América Latina.

Este é agora o principal campo de batalha, até pelo tamanho do rebanho de Roma na região.

De 20% dos católicos em 1900, a América Latina transformou-se na maior área sob a influência nominal do Vaticano, tendo em 2005 algo como 46% de 1 bilhão de fiéis.

Porém há uma sangria visível, como no Brasil, onde os evangélicos neopentecostais "abocanharam" cerca de 10% do mercado da fé da mão dos católicos na última década.

O papa Bento XVI terá não só que enviar mensagens de conforto, mas implementar políticas concretas de ajuda aos pobres que vivem na América Latina para que parem de abandonar a Igreja Católica.

6. África.

As dificuldades na África são análogas àquelas da América Latina, sendo que em 1900 nesse continente só havia 1% de católicos e agora eles já ultrapassam 13%.

Na África, todavia, a mensagem de combate à injustiça social enfrenta a concorrência ideológica pesada do Islamismo.

Há também o martírio da AIDS que assola o continente, e o modo quase indefensável do ponto de vista médico com que os seguidores do cardeal Ratzinger tratam o tema, isto é, vetando por exemplo a camisinha, por ser também contraceptivo.

7. Islã.

Hoje em dia a relação da Igreja Católica com o Islamismo é fundamental numa Europa que tem dificuldades para aceitar o choque cultural da explosão demográfica de imigrantes de países do norte da África e da Turquia, majoritariamente muçulmanos.

8. Ásia e o peso da China.

No continente asiático, o trabalho do papa Bento XVI será tremendo.

O crescimento católico é bem mais tímido, tendo crescido de 4,2% no início do século XX para 11% no início do século XXI. E para isto existem pelo menos dois motivos plausíveis.

O primeiro é que há muitas religiões tradicionais, como o Hinduísmo, o Confucionismo e o Budismo.

O outro problema que existe na China é o Partido Comunista, no poder desde 1949, que baniu a Igreja Católica e apadrinhou uma versão local do Catolicismo que também reza pela sua cartilha.

Mas está em curso uma aproximação entre Pequim e a Santa Sé, que não se reconhecem, que caberá ao papa Bento XVI viabilizar.

9. Estados Unidos.

A Igreja Católica nos EUA passou por experiências traumáticas nos últimos anos, em vista das seguidas denúncias de abusos sexuais por padres.

A pecha pegou e é difícil não ver a importância que é dada ao tema no país mais poderoso do mundo.

Os EUA são por excelência a terra do consumo, embora a freqüência a igrejas católicas seja três vezes menor que na Europa.

A queda nas vocações para padre também é brutal, e das 20 mil que ocorreram em 1970 chegou-se a apenas seis mil em 2005.

10. Mulheres e leigos.

Existe uma grande pressão nas bases da Igreja Católica para uma maior participação das mulheres, talvez até como sacerdotes.

Não existe uma ordem teológica de que mulheres não possam ocupar cargos na hierarquia da Igreja, e sim uma tradição pelo fato de Jesus Cristo ter sido descrito como homem no Novo Testamento, e Pedro, o primeiro papa.

E não é nada fácil mudar mais de dois mil anos de rotina, sendo que tudo faz crer que o papa Bento XVI não vai abrir essa discussão já que ele foi o responsável pela ortodoxia no papado de João Paulo II.

Em vista desses problemas, logo no início do seu papado, Bento XVI certamente precisará dar respostas adequadas a cinco questões inquietantes, a saber:

1º Desafio – Há alguma possibilidade de Roma ceder poder aos bispos e às igrejas locais?

De fato, toda reforma que visa a conferir peso às igrejas locais passa por uma autonomia maior no procedimento de nomeação de seus bispos.

Houve erros demais nessas indicações, que foram inclusive utilizadas nas últimas décadas do século XX para exercer pressão sobre as igrejas locais.

Principalmente os grupos católicos contestatórios reivindicam um direito de controle local antes de qualquer nomeação, algo que seja mais forte do que o simples parecer consultivo hoje dado aos núncios pelas conferências de bispos.

Do mesmo modo, o funcionamento dos sínodos de bispos em Roma não passa hoje de caricatura do que foi desejado no ímpeto reformador do Concílio Vaticano II.

Bastante trabalho terá Bento XVI para contornar essa reivindicação.

2º Desafio – O divórcio entre a Igreja Católica e a sociedade moderna vai se intensificar no século XXI?

Realmente, depois de provocar enxurradas de críticas, as posições tomadas pelo Vaticano contra a pílula anticoncepcional, a camisinha, a fertilização *in vitro* ou a reprodução assistida acabaram afastando a Igreja de gerações inteiras de casais, além de provocar o espanto dos meios científicos.

Em questões como a contracepção e o divórcio, a desobediência dos fiéis beira a insubmissão. E agora já temos vários países aprovando o casamento entre pessoas do mesmo sexo...

A essa indisciplina se soma um crescente ceticismo com relação às verdades tradicionais da fé.

Dogmas como o da ressurreição ou a definição de Jesus Cristo como "filho de Deus" não são mais entendidos como inquestionáveis.

Um terrível desafio se apresenta diante de Bento XVI, que é justamente essa mudança de universo religioso que se expressa pela ascensão do individualismo e do relativismo.

A Igreja poderia (ou deveria) mudar a sua posição quanto a alguns princípios fundamentais de sua moral familiar?

Bento XVI terá nos próximos anos a difícil tarefa de responder a essa interrogação.

3º Desafio – Como a Igreja Católica irá proceder para poder funcionar com um número cada vez menor de padres?

Você já imaginou uma igreja sem sacerdotes?

Pois é, as previsões catastróficas de 40 anos atrás já estão se realizando em países como França e Alemanha, onde estão aumentando as reuniões religiosas sem padres, inclusive os funerais celebrados por leigos.

A solução que vem à cabeça de muitos (!?!?) consiste em ordenar padres ou diáconos entre os leigos com experiência, homens ou mulheres, celibatários ou casados, convocados pelo bispo ou escolhidos por suas comunidades.

O que está em jogo é nada menos do que a presença e a difusão da Igreja nos próximos dez anos e o futuro da própria evangelização.

Bento XVI precisará resolver essa questão que há tempos atormenta as cabeças de muitos bispos.

4º Desafio – Como deve ser o novo diálogo do Vaticano com protestantes, anglicanos e ortodoxos?

João Paulo II investiu pessoalmente no terreno do ecumenismo e nunca deixou de pregar a unidade do Catolicismo com o Cristianismo ortodoxo, o Anglicanismo e as confissões saídas da Reforma protestante.

Para ele, o terceiro milênio deveria ser o milênio do exame de consciência e do perdão.

Mas a tarefa ficou inacabada.

Após a queda do comunismo ressurgiram conflitos entre católicos e ortodoxos e se reacenderam os ódios fratricidas, cujo melhor exemplo foi o veto imposto pela Igreja Ortodoxa russa e seu patriarca Alexis II, a qualquer visita do papa a Moscou.

Mas o diálogo avançou com as igrejas luteranas, que em 1998 ratificaram com o Vaticano um acordo sobre "a justificação pela fé", apagando com isto as principais desavenças históricas vindas da época de Martinho Lutero.

Com os anglicanos houve altos e baixos, até porque em 1992 a Igreja da Inglaterra decidiu em favor da ordenação de mulheres e foi criticada por Roma.

Com o papa Bento XVI está difícil de prognosticar que essa barreira será transporta, não é?

5º Desafio – A relação do Vaticano com os judeus e o islã irá ficar melhor?

De fato, foi o papa João Paulo II a força matriz de encontros sem precedentes de todos os grandes líderes religiosos em Assis, na Itália, abrindo assim o caminho para o reencontro com o Judaísmo, o Islamismo e o Budismo.

O "espírito de Assis" prega que, ao procurar a verdade de outras tradições, o Catolicismo torna-se mais profundo.

O papa João Paulo II repetiu essa evidência com relação aos judeus, "irmãos mais velhos" dos cristãos.

Frisou a ligação histórica existente entre o Judaísmo e o Cristianismo e fez esforços para que a Igreja Católica expurgasse qualquer alusão contrária aos judeus.

Reconheceu o Estado de Israel após anos de tergiversações. O documento sobre o Holocausto, de 1998, mostrou entretanto que a Igreja Católica estava ainda longe de assumir uma posição clara em relação ao extermínio dos judeus.

De qualquer forma, com o que o papa João Paulo II já conseguiu, o espaço para o diálogo com o islã está aberto!!!

É muito provável que o papa Bento XVI siga o caminho já aberto para ele por Karol Wojtyla.

Espera-se, portanto, que o eminente teólogo Bento XVI saiba sobrepujar todos esses desafios, até pelo próprio nome que escolheu para si, que deriva do latim "abençoado", como outros nomes papais sagrados: Clemente ("misericordioso"), Inocêncio (inocente), etc.

POR QUE E COMO FAZER PARA VALORIZAR AS COMPETÊNCIAS DAS PESSOAS?

Competência, como uma série de termos e expressões usados na área de gestão de pessoas, é uma palavra de senso comum, empregada quando se quer dizer que alguém é **capacitado para desempenhar uma tarefa**.

Na administração o termo foi inicialmente utilizado como o somatório dos conhecimentos, das habilidades e atitudes das pessoas. O que se observa, no entanto, é que muitos indivíduos podem ter excelentes currículos, ou seja, ótima graduação, cursos de mestrado, de

MBA, domínio de línguas, atitude correta e ética, mas quando selecionados não desempenham bem a função para a qual foram escolhidos. Essa percepção levou a se discutir competência como um **"saber agir"**. Um saber agir que seja responsável, que implique uma série de ações, como mobilizar pessoas, olhar o que está acontecendo na organização, na estratégia, e se posicionar para fazer as coisas acontecerem, quer dizer, conseguir executar.

Hoje em dia é vital uma empresa saber gerenciar as competências.

Na realidade, uma organização tem de gerenciar as suas competências organizacionais e também fazer a gestão das pessoas por competências.

No Brasil existem vários casos interessantes de organizações que melhoraram muito os seus resultados quando passaram a enfocar a competência de forma estratégica.

Um bom exemplo é o setor de telecomunicações, no qual havia empresas que eram apenas fornecedoras de equipamentos. Elas abasteciam as operadoras, que mantinham o contato com o cliente final.

Essas empresas num certo momento notaram que precisavam conhecer melhor o cliente final, para saber que tipo de celular esse comprador queria. A constatação levou-as a mudar a estratégia no sentido de se aproximarem do cliente final. Ora, eram empresas cujas competências estavam muito mais focadas na questão tecnológica do que orientadas ao setor de serviços, ao mercado e aos clientes. Elas começaram a elaborar um programa de desenvolvimento de competências justamente para mudar o foco para o consumidor final e para a produção de serviços.

Nesse momento, elas sentiram a necessidade de fazer com que seus funcionários também acompanhassem a mudança de rumo e trabalhassem novas competências voltadas a entender melhor os interesses do usuário do celular.

E aí elas começaram a valorizar a **gestão por competências**.

Naturalmente, é fundamental que o desenvolvimento das competências agregue valor para a organização, ou seja, crie um valor econômico, mas ele também precisa agregar valor para o indivíduo, um valor social para a pessoa, isto é, fazendo-a crescer como ser humano, tornar-se melhor profissional, melhor cidadão, melhor pai ou mãe de família. Porque se o projeto de gestão por competências não tiver essas duas mãos, se pender apenas para o lado da empresa, a uma certa hora o profissional irá se desvincular do ambiente de trabalho.

Mas se a empresa souber trabalhar as competências, entre outros benefícios, chegará certamente a uma definição melhor das funções.

Quando uma empresa começa a montar um modelo de gestão de pessoas por competências, tem de deixar de lado o referencial do cargo. Porque o termo **"cargo"** carrega aquela idéia da "caixinha", com as tarefas, com as atribuições daquela pessoa, com o que ela deve fazer. Outros conceitos entram em cena para conhecer o espaço organizacional que essa pessoa está ocupando, e qual vai ser sua função e a sua contribuição. Para definir isso claramente, é preciso ter uma visão integrada dos sistemas em jogo. A maioria das empresas começa trabalhando a questão de competências apenas no recrutamento e seleção, ou na área de desenvolvimento. Realmente, mexer no plano de carreira e na remuneração é bem mais difícil.

A gestão por competências está sendo implementada em muitas partes do mundo.

Assim, nos EUA, ela é bastante utilizada. Nos países asiáticos menos, e na Europa ela está começando a ser empregada. Na França há uma coisa muito interessante. Todo o debate sobre competências hoje em dia está ligado a discussões sobre qualificação, até chegar à questão da certificação de competências. Muitas vezes em empresas multinacionais há dificuldades quando modelos de gestão por competências da matriz são levados a outros países, por exemplo ao Brasil, e não se adaptam bem à realidade local. Também ocorre o contrário, ou melhor, de a subsidiária brasileira desenvolver fórmulas muito mais avançadas e ter de negociar com a matriz um meio de alinhar o modelo local com o externo. Outro problema que hoje se verifica nas empresas brasileiras é que elas estão se internacionalizando: estão ou com escritórios comerciais, exportando, ou com fábricas no exterior. É o caso da Odebrecht, Andrade Gutierrez, Hering, Companhia Vale do Rio Doce, etc. Quais são as competências que essas empresas brasileiras precisam desenvolver que farão com que elas tenham vantagens competitivas nesse movimento de internacionalização?

Obviamente conhecer essas competências é fundamental. Pode se tratar de um grande grupo, por exemplo a Votorantim, que já instalou uma planta no Canadá, e outra nos EUA. Naturalmente a organização já tem toda uma competência na gestão do processo de produção do cimento que lhe dá uma vantagem competitiva sobre as empresas concorrentes.

Um outro exemplo pode ser o da Churrascaria Fogo de Chão, que hoje tem vários restaurantes nos EUA, e o grupo consegue 80% de seu faturamento dos clientes norte-americanos.

Como competir num mercado tão difícil como o mercado norte-americano? Os empresários gaúchos descobriram que a principal questão não era o churrasco brasileiro. Claro que havia uma competência no modo de fazer churrasco, mas a empresa tinha uma competência de serviço mais personalizado, mais ligado a certas dimensões culturais brasileiras, diferentes das do norte-americano, e que isso era o grande diferencial no contexto norte-americano. Conhecer essas competências e como podem ser levadas para outros países é um processo fundamental para a **internacionalização.**

A gestão por competências não é mais um modismo, mas sim um avanço enorme em relação aos modelos tradicionais de gestão apoiados ainda no taylorismo/fordismo, ou seja, no modelo de cargos e salários.

Realmente o modelo de gestão por competências supera de longe essa visão...

Para implementar um modelo de gestão por competências uma empresa precisa efetuar corretamente alguns passos.

Primeiro é necessário um bom diagnóstico de quais são as competências organizacionais, quais os recursos da empresa e em que medida isso está alinhado com o seu posicionamento estratégico.

Depois é preciso pensar em como estão as competências das pessoas, istó é, as competências individuais. Não apenas no grupo de gerentes, mas também do corpo técnico e do grupo operacional. O próximo passo é analisar se essas competências estão alinhadas – ou desalinhadas. Só então se pode começar a mexer em todo o modelo, em suma, no sistema de gestão de pessoas, olhando o recrutamento e seleção, buscando ter respostas para questões do tipo:

→ Como avaliar se um candidato tem as competências que são importantes para a nossa organização?
→ Nós estamos, no nosso programa de treinamento e desenvolvimento, preparando as pessoas naquelas competências consideradas fundamentais?
→ Como está o nosso plano de carreira?
→ Como está o nosso plano de remuneração?

O relevante é que o modelo de gestão por competências pode ser implementado em qualquer tipo de organização, inclusive naquelas que prestam serviços, como as educacionais, as de saúde, de hospedagem, etc.

Como é, você está animado para obter maior qualidade e produtividade na organização?

Em caso afirmativo, não esqueça que isso se torna bem mais fácil quando se tem um modelo de gestão por competências!!!

Que técnica, não é?

Competitividade

"O fato maluco é que nós não estamos conseguindo arrumar alguém qualificado para substituí-lo!"

O QUE O JAPÃO FAZ PARA CONSEGUIR MANTER A SUA INDÚSTRIA DE PONTA?

Realmente, está cada vez mais complicado para o Japão manter-se na dianteira em vários campos tecnológicos, tendo na própria Ásia concorrentes de respeito como Taiwan, Coréia do Sul, Malásia, China, etc.
É bastante difícil para uma empresa japonesa manter-se competitiva quando ela paga aos seus funcionários salários 20 vezes maiores que aqueles que recebem os empregados em companhias no Vietnã ou na China para produzir, digamos, parafusos.

Mesmo assim, é no Japão que está a fábrica denominada Takenaka, com sede em Osaka, que tem algo como 160 funcionários e o **monopólio mundial de parafusos de 5 metros** (!!!) de comprimento, usados na indústria nuclear, graças a um sistema de controle de qualidade notável, certificado pelas autoridades reguladoras dos EUA.

Outras companhias podem também fabricar parafusos, mas a Takenaka possui a liderança do setor porque **garante** que os seus têm a mais **alta qualidade**.

Ela também mantém registros precisos de datas e temperaturas em que cada unidade foi feita.

É uma das muitas empresas de nicho do Japão, e também domina o mercado de parafusos anticorrosivos, que custam até dez vezes mais que o preço de um parafuso convencional.

O fato de que uma "modesta" e relativamente pequena fábrica de parafusos pode conseguir sobreviver num mundo em que os produtores de baixos custos supostamente estão solapando a base industrial das nações mais ricas é um alerta de que o jogo não acabou para os produtores com custos mais elevados...

Certamente, para sobreviver é imperioso saber fabricar muito bem e com alta qualidade, no que o Japão continua sendo muito bom!!!

Não é preciso olhar muito além da Toyota, que vem golpeando as montadoras norte-americanas fabricando carros melhores (e certamente sendo um dos fatores responsáveis pelo prejuízo bilionário da General Motors em 2005...), ou da Canon, que vem consistentemente superando seus concorrentes, para compreender bem a capacidade do Japão na indústria.

Sem dúvida, a estratégia fundamental da qual o Japão continua se valendo é a de ter os produtos de **melhor qualidade**, o que permite às suas empresas, num grau surpreendente, sobrepujar companhias de outras nações que têm custos menores.

Mesmo no setor de produtos eletrônicos – que vem sendo duramente desafiado pelos produtores de baixos custos, por causa da facilidade com que os itens digitais podem ser juntados – várias organizações japonesas recomeçaram a investir em novas fábricas no Japão e não em outros países, com o intuito de restabelecer sua liderança tecnológica.

Por exemplo, a Fujitsu começou a construir uma unidade para produção de 300 milhões de placas de semicondutores, no valor de US$ 1,5 bilhão; a Sharp está investindo US$ 1,4 bilhão na duplicação de sua fábrica de telas de cristal líquido, e a Matsushita, dona da marca Panasonic, está construindo uma nova unidade para fabricar telas de plasma mais baratas e com melhor imagem no valor de US$ 800 milhões.

Deve-se recordar que as companhias japonesas passaram as suas últimas décadas transferindo a produção que exige muita mão-de-obra e de baixo valor agregado, para países em que haja custos menores.

Um exemplo assustador é o da indústria têxtil, que aliás depende muito da mão-de-obra, que praticamente não existe mais no Japão.

Mas alguns especialistas acreditam que um dos motivos principais que levam os grupos industriais a transferir seus negócios para fora do Japão foi **evitar os altos impostos domésticos**.

Apesar desses "inconvenientes", muitas empresas, neste início do século XXI, encontraram boas razões para voltar a investir no seu próprio país.

Provavelmente a principal delas é a estratégia de produção "voltada para o Japão", resumida no conceito de "**fábrica-mãe**".

Sob esse modelo, produtos avançados e processos inovadores são criados em instalações japonesas e então "filtrados" (aperfeiçoados) definitivamente em unidades subsidiárias dentro e fora do Japão.

Especialistas em processos industriais japoneses dizem que o **modelo fábrica-mãe** transforma a China, Vietnã, Malásia, etc., de uma ameaça para ativos vitais, pois desta forma o *know-how* (conhecimento) essencial continua no Japão.

Hoje em dia, uma fábrica de uma empresa japonesa, esteja ela na China, nos EUA ou na Tailândia, é uma **tentativa** de reprodução da fábrica-mãe, sendo geralmente comandada por um japonês!?!?

Mas às vezes não se consegue em algumas delas o mesmo resultado, principalmente no tocante à produção de alto valor que depende não só de uma força de trabalho de boa qualidade, mas ainda de uma bem credenciada e forte rede local de subfornecedores especializados que supram a fábrica em questão com peças perfeitas e bons serviços.

Além disso, os clientes industriais baseados no Japão e com padrões exigentes forçam os seus fabricantes locais a fazer melhorias constantes, o que não é nada fácil de conseguir no exterior.

Um resultado já obtido pelas empresas cuja produção é de alto valor refere-se ao controle de qualidade, área na qual as organizações japonesas de fato alcançam a excelência.

Aliás, as empresas japonesas já estão preparadas até para pagar um ágio significativo para todos os fornecedores que conseguirem eliminar defeitos em seus produtos.

Por exemplo, num equipamento eletrônico, o preço unitário de um capacitor é muito baixo.

Mas se você tiver um único deles ruim, vai estragar todo o equipamento cujo preço pode variar de US$ 500 até US$ 10 mil.

Não se pode estragar tudo tentando economizar às vezes alguns centavos...

Há um outro fato que não pode ser esquecido, ou seja, o patriotismo japonês é grande, e em algumas circunstâncias até tomam-se algumas decisões perversas que não geram grandes lucros (ou até prejuízos) para as organizações, mas são valiosas para a sociedade japonesa, preservando-se os empregos dos trabalhadores nipônicos.

Finalmente, talvez o motivo principal de manter as "fábricas-mãe" no Japão é a **manutenção de segredos**.

Mesmo que a competição dos países que produzem a baixos custos se intensifique nos próximos anos e a complexidade dos produtos aumente, diversas empresas japonesas acreditam que têm possibilidades bem grandes de conservar sua liderança tecnológica se mantiverem **seus processos de produção em casa**.

Por isso, os principais executivos japoneses têm adotado a estratégia de lidar mais com outras organizações do Japão do que com estrangeiras.

Eles ressaltam que outras companhias japonesas têm uma probabilidade maior de compartilhar seus recursos e *know-how*.

Envolvendo-se com empresas dos EUA ou de Taiwan ou ainda da Europa, de fato existe uma boa chance de se estar criando poderosos concorrentes, pois acaba-se por revelar os segredos das empresas nipônicas.

O Japão tem procurado fazer uma divisão do trabalho de tal forma que a tecnologia vital e comercialmente mais importante fique no país, e a produção de valor mais baixo acabe sendo executada em outros países.

Dessa maneira, a Canon produz fotocopiadoras mais simples na China, porém os cartuchos de tinta são fabricados no Japão.

Da mesma forma, várias companhias de produtos eletrônicos fabricam seus *chips* no Japão, conservando a maior parte da propriedade intelectual, entretanto os produtos acabados são montados em outras partes do mundo.

Até nas fábricas de roupas íntimas femininas que são produzidas na China, as organizações nipônicas preservam os seus segredos, uma vez que a maior parte dos tecidos e plásticos usados nas confecções são feitos no Japão.

Assim, inúmeros itens feitos na Ásia (China, Malásia, Vietnã, etc.), na Europa ou nos EUA acabam recebendo marcas de produtos asiáticos, europeus ou norte-americanos respectivamente, porém todos eles têm a tecnologia japonesa oculta nos mesmos, e isto vai de plásticos a capacitores.

Um caso típico é o *iPod*.

O sucesso deste tocador de música digital foi um duro golpe para a Sony, a fabricante japonesa de produtos eletrônicos de consumo que permitiu que seu domínio do mercado de aparelhos de som pessoais, criado com o *walkman*, escorregasse para a Apple.

Ademais, no Japão os problemas da Sony geralmente são atribuídos ao fato de ela estar se esquecendo de suas raízes na área de engenharia.

Entretanto, quem analisar um *iPod* com mais detalhes perceberá que quase 82% dos seus componentes são feitos por empresas japonesas!!!

Alguém poderia chegar à conclusão apressada de que o Japão está jogando a sua

tecnologia pelo ralo ao permitir que empresas mais espertas e com marcas melhores fiquem com todo o dinheiro da venda de seus produtos...

Mas certamente os fabricantes japoneses acabarão rindo por último...

Os modismos mudam e *walkman* e *iPods* vêm e se vão.

Seja qual for o próximo eletrônico que os consumidores vão querer, existe uma boa probabilidade de que a maioria de suas peças seja fabricada por companhias japonesas.

Essa é a forma com que o Japão vai protegendo a sua indústria de ponta, tornando-se um supridor de partes essenciais na elaboração de novos produtos.

Outras nações podem até produzir certos artigos em grandes quantidades, porém **continuam na dependência do Japão como fornecedor privilegiado dos principais materiais ou componentes**.

Comunicação Eficaz

REDUÇÃO POPULACIONAL

É possível que um dia, devido ao enorme crescimento de população no planeta, haverá países com a seguinte lei:
Controle da população
Lei nº 321.564, de 2/1/2005
Ilmo(a) Sr.(a)
Conforme nossa lista de controle, e o alerta que nos deu o computador, verificamos que V.Sª. atingiu o limite de idade previsto por lei. De acordo com estudos estatísticos, sabemos que sua vida não oferece mais nenhuma vantagem para a sociedade, pelo contrário, acarreta uma carga complementar às entidades assistenciais da sua comunidade, bem como o desagrado daqueles que o rodeiam.

Por esse motivo, V.Sª. deverá, em virtude da mencionada lei, apresentar-se ao crematório do Cemitério Municipal até oito dias após o recebimento desta, a partir das 9 horas, diante do forno 7, ala 4, para nos permitir proceder à sua incineração.

Na oportunidade V.Sª. deverá apresentar-se munido dos seguintes documentos:

1. *Chip* de identificação.
2. Um saco plástico para cinzas com o número inscrito do seu certificado digital.
3. Dois metros cúbicos de lenha seca ou 25 litros de gasolina pura.
4. Um CD em que conste o seu atestado de óbito já em andamento.

Para evitar qualquer contratempo ou perigo de explosão, fica estipulado que desde este momento V.Sª. não deverá ingerir bebidas alcoólicas, pois provocam fermentação.

Certos de contarmos com sua valorosa colaboração, agradecemos.

Setor de controle da população
Incinerador responsável

Que horror, não é?

AS 5 MELHORES FRASES FEMININAS

"Estamos vivendo uma época em que homem dando sopa é apenas um homem distribuindo comida aos pobres."

"Pior do que nunca achar o homem certo é viver pra sempre com o homem errado!"

"Mais vale um cara feio com você, do que dois 'lindos' se beijando!"

"Se todo homem é igual, por que as mulheres escolhem tanto?!?!
E para finalizar...

"Príncipe encantado, que nada... Bom mesmo é o lobo mau!
Que te ouve melhor...
Te vê melhor...
E ainda te come!!!"

COMO PROCEDER PARA SE TER UMA COMUNICAÇÃO EFICAZ?

Um dos principais problemas na comunicação, especialmente no mundo dos negócios, é entender o que a outra pessoa nos quer dizer.

As pessoas que trabalham em diferentes empresas ou em diferentes indústrias multinacionais nem sempre falam o mesmo idioma, e aí se justifica que ao usar uma língua como o inglês para se comunicarem podem fazê-lo de forma deficiente.

O problema é que as falhas de comunicação ocorrem dentro da mesma empresa, dentro de uma sala de aula, nos lares onde as pessoas falam a mesma língua, porém têm grande dificuldade de compreensão.

O dr. Herbert H. Clark, psicólogo de The Johns Hopkins University, descobriu que a pessoa média leva uns 48% a mais de tempo para entender uma oração na qual se utiliza uma construção negativa do que aquela na qual se fala de maneira afirmativa ou positiva.

E ele confirma que toda pessoa bem-sucedida tem como um dos seus fatores de sucesso a boa comunicação, essencialmente com afirmações positivas.

Essas pessoas usam pouco expressões como "não será possível fazer" ou "não haverá possibilidade disso", mas, ao contrário, enfatizam as suas frases com "conseguimos realizar", ou "você fará esse trabalho", ou ainda "alcançaremos o objetivo..."

Muitas pessoas consideram necessário usar palavras difíceis ou rebuscadas, termos técnicos e frases complicadas para dar a impressão de que estão bem informadas.

De fato, a comunicação eficaz só ocorre quando se faz o contrário: somente quando uma pessoa que domina bem uma matéria se comunica em linguagem clara e simples.

A forma mais segura de aborrecer o seu interlocutor é através do emprego de um vocabulário que ele não possa entender.

É claro que às vezes a linguagem técnica é necessária.

Por exemplo, um vendedor de computadores precisa dominar o vocabulário técnico para convencer um possível comprador com os avanços técnicos que terá ao adquirir o equipamento.

É óbvio que ele não terá sucesso se o seu interlocutor não estiver compreendendo o que ele diz.

A maneira mais segura de se fazer entender é escolhendo palavras e imagens adequadas ao nível de compreensão do seu interlocutor.

Nilo O. Frank escreveu um livro com o seguinte título: *How to Get Your Point Across in 30 seconds or Less*, evidenciando como neste mundo de mudanças aceleradas e de tempo cada vez mais valorizado é necessário saber fazer-se entender bem em 30 segundos ou menos...

Nele, a regra básica da boa comunicação é:

"Diga o que quer dizer, seja sincero no que diz, porém fale isso sempre de forma descontraída, sem raiva."

Isso parece que se aplica muito bem aos comunicadores que lembramos até hoje ou esquecemos totalmente, ou seja, os nossos professores.

Assim dizem que:

"O professor medíocre é o que descreve.

O professor bom é o que explica.

O professor superior é o que conseguiu demonstrar.

O professor extraordinário é o que sabe inspirar."

Para ser um comunicador eficaz, inspire-se na maneira como falaram com você os professores que o impressionaram, ou seja, aqueles que são inesquecíveis..."

Barbara A. Glauz escreveu há algum tempo o interessantíssimo livro *The Creative Communicator: 399 Tools to Communicator Commitment without Boring People to Death!*

A base do livro está estruturada em três idéias: **comunicação, comprometimento e criatividade.**

A autora usou **comunicação** com o significado de "envio de uma mensagem"; **comprometimento**, definido como o "o quê" da mensagem, e **criatividade** sendo o "como" da mensagem (Figura 1).

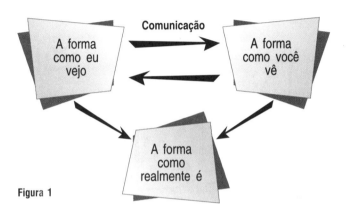

Figura 1

Fez isso de uma forma extremamente engraçada, baseando-se no seguinte conceito de percepção.

E aí vai um exemplo criativo de comunicação "distorcida" (Figura 2) que é vigente no dia-a-dia:

A forma como a sua casa é vista por...

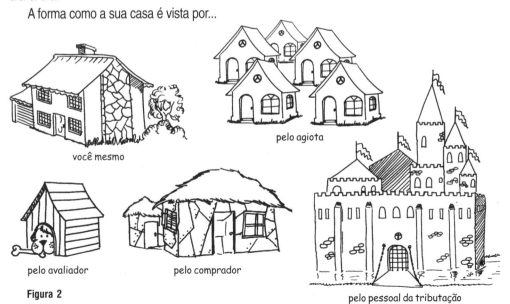

Figura 2

Conquistas

Técnica usada por um pai para que o filho saiba quem é o líder!?!?

O QUE SE PODE APRENDER COM AS CONQUISTAS DE ALEXANDRE, O GRANDE?

Alexandre, o Grande, nasceu em 356 a.C., tendo sido o rei da Macedônia.

Ele sucedeu a seu pai Filipe II em 336 a.C., e no decorrer do seu curto reinado conquistou todo o Império Persa.

Quando tomou as rédeas do reino, Alexandre tinha só 20 anos, entretanto já era um **político habilidoso** e um **guerreiro indomável**.

Desde a infância, a **ambição** foi sua característica dominante.

Certa vez, ao receber notícias de uma vitória de Filipe, o príncipe lamentou-se com seus amigos: "Meu pai vai acabar conquistando tudo e não deixará para nós nenhum feito grandioso."

Aos 18 anos, quando comandou a cavalaria macedônia na batalha de Queronéia, sua coragem transformou-o num ídolo entre seus soldados.

O gosto pelo perigo, unido a um profundo magnetismo pessoal, encantava seus comandados e isto fazia de Alexandre um líder irresistível.

Além da bravura militar, ele havia demonstrado desde menino uma grande curiosidade intelectual.

Uma vez seu pai recebeu uma oferta para comprar por treze talentos (soma respeitável na época...) um cavalo selvagem lindíssimo chamado Bucéfalo.

Mas apesar de ser um animal espetacular, Bucéfalo não deixava que ninguém o montasse e empinava-se contra todos que queriam aproximar-se dele.

Descontente, Filipe mandou que o levassem embora, convencido de que nada se podia fazer com um animal tão rebelde.

Mas Alexandre, que estava presenciando a tentativa de domá-lo, exclamou: "Que cavalo estão perdendo! É por inexperiência e timidez que não conseguem nada."

Filipe, a princípio ouvindo isso ficou calado, porém, como Alexandre foi repetindo várias vezes as mesmas observações, disse afinal: "Tu criticas pessoas mais idosas como se fosses mais hábil que elas, e como se fosses mais capaz de domar um cavalo."

"Sem dúvida, eu conseguiria isso melhor que qualquer outro", respondeu o filho.

Aí perguntou-lhe Filipe: "Mas se não o conseguires, que castigo merecerás por tua presunção?"

Alexandre respondeu: "Pois bem, pagarei o preço do cavalo."

Essa resposta fez todos rirem e Filipe concordou com o filho que quem perdesse pagaria os treze talentos.

Alexandre aproximou-se de Bucéfalo, apanhou as rédeas e virou sua cabeça para o Sol, pois notara que o cavalo se assustava com a própria sombra, a qual se projetava diante dele, reproduzindo-lhe os movimentos.

Ao ouvi-lo bufar de cólera, acariciava-o com a mão e falava-lhe bem pausadamente.

Em seguida deixou cair seu manto no chão e atirou-se sobre o animal num rápido salto, abraçando-o com os joelhos, como seu senhor.

Inicialmente manteve alta a brida, sem bater ou importunar o cavalo, e ao notar que Bucéfalo não insistia em sua rebeldia, abandonou-lhe toda a brida e falou-lhe com voz mais severa, batendo-lhe com o tacão.

Filipe e toda a assistência olharam, a princípio com inquietação mortal e em profundo silêncio, porém quando Alexandre virou a rédea, após ter percorrido com Bucéfalo no mínimo uma centena de metros, viu que todos os espectadores ficaram estarrecidos com seu feito e o cobriram de palmas.

Dizem que o pai, na ocasião, derramou lágrimas de alegria, e quando Alexandre saltou do cavalo, beijou-o e disse: "Meu filho, procura um reino digno de ti! Para teu valor a Macedônia é pequena demais."

Tendo notado que o caráter de Alexandre era difícil de governar e que seu filho resistia sempre quando queriam forçá-lo, mas que se deixava reconduzir facilmente ao **dever pela razão**, Filipe esforçou-se por dirigi-lo com a persuasão e o convencimento mais do que lhe impor suas vontades.

Filipe mandou chamar Aristóteles, o mais célebre e o mais sábio dos filósofos, e como remuneração pela educação do filho deu-lhe uma significativa recompensa: mandou reconstruir Stagira, cidade natal de Aristóteles, por ele próprio destruída, e tornou a povoá-la fazendo voltar seus habitantes foragidos ou reduzidos à escravidão.

Foi Aristóteles quem inspirou Alexandre a estudar não apenas a moral e a política, mas também a conhecer mais a medicina, e ele mais tarde fez muito uso desse conhecimento socorrendo os seus amigos enfermos, prescrevendo-lhes certos remédios e regimes.

Alexandre acabou tendo uma atração especial pela literatura, considerando por exemplo *A Ilíada* um arsenal para a arte da guerra.

Por sinal, Aristóteles lhe deu a edição desse poema corrigida por ele próprio, chamada de **"edição da caixinha"**.

A princípio, Alexandre mostrou grande admiração por Aristóteles. Mais tarde, entretanto, passou a suspeitar do filósofo, e embora não lhe tivesse feito mal algum (!?!), deixou de manifestar os mesmos sinais de vivo afeto que antes lhe demonstrara.

Essa mudança de humor, porém, não excluiu da alma de Alexandre o gosto, ou melhor, a sua paixão ardente pela filosofia.

Alexandre, como um bom discípulo de Aristóteles, ficou apaixonado pelas artes e pelas ciências e sempre respeitou os poetas, filósofos e eruditos.

Certa vez ele afirmou que teria preferido **superar os outros em conhecimento do que em poder político**!?!?

Aliás, o macedônio sabia de cor os versos da *Ilíada* e costumava dormir com o livro debaixo do travesseiro, junto com a sua espada, naturalmente.

Sua mãe convenceu-o de que era descendente de Aquiles, o grande herói da Guerra de Tróia.

Essa guerra mítica teria sido a origem ancestral da rivalidade entre gregos e persas.

Alexandre adotou Aquiles como modelo, e desta maneira o semideus fabuloso, o rei dos macedônios era generoso com os amigos e capaz da maior cortesia com os adversários, mas também vivia obcecado pela idéia de sua própria grandeza e freqüentemente tinha surtos de raiva que assustavam bastante os que viviam ao seu redor...

Ele herdou um exército extremamente profissional e comandou-o com brilhante tática, sendo que as suas maiores vitórias foram em Granico (hoje Koçabas), Isso, Gaugamela e Hidaspes, e a sua conquista da ilha-cidade de Tiro foi um primor de campanha de um cerco militar.

Sua conquista da Pérsia não foi meramente uma vingança de que os gregos falavam desde as guerras greco-persas.

Mais do que derrotar o Império Persa, ele estava determinado a governar o país em cooperação com os nobres persas, alguns dos quais foram designados governadores, eles que foram antigos funcionários de Dario III.

Ele recrutou também muitos não-gregos para seu exército e adotou parte do cerimonial da corte persa.

Essa política desagradou muito a seus conterrâneos macedônios, que relutaram em dividir o poder com os bárbaros derrotados.

Contudo, ao mesmo tempo em que Alexandre atingia o ápice da glória, as tensões entre ele e seus seguidores chegavam a um ponto crítico, pois o macedônio começou a se comportar como um monarca absoluto e muitos de seus oficiais ressentiram-se dessa transformação.

Alexandre instituiu em sua corte a cerimônia da *proskynesis*, ou seja, a **prostração** – gesto de humildade em que o súdito se curva perante o soberano.

Se entre os persas esse ritual não passava de uma demonstração de respeito, para os gregos e macedônios o ato era um verdadeiro ultraje, uma **enorme humilhação**.

Os soldados de Alexandre tinham se acostumado a considerar-se seus companheiros, e o ato de se prostrar era visto como uma degradação própria de escravos.

O pior é que Alexandre passou a favorecer cada vez mais seus súditos asiáticos, imitando inclusive muitos dos seus costumes.

Alexandre passou a se vestir com trajes orientais, estimulou a união entre seus oficiais e mulheres asiáticas, casando-se ele próprio com Estatira, filha mais velha do rei Dario, e com uma nobre iraniana chamada Roxana, princesa de Bactria.

Durante os anos que Alexandre passou na Ásia, a antiguidade e o mistério das culturas orientais exerceram grande fascínio sobre seu espírito.

Ele aprendera a respeitar os persas por sua coragem em luta, e mesmo por sua **eficiência administrativa**.

Além disso, obviamente lhe agradava muito, ou seja, fazia bem a seu ego ser tratado como um soberano supremo!!!

Acima de tudo, no entanto, existia uma questão de ordem estratégica: para governar um império – que pretendia ser universal – era preciso **ganhar o coração dos novos súditos** e **estabelecer uma unidade cultural em seus domínios**.

Sua tática foi a de se mimetizar, ou melhor, adaptar-se aos costumes dos povos dominados, buscando conciliar a tradição helênica e a memória cultural local.

E o motivo principal por trás da orientalização de Alexandre e de sua política de mestiçagem foi o seu desejo de evitar a fragmentação em seus domínios, o que mais tarde infelizmente acabou ocorrendo, logo depois da sua morte...

É natural que um projeto de tal amplitude não foi totalmente entendido por muitos que o cercavam, e até alguns dos seus conselheiros ficaram bastante "desorientados".

Os murmúrios de descontentamento fervilhavam entre as tropas de Alexandre, e ele começou a ficar mais isolado e a sentir o efeito nefasto da solidão, que certamente o fez enxergar inimigos por todos os lados e o conduziu à bebida.

Na verdade, foi assim, totalmente embriagado que durante um banquete de casamento na cidade de Samarcanda ele acabou matando com uma lança o heróico oficial e seu amigo Clito.

O remorso depois o manteve na cama por mais de três dias...

Foi em 327 a.C. que Alexandre voltou a reunir suas tropas e marchou rumo à Índia.

Para os gregos, a Índia era uma região misteriosa e de geografia incerta.

Aristóteles considerava a fronteira com a Índia praticamente o fim do mundo habitado, e que para além dela estava o "Oceano Exterior", uma gigantesca massa de água...

Mas Alexandre não desistiu de penetrar nas "terras incógnitas" do Extremo Oriente, e foi nas margens do rio Hidaspes (hoje Jhelum, na Caxemira, uma região disputada pela Índia e o Paquistão) que ele encontrou um adversário à altura, ou seja, o rajá de Paurava, conhecido entre os gregos como rei Porus.

Porus era um gigante de mais de dois metros – e poucos igualavam sua coragem em batalha.

Seu exército tinha cerca de 23 mil homens, 300 carros de guerra e quase duas centenas de elefantes.

A luta entre os exércitos de Porus e Alexandre começou sob chuva, na penumbra da madrugada.

E enquanto os cavaleiros gregos atravessavam o rio com água no peito, Porus montado em seu elefante lutou com tremenda fúria mesmo depois da morte de seus dois filhos e da dispersão quase total de todas as suas tropas.

Quando o indiano finalmente se rendeu, Alexandre, que ficara muito impressionado com a sua bravura, perguntou-lhe como ele queria ser tratado e Porus respondeu: **"Como um rei!"**

Alexandre atendeu ao seu pedido e manteve Porus no poder e fez dele um aliado.

O rajá permaneceu leal ao rei da Macedônia até o fim da sua vida.

Foi nessa batalha que morreu Bucéfalo, o célebre cavalo de Alexandre, que em sua homenagem fundou na Índia uma cidade à qual deu o nome de Bucefália.

No total foram 17 cidades das quase 70 que Alexandre fundou que tinham o seu nome, como Alexandretta, próxima à planície de Isso, onde Alexandre derrotou Dario pela primeira vez (fica hoje no território turco e agora chama-se Iskenderun); Alexandria Heireion (atual

Herat) e Alexandria Arcósia (hoje Kandahar), no atual Afeganistão; Alexandria Margiane (hoje Merv, no Turcomenistão); Alexandria Escate (atual Leninabad, no Tadjiquistão), junto ao rio Jaxartes, talvez a mais longínqua, e que serviu como ponto estratégico na fronteira nordeste do império, etc.

Após derrotar Porus, Alexandre preparou-se para avançar até o rio Ganges, mas seus soldados esgotados pelo sufocante verão indiano e pelas incessantes chuvas de monção, às margens do rio Hífaso **recusarem-se a prosseguir**.

Furioso, Alexandre disse que seguiria sozinho se fosse preciso!?!?

Entretanto, dessa vez sua ira foi inútil.

Compreendendo que não lhe restava outra opção, Alexandre cedeu ao apelo dos seus oficiais.

Quando eles souberam que iam voltar à pátria, choraram de alegria!!!

Após retornar ao centro do império, Alexandre começou a sonhar com novas campanhas, entretanto seu corpo e sua mente estavam esgotados por mais de uma década de guerras.

Em 324 a.C., a mente já afetada do conquistador macedônio recebeu mais um duro golpe: seu amigo íntimo Heféstion (segundo alguns, seu amante...) morreu por excesso de bebida.

Alexandre chorou sobre o cadáver do companheiro e amenizou seu desespero em sua forma favorita: **marchou contra a tribo dos cosseanos e dizimou praticamente toda a população masculina!?!?**

Em seguida, com a alma envenenada pela solidão e pela desconfiança, o homem mais poderoso do mundo daquela época sucumbiu diante do vinho.

Seus banquetes eram intermináveis e diversos convivas morreram de tanto beber.

Com a saúde destroçada, Alexandre foi dominado por fantasias supersticiosas e começou a ver presságios da própria morte...

Em 323 a.C., na Babilônia, esses presságios se confirmaram.

Após um dia e uma noite de bebedeira, o imperador caiu na cama ardendo em febre, e no dia 10 de junho, ao pôr-do-sol, Alexandre, o Grande, estava morto!

Para alguns, de fato a causa da morte foi a bebida; para outros, uma doença não diagnosticada, como malária (pesquisadores atuais cogitam a hipótese de ter sido sífilis), e obviamente há quem defenda a possibilidade de envenenamento.

Alexandre ainda não tinha 33 anos...

Ele não deixou herdeiros – e quando, no leito de morte, perguntaram-lhe a quem legaria o trono, ele murmurou: **"Ao mais forte!!!"**

E aí não deu outra, pois enquanto os soldados pranteavam o grande líder desaparecido, seus generais já estavam em acirrada luta pelo domínio de partes do seu império.

Realmente após a sua morte, seu império, depois de disputas renhidas acabou se fragmentando em três reinos: a Macedônia de Antígono, a Ásia de Selenco e o Egito de Ptolomeu I (fundou uma dinastia no Egito cuja herdeira mais famosa foi a rainha Cleópatra), que depois estiveram envolvidos em guerras uns com os outros até que no final foram todos derrotados pelo Império Romano.

Embora Alexandre tenha inaugurado uma era de tanto florescimento, seria ingênuo imaginar que o objetivo de seus atos fosse a **fraternidade universal** ou o **bem das nações**.

Alexandre, o Grande, certamente foi movido pelo desejo de dominação em larga escala, e seguiu de forma implacável uma interessante lógica de conquista, escrevendo nessa epopéia o seu nome em letras de fogo e sangue, e dando **"lições"** que até hoje são referência para toda a humanidade.

Lance B. Kurke, professor associado de administração na John Donahue Graduate School of Business da Duquesne University, e professor adjunto da H. John Heinz School of Public Policy and Management da Carnegie Mellon University, no livro de sua autoria, *A Sabedoria de Alexandre – o Grande,* mostra claramente como se pode aprender a liderar melhor, inclusive tornar-se um grande líder usando os processos dos quais se valeu o conquistador macedônico.

O **primeiro processo** consiste em saber **reformular o problema**.

Alexandre, o Grande, freqüentemente reformulava os problemas criando outros.

Quando resolvia o novo problema "criado", a dificuldade insolúvel original tornava-se irrelevante, simples de ser resolvida, ou até neutra.

Pode-se chamar esse processo de substituição do problema, e ele é talvez o segredo mais importante da liderança.

Comumente ao se redefinir a situação, ou seja, ao enxergar o problema sob um novo prisma de possível resolução, chega-se até a solução do problema original!!!

Como gestor (ou chefe), sua obrigação constante é a de reformular problemas.

Sua tarefa é criar uma realidade para a qual serão destinados os recursos de sua organização.

Você cria essa realidade identificando ou criando outros problemas que possam ter solução, para evitar a alocação de recursos em problemas insolúveis.

Muitas vezes é na definição do problema que está o problema.

Dessa maneira, se uma pedra for irremovível, é porque concordamos de antemão que **assim o é**.

Em geral, aquilo que percebemos é a nossa realidade.

Alexandre não aceitava uma realidade fictícia que se apresentasse a ele, jamais!

Um local considerado inexpugnável obviamente não o era para ele, porque Alexandre era Alexandre, o Grande.

Ele tinha plena convicção de que encontraria sempre um meio de solucionar todo e qualquer problema "sem solução".

Esse foi o caso da Pedra de Aornos, considerada inexpugnável, e por isto mesmo um refúgio para muitos habitantes da fúria das tropas de Alexandre.

De acordo com a lenda, até o filho de Zeus, Héracles, havia fracassado em tomar Aornos.

Obviamente, isso significava que Alexandre **tinha obrigação** de conquistá-la!?!?

Assim, enquanto se armava para conquistar e dominar todas as cidades adjacentes na região oeste próxima do rio Indo, Alexandre deu início a um certo estratagema típico dele.

Ao que parece, todos estavam convencidos da invencibilidade da pedra.

E ela era invencível – a menos que Alexandre convencesse seu exército do contrário.

A solução para resolver o problema foi o "deslocamento pelos lados", que seria feito em escalada por um muro escarpado em um dos lado da pedra.

Esse íngreme penhasco, ou melhor, esse lado nunca havia sido defendido porque se acreditava que ninguém o poderia escalar.

E aí é que estava o erro de percepção, pois a escalada da pedra pelas tropas de Alexandre foi tão inesperada, que no final tornou-se um grande êxito!!!

Um outro problema que Alexandre reformulou foi o da provisão de suprimentos, substituindo-o por outro: **saquear o inimigo**, e desta maneira inúmeras vezes apresou suprimentos praticamente intactos.

Uma barreira comum ao sucesso na reformulação de um problema é a capacidade de imaginação do líder.

Há um princípio muito conhecido que diz: se você pode conceber uma idéia e acredita nela, então poderá concretizá-la.

Se pôde ser concebida e o líder estiver convencido de sua autenticidade, de sua possibilidade de concretização e de sua integridade, então ela poderá ser realizada.

O inverso é também simples de entender.

Se você não pode conceber uma idéia nova, sua organização tem muito pouca probabilidade de realizá-la. Conceber, acreditar e realizar são essenciais para a reformulação.

Sem isso, a realização é impossível.

Portanto, não seja um problema na sua empresa, mas ao contrário, conceba soluções, acredite nelas e as concretize!!!

O **segundo processo** vital da liderança é o de **saber formar alianças sólidas e vantajosas**.

Alexandre fez excelentes alianças ao longo de toda a sua vida – criando sem parar relacionamentos importantes com pessoas, organizações, cidades e nações.

Aliás, essas alianças mudaram o mundo e lhe permitiram conquistá-lo.

Em inúmeras ocasiões, as próprias conquistas cederam lugar a alianças, bem como seus inimigos foram acolhidos em vez de dizimados.

Alexandre aprisionou boa parte do exército persa em Isso, sua segunda grande batalha, na costa onde as montanhas da Anatólia se encontram com a Fenícia.

Seu exército conseguiu até mesmo capturar o séquito persa que transportava todas as posses reais e a família de Dario.

Entre os reféns encontravam-se a esposa, a mãe, o harém e inúmeros escravos do rei, além de objetos de casa.

Alexandre poderia ter matado toda a família de Dario ou tê-la devolvido a ele, ou ainda ter pedido resgate por ela.

O que fez ele?

Manteve-a, protegendo-a e permitindo que conservasse o seu *status* real.

Mais do que isso, tornou-se amigo bem próximo de Sisygambis, mãe de Dario, e mais tarde casou-se com a filha mais velha de Dario, Estatira (que aliança, não?), o que ajudou mais ainda a consolidar a identidade de Alexandre como rei persa também!!!

Assim, qual é aqui a lição?

Trate sempre bem os reféns nobres!!!

E Alexandre mais tarde ampliou esse conceito de magnanimidade para os escalões inferiores.

Ele praticamente "forçou" um casamento em massa entre 10.000 macedônios e mulheres persas ou asiáticas, no ano 324 a. C., promovendo desse modo uma verdadeira **integração** entre as duas culturas – grega e persa.

E estimulou isso fortemente dando dotes para os soldados que se casassem com as mulheres locais, pagando inclusive as suas dívidas.

Hoje em dia, quando se adquire uma empresa, pode-se exigir dos empregados da mesma a adequação à nossa cultura, às normas e políticas, porém isto não é tão fácil de conseguir se faltar o comprometimento interno no sentido de tratar lealmente e de maneira condigna esses novos funcionários.

No século XXI, fusão e aquisição são duas maneiras muito usadas por organizações para construir alianças e deste modo conquistar mais o mercado.

Entretanto, para que ocorra uma fusão ou aquisição bem-sucedida é vital que aconteça uma integração harmoniosa. O fato é que o mundo moderno é multicultural e assim será cada vez mais, havendo muitas pessoas que resistem à integração, considerando-se apenas como conquistadores.

Aí substituir "macedônios" por "persas" pode até funcionar quanto à aparência da integração, todavia não convence o coração dos racistas...

Certamente Alexandre foi um gênio militar, mas ele precisa também ser lembrado pela sua capacidade de construir um império, criando equipes multiculturais, constituindo governos de todas as raças e buscando integrar os povos.

A sua perspicácia para constituir alianças permanecerá como um fato de realce na história da humanidade.

O **terceiro processo** fundamental da liderança é o **estabelecimento de uma identidade**.

A identidade é um processo através do qual integrantes de uma organização compartilham a mesma visão e incorporam um propósito comum às suas atividades.

A identidade pode ser criada pela própria pessoa (desenvolvendo-se à medida que ela adquire maior experiência), entre cidades (quando antes inimigas, elas acabam constituindo uma coligação), ou entre nações (como na formação de um império).

Alexandre constantemente buscou desenvolver uma **identidade** entre as suas tropas e até entre os povos conquistados.

Ao prestar homenagens, fazer uma associação com os antecessores estimados, restaurar os lugares por eles respeitados, citar com sinceridade suas frases, imitar suas preferências, roupas, maneiras ou símbolos – todos esses atos, quando praticados por alguém, permitem ampliar potencialmente a sua reputação, proeminência e identidade.

A maneira como morremos nos identifica para sempre, diz muito sobre quem fomos.

Alexandre foi um general que, de fato, se preocupava com suas tropas.

Contam que ele sabia os nomes de mais de dez mil dos seus soldados.

Era comum ser visto em pessoa tratando dos feridos, antes de permitir que tratassem dele próprio.

Partilhava as provações de todos em marcha.

Seu último ato, quando mortalmente enfermo, foi dizer adeus pessoalmente a cada membro do quadro de oficiais do seu exército.

Poder-se-ia dizer que seu **exército foi uma identidade!!!**

Praticamente não existe um processo de liderança mais influente que o de **estabelecer uma identidade**.

A análise de alguns exemplos da breve vida de Alexandre permite entender como ele estabeleceu sua identidade:

- ➡ Eliminou todos os rivais (inclusive a própria família para chegar ao trono e garantir o poder).
- ➡ Soube enfrentar a adversidade (ele matou Clito de uma forma "acidental").
- ➡ Tinha seu herói (Homero).
- ➡ Domou um cavalo tremendamente selvagem quando era muito jovem (não é nada mau chamar a atenção para si muito cedo).
- ➡ Aceitou a fidelidade sincera de representantes de povos derrotados (aliás, após a morte de Dario, Alexandre reuniu as administrações grega e persa).
- ➡ Prestou homenagem a seus predecessores (preservou de fato o bom nome dos outros).
- ➡ Exigiu a prostração, quando apropriada (muitos de seus oficiais se rebelaram contra isso, porém Alexandre não abriu mão do ritual).

➡ Assegurou um bom executor do seu testamento (o corpo de Alexandre foi seqüestrado por Ptolomeu para estabelecer legitimidade).
Etc.

Ademais, quando morreu prematuramente, Alexandre estava construindo uma outra identidade, aquela entre duas culturas – grega e persa –, que eram incompatíveis!?!?

O **quarto processo** essencial de liderança é a **utilização de símbolos**.

O simbolismo, por sinal, é uma sólida ferramenta na construção da identidade.

O uso de símbolos e dos atributos de visibilidade a eles associados foi crucial para Alexandre, que os considerava parte essencial de suas táticas.

Alexandre redefiniu a realidade de milhares de pessoas em várias localidades com o horripilante ato simbólico de aniquilar totalmente uma cidade e o seu povo.

Por mais recriminadora e horrenda que a destruição tenha sido, ela serviu como símbolo para que um incontável número de pessoas passasse para o seu lado, sem luta.

Ele demonstrou dessa maneira claramente a seriedade de seus propósitos, evidenciando que era capaz de tudo...

Nossos atos podem construir (ou destruir) a confiança. Ao associar símbolos aos nossos atos, aumentamos essa confiança e intensificamos o efeito deles.

Alexandre era um enigma quando se tratava de confiança.

Ele acreditava nas pessoas até que elas o ensinassem a não confiar.

Certamente um dos atos simbólicos mais importantes feitos por Alexandre ocorreu no deserto de Gedrósia, com o qual ele salvou o seu exército e a si mesmo.

Já no fim da campanha, depois da "rebelião" na Índia, Alexandre decidiu tomar um caminho bem diferente de volta para sua terra natal, passando por um território desconhecido!?!?

A intenção de Alexandre era a de conseguir água necessária para o exército cavando poços, porém as sondagens e as escavações feitas no trajeto – um deserto terrível – não levaram ao precioso líquido!!!

Com os estoques de água no fim, mas tendo soldados leais, eles literalmente espremeram as últimas gotas de seus cantis feitos de bexigas de cabras, e todos reunidos ofereceram a Alexandre um grande capacete prateado **cheio de água**.

E aí Alexandre fez um gesto de simbolismo notável: após ter recebido o capacete, derramou toda a água que o enchia na areia!!!

Em seguida disse: "**O meu destino será o de vocês!!!**"

Antes de Alexandre derramar a água, o destino dos soldados era a morte, mas ele deveria viver graças à generosidades deles.

Depois de derramá-la, Alexandre também morreria.

A alternativa era o exército poder sair daquele deserto junto com Alexandre para garantir que o destino a ser compartilhado por todos fosse viver.

E assim eles fizeram!!!

Alexandre redefiniu a realidade de seu exército com um simples gesto simbólico e com poucas palavras bem escolhidas, modificando o destino de **"morrer"** para **"viver"**.

Você não acha que pode fazer isso também?

Claro que sim! Basta, entre outras coisas, seguir as quatro lições de liderança dadas por Alexandre, o Grande.

Assim, se você deseja ser um artista na arte de liderar, não deve esquecer que saber reformular um problema é um recurso cognitivo que permite mudar o mundo; que as alianças bem constituídas acabam funcionando como se diversos braços de um polvo trabalhassem para você, permitindo estabelecer um novo ritmo no mundo dos negócios; que a criação de uma identidade é de suprema importância para a eficácia da liderança, e que o uso de símbolos é importantíssimo, como fazia Alexandre, que montava um imenso cavalo negro, usando um vistoso capacete com plumas para que suas tropas pudessem vê-lo comandar na linha de frente.

Maravilhosas e brilhantes as lições de Alexandre no quarteto de ações: reformule o problema, forme alianças, crie identidade e use símbolos!!!

Consultoria

Aí vão algumas mensagens, que alguns consultores "prestigiados" costumam usar para tornar o ambiente menos carregado e explosivo quando eles começam a mostrar as suas "unhas" e pôr suas idéias em prática:

- "Franco-atirador é um sujeito nada franco."
- "Quem nada em dinheiro não corre o risco de morrer afogado."
- "Dinheiro é como mulher, quanto mais, melhor."
- "Era magro, mas tinha uma conta bancária gorda."
- "Olho gordo também precisa de lipoaspiração."
- "Quem tem olho de peixe pode se gabar de possuir a terceira visão."
- "Os alfaiates não costumam roupas com tecido social."
- "Nu frontal nem sempre afronta."
- "Bolsões de pobreza devem ser as algibeiras dos mendigos gigantes."
- "No Brasil, líder de massas é o fermento."
- "Não sou extrato de tomate, mas quero entrar na massa."
- "Do jeito que a coisa vai, vão fazer pão com massa de manobra."

- "As abelhas não são abelhudas."
- "Uma coisa a abelha e o goleiro de futebol têm em comum: ambos fazem cera."
- "Homem que é homem não come mel, come abelha com ferrão e tudo."
- "Apesar de sua propalada eficiência, o correio ainda não entrega cartas marcadas e cartas de vinho (ou entrega?)."
- "Com essa falta de moradia, serve até casa mal-assombrada para abrigar os sem-teto."
- "Com a derrubada das árvores, até o joão-de-barro corre o risco de ficar sem casa própria."
- "Tenho a vaga impressão de que não há vagas e a nítida impressão de que não há nitidez."
- "Otorrinolaringologista é o médico que, ao tirar cera do ouvido do paciente, faz lavagem cerebral pela lateral."
- "Dentista é o sujeito que está em todas as bocas livres e ainda ganha para isso."
- "Se o curto-circuito já faz um grande estrago, imaginem o longo-circuito."
- "Pernilongo é de Itu, porque nas outras cidades é pernicurto."
- "É por isso que o Brasil não vai para a frente: tem gente botando para quebrar quando deveria botar para consertar."

OS CONSULTORES ESTÃO FICANDO CADA VEZ MAIS DESCARTÁVEIS OU SÃO AINDA INDISPENSÁVEIS?

Para muitos empresários bem-sucedidos, contratar consultores para resolver os problemas das suas organizações é uma grande tolice!!!

Assim, o grande homem dos meios de comunicação Rupert Murdock, quando lhe perguntaram se havia algum guru da administração que ele seguia ou admirava, respondeu: "Guru? Você encontra uma preciosidade aqui e acolá.

Porém, a maioria deles é razoavelmente óbvia.

Basta ver o que acontece quando você passa pela seção de Administração de uma livraria e vê todos aqueles títulos maravilhosos, não resiste e compra uma dúzia deles, gasta uns 500 dólares e depois de um tempo joga todos eles no lixo!!!"

Acontece que o próprio guru Tom Peters admite:

"**Somos uma sociedade bem peculiar, pois ela acredita que pode se tornar cada vez melhor.**

Assim sendo, nós estamos propensos a ser enganados por pessoas como eu."

Jack Trout, co-autor de livros que se tornaram fantásticos *best-sellers*, como *Marketing de Guerra* e *As 22 Consagradas Leis do Marketing*, é um consultor consagrado (!?!?)

Num livro de sua autoria e de Steve Rivkin, *O Poder da Simplicidade* – ele procura mostrar ao leitor como é possível facilitar a sua vida profissional por meio da simplificação de suas estratégias e ações.

E assim a sua "receita" fundamental no sentido de se alcançar a **simplicidade** ou a **obviedade** é a seguinte:

1º. **Combata a complexidade.**

Pare de resistir à simplicidade, e não se rodeie de pessoas que adoram usar a complexidade, em particular os consultores, para mascarar sua ineficácia e ignorância.

2º. **Abrace com todas as suas forças a simplicidade.**

A teoria do caos é para ser discutida na Física. É vital simplificar tudo o que for possível, procurando fazer tudo da forma mais objetiva e fácil.

3º. **Respeite as pessoas.**

As pessoas são muito importantes, por isso, principalmente na condição de gestor ou de executivo-líder, é imprescindível saber motivá-las e respeitá-las, o que geralmente os consultores não conseguem fazer.

É fundamental dar-lhes as condições para desempenhar bem as funções com segurança e um bom respaldo no tocante às decisões mais difíceis.

No que se refere à consultoria, e em particular ao treinamento oferecido geralmente por instrutores contratados por uma empresa, no livro *O Poder da Simplicidade*, de Jack Trout e Steve Rivkin, eles dizem: "As empresas norte-americanas gastam algumas dezenas de bilhões de dólares por ano no treinamento de seus funcionários, buscando com isto o seu auto-aprimoramento e uma transformação pessoal.

Porém, os consultores e os instrutores-gurus que contratam levam a eles filosofia oriental, conceitos de auto-ajuda, futurologia, etc., o que no final das contas acaba sendo praticamente uma charlatanice.

Vejamos, por exemplo, o que estão ensinando aos empregados de milhares de empresas dos EUA e de outras partes do mundo os gurus de auto-ajuda, como Stephen Covey, Deepak Chopra e Tony Robbins.

Stephen Covey é o responsável pelo novo sonho norte-americano, ou seja, **o sucesso econômico e a salvação espiritual em um pacote só!!!**

O popular jornal *USA Today* o chama de 'o consultor mais quente de auto-aprimoramento a atuar em empresas dos EUA desde Dale Carnegie'.

A sua empresa de consultoria, fundada em 1985 com apenas dois funcionários, no início do século XXI já tinha mais de 800 empregados e obtinha receitas superiores a uma centena de milhões de dólares por ano, tendo entre seus clientes mais da metade das 500 empresas que aparecem na lista das maiores da revista *Fortune* e milhares de organizações menores que têm dinheiro disponível para essa atividade.

O seu livro *Os 7 Hábitos das Pessoas Altamente Eficientes* (e agora em 2004 já saiu o *8º Hábito*) vendeu em dez anos praticamente 10 milhões de cópias, com a mensagem básica de que: **para alcançar o seu pleno potencial, você precisa construir o seu caráter!!!**

Sete de tais princípios existem em seu mundo.

Um deles, o princípio **vencer-vencer,** constitui uma condição bem interessante!?!?!

Stephen Covey declara que nos dirá tudo o que precisamos saber para sermos eficazes; no entanto, também promete dizer o mesmo para qualquer outra pessoa!!!

Mas aí ele ameniza afirmando que você não precisa se preocupar com isso. '**Se todos soubermos o que todos sabemos o tempo todo, estaremos em melhor situação!?!?'**

Pois é, isto é uma verdadeira charada, não é?

Deepak Chopra é um ex-endocrinologista de Boston, nascido e criado em Nova Delhi, que foi educado durante 12 anos por missionários jesuítas.

Ele se autodefine como: '**O pioneiro no campo da medicina de mente-corpo e potencial humano.**'

Sua atuação como consultor da mente lhe rende atualmente algumas dezenas de milhões de dólares por ano, receita proveniente de dezenas de livros de sua autoria, CDs (*compact discs*), ervas para chás, vitaminas, óleos de massagem, e inúmeras palestras e seminários nos quais as sua participação custa em média US$ 35 mil.

E a mensagem do consultor Deepak Chopra é uma miscelânea de filosofia oriental, tecnologia ocidental, tradições celtas, medicina moderna e até música *rap,* porém entre aqueles que o ouvem existem depoimentos do tipo: 'Tudo o que escutei ele falar foi proveitoso para minha vida.'

Deepak Chopra tem hoje milhões de 'seguidores' fervorosos que acreditam em sua mensagem, embora não saibam explicar exatamente do que se trata.

Também, veja se é possível entender as suas afirmações:

- ➡ 'A vida é a dança eterna da consciência que se expressa como troca dinâmica de impulsos, de inteligência entre microcosmos e macrocosmos, entre o corpo humano e o corpo universal, entre a mente humana e a mente cósmica.'
- ➡ *'Iremos agora explorar o mecanismo da miraculosa e espontânea satisfação de seus desejos.'*
- ➡ 'Este material é extremamente concentrado e precisa ser literalmente metabolizado e vivenciado na consciência.'

➡ 'Espiritualidade e consciência saudável caminham lado a lado.'
➡ 'A pobreza é o reflexo de um espírito empobrecido.'

Como é, deu para entender, ou melhor, para mastigar e engolir?
Difícil, não é?
Finalmente, Tony Robbins é o nosso consultor guerreiro de mandíbula protuberante, com seus dois metros de altura, usando um magnífico terno Armani e caminhando num palco onde 'explodem' máquinas de fumaça e luzes estroboscópicas...

Tony Robbins também ganha milhões de dólares por ano com seus seminários movidos a adrenalina, vendendo dezenas de milhares de fitas (agora CDs) de auto-ajuda, além dos seus livros, naturalmente.

Claro que para preparar as suas apresentações e meditar sobre novas mensagens energizantes ele divide o seu tempo entre um castelo em San Diego, que tem até heliporto, e uma ilha no Pacífico Sul!!!

A essência da mensagem de Tony Robbins, descrita nos seus livros é que você pode alcançar qualquer coisa que quiser, desde que adote a atitude correta. **Pense em algo intensamente e isto será seu!?!?**

Ele diz nos seus seminários: 'Quero ter certeza de que você vai assumir o compromisso com uma vida de constante e interminável aprimoramento, seguindo o que está nos meus livros ou nas fitas (CDs) que minha equipe preparou!?!?'

Tony Robbins encontrou a fama quando se deparou com uma técnica terapêutica pouco conhecida naquela época (e bastante suspeita) chamada programação neurolingüística *(neurolinguistic programming)*, cuja sigla é NLP.

A NLP faz uso da hipnose de transporte leve para substituir a mente subconsciente, supostamente eliminando fobias dolorosas, auto-imagens negativas e outros problemas.

Ao aprender sobre o que pensar e como manter seu corpo são, Tony Robbins descobriu que podia andar descalço numa camada de carvão ardendo a centenas de graus centígrados, tendo denominado essa caminhada no fogo de **'a revolução da mente'**.

Nessa apresentação Tony Robbins grita para os participantes: **'Se puder andar no fogo, o que você não poderá fazer?'**

Para não se pensar que só eu acho pessoas como Tony Robbins um tanto quanto malandras, convém citar a opinião de Adrian Wooldridge, co-autor do livro *Os Bruxos da Administração*, e chefe de setor na respeitada revista *The Economist*.

Diz Adrian Wooldridge:'Tony Robbins lamentavelmente está vendendo esperança e credulidade.

A idéia de que se você apenas mudar sua atitude em relação ao mundo, desencadeará uma quantidade fantástica de poder que lhe permitirá ser uma pessoa bem-sucedida sem grande esforço é pura tolice!!!

Ele está vendendo esperança fraca para os bobos.

Acredito que está mais do que na hora de os verdadeiros executivos eficazes terminarem com essa insanidade de se gastar tanto dinheiro com os consultores de auto-ajuda, pois não é esta a melhor forma de lidar com as questões de auto-aprimoramento.

O treinamento não deveria ser uma recreação!!"

Bem, o que se desejaria que acontecesse, isto é, profecias auto-realizáveis, pertence de fato à terra do **faz-de-conta** que alguns consultores insistem em dizer que é facilmente atingível...

Cada pessoa deve aprender, isto sim, a lidar com a realidade, e neste sentido ter como princípio que a complexidade não deve ser admirada, mas evitada de toda maneira.

Além disso, a verdade surpreendente é que o sucesso não brota do nada dentro de você mesmo!?!?

O sucesso é algo dado a uma pessoa por terceiros.

Quando você foca em si mesmo, só tem um bilhete de entrada para a corrida.

Ao expandir seu horizonte a fim de incluir os outros, através de seus relacionamentos você amplia bastante as vantagens a seu favor.

Em outras palavras, sucesso é encontrar um cavalo para cavalgar, e você só encontra esse cavalo quando abre a sua cabeça para o mundo exterior, quando busca o sucesso fora de si mesmo.

Com efeito, muita coisa já foi escrita a respeito do **bem**, do **mal** e do **feio** da consultoria.

Assim, do ponto de vista de um consultor – e pode até ser uma interpretação correta – percebe-se que as empresas não pagarão ou não têm interesse por simplicidade ou soluções triviais!?!?

Na realidade, às vezes parece que quanto menos uma empresa compreende a respeito do processo, mais ela está disposta a pagar.

Mas infelizmente muitas coisas não são simples, ou então as organizações não sabem como proceder desta maneira, senão elas resolveriam tudo sozinhas.

Então o truque que é usado por uma grande parcela de consultores é o de inventar constantemente novos conceitos complexos, introduzindo com isso um verdadeiro terror gerencial, pois acaba-se afirmando que os **"antigos axiomas de negócios não se aplicam mais"**.

Um outro estratagema usado por alguns consultores é o de desenvolver um processo que leva um tempo enorme para ser concluído, a saber, coloca-se a empresa num labirinto no qual ela anda em câmara lenta, tendo dificuldade para decidir ou mudar corretamente de direção.

Porém nem todos os consultores são assim, e existem os bons consultores cuja qualidade principal é a sua objetividade.

Naturalmente, consultor é alguém que tem experiência e que consegue reformular o problema ou enxergá-lo sob outra perspectiva, quando até as pessoas com acesso a informações importantes e até sigilosas em relação a uma dificuldade ou obstáculo, **não conseguem vislumbrar** uma saída para o contratempo.

Uma coisa que está a favor dos consultores é que eles são pessoas estranhas à organização.

As pessoas que trabalham numa empresa comumente têm acesso a informações vitais ou até secretas sobre as dificuldades de uma organização, não tendo a princípio carência de respostas para os seus problemas.

E muitas vezes as organizações poderiam ter economizado muito dinheiro se utilizassem os próprios funcionários e não consultores estranhos ao seu negócio para resolver seus problemas.

Mas por que tantas empresas falham no tocante ao uso adequado da inteligência de seus funcionários?

Um motivo certamente é que a familiaridade com os problemas geralmente produz acomodação, desconsideração e até um certo desrespeito.

Assim, muitos gestores ou os executivos principais não vêem nada além de imperfeições e erros em seus funcionários.

Em contraste, os consultores freqüentemente não ficam tanto tempo na empresa para notar as falhas ou incompetências dos empregados.

Não se pode deixar de destacar a questão do compromisso, ou seja, o consultor é um profissional que foi pago para tornar algo mais eficaz ou acabar com algum tipo de problema.

Nesse sentido, o bom consultor procura agir de uma forma correta no contexto daquilo que uma empresa pode ou não deve fazer.

Aí é bom recordar a opinião do maior guru da administração no mundo, ou seja, de Peter Drucker: "Ensinaram-me algo em 1944, quando comecei a minha primeira grande tarefa de consultoria, estudando a estrutura e as políticas administrativas da General Motors Corporation.

Nessa época, Alfred P. Sloan Jr. era o presidente e *chief executive officer* (CEO) da empresa, que me chamou para o seu escritório no início do meu estudo e disse: 'Não se preocupe com a nossa reação. Não se aborreça se gostaremos disso ou não veremos com bons olhos aquilo.

E acima de tudo não se preocupe com as obrigações ou atos que podem ser necessários para tornar suas recomendações aceitáveis.

Não há nenhum executivo nesta organização que não saiba como tornar cada compromisso concebível sem sua ajuda.

Todavia, ele não pode assumir o compromisso correto, a menos que antes você lhe diga o que é **correto**!!!

E com essa orientação e estímulo comecei o meu trabalho de consultor."

Conclui-se desta explicação de Peter Drucker que consultor é aquele que faz a **coisa certa, e não a coisa elegante**!!!

Fazer a coisa certa, porém, não é nada fácil, e todo aquele que quer se tornar consultor deve levar isso em consideração.

Os próprios consultores experimentados admitem suas falhas.

Aliás, não podia ser diferente, pois **"errar é humano e perdoar é divino"**.

Os executivos que contratam consultores erram então em proporção alarmante!!!

Por sinal, uma pesquisa recente feita com mais de 5.000 executivos demonstrou que 81% deles disseram que adquiriram ferramentas de gestão que prometiam muito mais do que entregavam, e que não havia nenhuma correlação positiva entre a sua implementação (ou uso) e o êxito financeiro.

Dessa maneira, todo aquele que contratar uma empresa de consultoria – que certamente quererá implementar alguma nova teoria ou forma administrativa na sua organização – deve antes levar em conta as seguintes observações:

1ª. As teorias administrativas freqüentemente se degeneram em modas passageiras, pois na realidade são doses rápidas que só servem para problemas particulares.

2ª. A informação sobre o índice de sucesso de um consultor raramente está disponível.

3ª. As teorias administrativas e os consultores muitas vezes consomem apenas os recursos e dissipam a energia e a motivação dos empregados das empresas.

É grande o erro de uma empresa que acha que vai melhorar mandando dezenas de executivos para ouvir exposições sobre novas teorias de gestão e em seguida contrata consultores recém-produzidos para difundir o evangelho.

4ª. Inúmeras são as teorias administrativas e os consultores que as pregam que criam expectativas irreais.

5ª. As novas teorias de gestão e os consultores que as difundem em muitos casos abalam a confiança dos funcionários de uma organização, que em vista disso acolhem cada nova palavra de efeito vinda deles com descrença e ceticismo cada vez maiores...

Se tudo isso não o (a) fizer hesitar sobre a validade de se contratar uma consultoria, o que se deve é desejar-lhe boa sorte porque, até que é possível encontrar consultores competentes, mas não esqueça o seguinte aviso: **nunca confie em alguém que você não compreende!!!**

Além disso, nem todo mundo está metido em "complexidade".

Há aqueles consultores que estão praticando simplicidade e se saindo muito bem, obrigado!!!

Controle e Aprendizado

"Claro que eu também me envolvi com o uso de drogas leves quando tinha a sua idade, mas na minha época isso foi devido a um protesto que estávamos fazendo contra as guerras em várias partes do mundo. Mas eu estava no controle da situação..."

O INFERNO LÁ FORA...

A mãe de José acordou-o às 6h30min da manhã: "Zezinho, levante-se! É hora de ir para a escola!" Não houve resposta. Ela chamou de novo e mais alto: "Zezinho, acorde e levante-se! Está na hora de ir para a escola!" Mais uma vez não houve resposta. Desesperada, ela foi até o quarto e o sacudiu dizendo: "Zezinho, está na hora de se levantar e se aprontar para ir à escola!"

Ele respondeu: "Mãe, eu não vou à escola. Há três mil alunos lá, e todos eles me odeiam. Não vou à escola!"

"Levante-se já e vá à escola!", respondeu a mãe rispidamente.
Mas, mãe, todos os professores lá também me odeiam. Outro dia vi três deles conversando e um estava apontando para mim. Eu sei que eles me odeiam. Não vou para a escola.
"Arrume-se já e vá para a escola!", a mãe ordenou novamente.
Mas, mãe, não entendo isso. Por que você quer me colocar naquele inferno de novo?", ele protestou.
"Por duas razões, Zezinho", ela disparou de volta. " Primeiro, porque já tem 43 anos, e segundo, você é o diretor da escola!"

VOCÊ ACHA FÁCIL RESPONDER A UMA PERGUNTA DO TIPO: COMO?

Na realidade, muitas vezes não é nada fácil responder quando alguém nos pergunta: **"Como?"**

Peter Block, que é autor de inúmeros livros, num deles – *Comportamento Organizacional* – explica: "A pergunta: Como? – mais do que qualquer outra – busca por uma resposta fora de nós. É uma forma indireta de expressarmos nossas dúvidas..."

Freqüentemente evitamos perguntar se algo vale a pena ser feito, indo direto para a pergunta: "Como fazemos isso?"

De fato, quando acreditamos que algo realmente não vale a pena ser feito, ficamos especialmente ansiosos para começar a perguntar **Como?**

Podemos examinar por vários ângulos o que vale a pena fazer: como indivíduo, posso me perguntar se sou capaz de ser eu mesmo e de fazer o que quero e ainda conseguir ganhar meu sustento; para uma organização, posso perguntar em nome do que esta organização existe e se ela existe para cumprir algum propósito maior do que sobreviver e ser economicamente bem-sucedida; como sociedade, será que trocamos o senso de comunidade e engajamento cívico pelo bem-estar econômico e pelo atendimento de nossas ambições particulares?

Muitas vezes, quando uma discussão é dominada por perguntas **Como?**, nos arriscamos a supervalorizar o que é prático e viável, postergando questões de propósitos mais amplos e de bem-estar coletivo.

Com a pergunta **Como?** nos arriscamos a aspirar a objetivos que são definidos pela cultura e pelas instituições, à custa de perseguir propósitos e instruções que brotam de nosso interior.

Uma maneira de entender o significado da pergunta **Como?** é considerá-la uma expressão de nosso desejo de **controle** e **previsibilidade**.

Esse é o ponto atraente da pergunta.

Pensamos que podemos encontrar controle e previsibilidade no domínio, no conhecimento e na certeza de **fazer algo do jeito certo**.

Não do nosso jeito, não de um jeito qualquer, mas do jeito certo!!!

Pensamos que há um jeito certo, que alguma outra pessoa sabe qual é, e que nossa tarefa é descobrir esse jeito.

E infelizmente o mundo conspira a favor dessa ilusão, pois ele quer nos vender uma resposta.

Nós perguntamos: "Como?", e o mundo responde: "Desse jeito!!!"

Assim, a busca do **Como?** pode ser a pergunta inicial errada. Além disso, **Como?** pode nos levar a não formular perguntas mais importantes, tais como se o que estamos fazendo é **importante para nós**, ou é **importante para os outros**.

Dessa maneira, às vezes **Como?** pode ser a pergunta inicial errada. Além disso, **Como?** não é apenas uma pergunta, mas uma série de perguntas, uma família de perguntas.

Ai vão alguns exemplos:

➡ **Como você faz isso?**

Essa é a pergunta **Como?** em sua forma básica e útil na maioria das situações.

Ela parece suficientemente inocente, e de fato é inocente, pois quando alguém faz essa pergunta está assumindo a postura de que outros sabem e ele (ela) não.

A pergunta carrega em si a crença de que o que a pessoa quer está logo ali "virando a esquina", e tudo que a impede de virar essa esquina é que para ela faltam informações ou alguma metodologia.

Há, porém, um risco ao se fazer a pergunta: "Como fazer isso?", que é o de fazê-la cedo demais.

Ela disfarça perguntas de propósito mais profundo, implica que toda pergunta tem resposta, e ignora se essa questão inicial é ou não a certa.

Pois é, às vezes a pressa em responder um **Como?** gera o risco de se pular para a pergunta profunda: "Vale a pena fazer isso?"

➡ **Como fazemos para essas pessoas mudarem?**

Essa é a pergunta do poder.

Existem várias maneiras de posicioná-la.

Assim, "essas pessoas" podem ser aquelas que precisam mudar para o bem da empresa, para o seu próprio bem, para o bem da família, em prol da próxima geração, a favor da sociedade.

Aí vão alguns exemplos de como procedermos para vincular o futuro que almejamos à transformação de outra pessoa:

Controle e Aprendizado **81**

➡ **Em casa** – Como se faz para que as crianças participem da limpeza, estudem mais, mostrem respeito, ou qualquer outra coisa.

Como você faz para que seu filho ou filha preste atenção, consiga um emprego, demonstre amor, fique em casa, ... etc.

➡ **No trabalho** – Como se faz para que a alta gerência faça as coisas que prega, trabalhe em conjunto, seja um exemplo de conduta, saiba que estamos aqui... etc.

➡ **No mundo** – Como se faz para que o nosso povo seja tão trabalhador, consuma mais, economize mais, trabalhe mais, como faz a gente mais competitiva do planeta.

O desejo de fazer com que os outros mudem está vivo e internalizado em nossas vidas pessoais.

Achamos que se pelo menos o outro aprendesse, amadurecesse, fosse mais flexível, expressasse mais emoção ou menos ressentimento, carregasse mais "peso" ou fosse mais comprometido, o nosso relacionamento e a qualidade de vida melhorariam.

A pergunta: "Como fazemos para essas pessoas mudarem?" nos distancia da tarefa de escolher o que queremos ser e de nos responsabilizarmos pela criação do nosso ambiente.

Não podemos mudar os outros, podemos apenas aprender sobre nós próprios...

Mesmo quando somos responsáveis por funcionários (ou filhos), renunciamos à nossa liberdade e capacidade de construir o mundo em que vivemos quando nos focamos na mudança **deles**.

Ninguém muda como resultado de nossos desejos !?!?

Na verdade, as pessoas comumente resistirão a nossos esforços para mudá-las, simplesmente devido ao aspecto coercitivo da interação.

As pessoas resistem à coerção de forma bem mais incansável do que resistem à mudança.

Cada um de nós tem vontade própria em seu âmago, e então quer você goste ou não, as outras escolherão mudar mais facilmente devido ao exemplo demonstrado por nossa própria transformação do que por qualquer exigência que façamos.

Para se afastar o espírito de coerção é conveniente trocar a pergunta: "Como fazemos para essas pessoas mudarem?" para "Que transformação é necessária em mim?"

➡ **Como medimos isso?**

Essa pergunta declara: "Se não podemos medir alguma coisa, ela não existe."

Ou, parafraseando René Descartes: "Eu posso medir isso, logo isso existe."

O engenheiro que existe em cada um de nós precisa de um teste para confirmar um conceito ou o conhecimento, uma régua para marcar a distância, um relógio para comprovar o tempo transcorrido.

Queremos precisamente saber como medir o mundo!!!

Queremos saber como estamos indo.

Queremos saber onde estamos.

Mas a questão da medida deixa de nos ajudar quando achamos que a medida é tão essencial que apenas nos aventuramos em empreendimentos que podem ser medidos.

Nossa obsessão com a medição é, na verdade, uma expressão de dúvida.

Ela é mais urgente quando perdemos a fé em algo.

Tudo bem em ter dúvidas, entretanto nenhuma medição consegue satisfazê-las!!!

A dúvida, ou falta de fé, assim como na religião, não é fácil de ser apaziguada nem por milagre quanto mais pela reunião de evidências mensuráveis nos resultados.

Há também a questão sobre o uso que é feito da medição.

Ela será usada para controle e supervisão ou para aprendizado?

Ela se destina a um terceiro ou às pessoas envolvidas?

O aspecto útil da medição é que ela nos ajuda a explicitar nossas intenções.

O diálogo sobre a medição é mais útil quando o aplicamos a nós mesmos.

Nesse sentido, precisamos simplesmente fazer a mudança sutil de "Como medir isso?" para a questão: "Que medição teria significado para mim?"

A medição também é ardilosa, pois muitos pensam que o ato de medir é por si só um dispositivo motivacional, e que as pessoas **não farão** o que não for institucionalmente valorizado através da medição.

Isso reduz a motivação humana a uma dinâmica de causa e efeito.

Implica que, se não temos uma resposta satisfatória para a questão da medição, nada será feito.

Novamente, isso restringe o que fazemos e nos empurra para um mundo onde só realizamos aquilo que é previsível e controlável, e aí, **adeus imaginação e criatividade**!!!.

➡ **Como certas pessoas fazem isso com sucesso?**

Na realidade essa pergunta, dentro de certos limites, equivale a: "Onde mais isso funcionou?"

Torna-se uma questão no mínimo confusa, ou perigosa quando se chega a uma declaração velada: se isso **não funciona bem** em certo lugar, talvez não devamos fazê-lo.

O desejo de tentar apenas o que já foi provado cria uma vida de imitação.

Podemos declarar que queremos ser líderes, porém queremos ser líderes sem o risco da invenção!?!?

Por certo a pergunta "Onde mais isso funcionou?" nos conduz a uma armadilha em espiral: se o que está sendo recomendado ou contemplado está na verdade funcionando em outro lugar, a próxima pergunta é se a experiência dessas pessoas é ou não relevante para nossa situação – a qual, sob um exame mais acurado, **geralmente não é**!!!

O valor da experiência dos outros é nos dar esperança, não nos dizer como proceder ou se devemos ou não seguir em frente.

E se a mudança que contemplamos tem algo a ver com seres humanos, mesmo o experimento mais bem-sucedido realizado em outro lugar tem de ser seriamente adaptado à nossa situação. Sempre é preciso fazer isso!!!

Com isso não se quer destruir o *benchmarking*, ou seja, o estudo das melhores práticas, mas apenas expressar os limites do valor que se pode extrair ao procurar, em outros lugares, a melhor maneira de proceder.

A maioria das tentativas para transportar aperfeiçoamentos em sistemas humanos de um lugar para outro tem sido lucrativa para aqueles que fazem o transporte, geralmente os consultores, mas que raramente têm cumprido de forma eficaz a sua promessa para o usuário final.

"Onde mais isso funcionou?" – tem uma validade aparente irresistível.

Quem iria argumentar contra a idéia de aprender com os outros?

O grande problema é que a pergunta perpetua a crença de que os outros sabem e nós não.

Mas não significa que não podemos aprender com os outros.

O que está se ressaltando é que perguntar **Como?** é um método relativamente medíocre de aprendizado.

Quando procuramos por ferramentas e técnicas, que são parte da pergunta **Como?**, excluímos outros tipos de aprendizado.

Em um certo sentido, se queremos saber o que funciona de verdade, temos de decidir cuidadosamente quais são as perguntas certas para o momento.

Boas perguntas trabalham para nós, nós não trabalhamos para elas.

Elas não são um projeto a ser terminado, mas a abertura de um portal que conduz a uma maior profundidade de entendimento, a ações que farão com que nos sintamos mais completamente vivos.

Consideradas separadamente e formuladas no contexto certo, todas as perguntas **Como?** são válidas.

Porém, quando se tornam as perguntas fundamentais, as perguntas controladoras ou as delimitadoras, elas criam um mundo no qual a atenção operacional conduz o espírito humano, ou seja, nasce uma propensão de instrumentalizar tudo, buscando-se intensamente o controle e a previsibilidade.

Esse pragmatismo freqüentemente nos desvia dos valores mais profundos, do que é realmente importante.

Acabamos até esquecendo que aprendemos muito mais eficazmente sendo testemunhas de como os outros vivem suas vidas...

Criatividade e Comportamento

GUIA DE DISCURSO PARA USO DE TECNOCRATAS PRINCIPIANTES

O Manual Universal do Discurso Político-Tecnocrático, a seguir apresentado, foi originalmente publicado pela *Zyele Warsawy* (revista de Varsóvia), periódico do governo polonês, e se constituiu num mecanismo que desmascara a superficialidade e falta de conteúdo da linguagem oficial.

A maneira de empregá-lo é muito simples: inicia-se sempre o discurso com o que está escrito na Tabela 1 pela 1ª casa da 1ª coluna (I), passando a seguir para qualquer outra casa da 2ª coluna, depois para qualquer casa da 3ª, depois para a 4ª coluna, voltando para qualquer outra casa da 1ª coluna (com exceção da 1ª casa), e assim por diante, de coluna em coluna, sem se importar com a casa escolhida em cada coluna, mantendo-se apenas a ordem I, II, III, IV. São possíveis 10.000 combinações para um discurso pomposo e totalmente inócuo de até 40 horas.

Qualidade com Humor

> Bem, aí vai um discurso: "Caros colegas (1ª, I), a complexidade dos estudos efetuados (2ª, II) facilita a criação (7ª, III) das formas de ação (10ª, IV).
> Por outro lado (2ª, I),..."
> Como se vê, é possível elaborar os mais expressivos e vazios pronuncionamentos do planeta. Que criatividade, não é?

LINHAS	I	II	III	IV
1ª	Caros colegas,	a execução das metas do programa	nos obriga à análise	das condições financeiras e administrativas exigidas.
2ª	Por outro lado,	a complexidade dos estudos efetuados	cumpre um papel essencial na formação	das diretrizes de desenvolvimento para o futuro.
3ª	Assim mesmo,	a constante espansão de nossa atividade	exige a precisão e a definição	do sistema de participação geral.
4ª	No entanto, não podemos nos esquecer que	a estrutura atual da organização	auxilia a preparação e a composição	das posturas dos orgãos dirigentes com relação às suas atribuições.
5ª	Do mesmo modo,	o novo modelo estrutural aqui preconizado	garante a contribuição de um grupo importante na determinação	das novas proposições.
6ª	A prática cotidiana prova que	o desenvolvimento contínuo de distintas formas de atuação	assume importantes posições no estabelecimento	das direções preferenciais no sentido do programa.
7ª	Nunca é demais lembrar o peso destes problemas, uma vez que	a constante divulgação de informações	facilita a criação	do sistema de formação que corresponda às necessidades.
8ª	As experiências acumuladas demonstram que	a consolidação das estruturas	obstaculiza a apreciação da importância	das condições inegavelmente apropriadas.
9ª	Acima de tudo é fundamental ressaltar que	a consulta aos diversos militantes	oferece uma interessante oportunidade para vereficação	dos índices pretendidos.
10ª	O incentivo no avanço tecnológico, assim como	o início de atividade geral de formação de atitudes	acarreta um processo de reformulação e modernização	das formas de ação.

Tabela 1 – A mágica para se ter milhares de discursos viáveis...

O QUE VOCÊ DEVE FAZER, PARA TRANSGREDIR
AS REGRAS COMO FAZIA EINSTEIN?

Certamente, se existe um problema que você não consegue resolver, provavelmente é porque está encalacrado numa rotina de regras.

Todos nós temos as nossas regras – hábitos de pensamento profundamente arraigados que nós tomamos por **imagens de verdade**.

As regras que usamos formam-se naturalmente.

Pelo uso repetido, certas idéias tornam-se regras.

Infelizmente quando uma rotina de regras é criada, todas as idéias conflitantes são ignoradas.

Naturalmente nem sempre as regras são más.

Elas são como os trilhos de uma estrada de ferro.

Obviamente se você quer ir aonde os trilhos vão, **eles são perfeitos**.

Entretanto, assim como existem muitos lugares onde os trilhos não chegam, da mesma forma há inúmeras soluções às quais não podemos chegar estando presos às regras.

Para chegar lá é necessário sair dos trilhos.

Lamentavelmente ninguém é imune às rotinas de regras.

Albert Einstein fez o seu trabalho mais brilhante quando desafiou os paradigmas da ciência e ousou sair dos trilhos, violando regras que constrangiam seu pensamento.

Como todos nós, Einstein foi criado num mundo tridimensional.

Felizmente, porém, não se deixou limitar pelo mundo que conhecia.

Ele usou a sua imaginação para ir além das suas experiências e penetrar num universo multidimensional.

Embora seja difícil de imaginar, os físicos descobriram que essa idéia se aproxima mais do modo pelo qual o universo se estrutura na realidade.

E ela só pode ser compreendida quando vamos além do que nos é familiar.

Dizer que o segredo do gênio de Einstein estava no seu espírito transgressor é porém uma afirmação perigosa.

Afinal, ele também era brilhante por natureza e extremamente perseverante.

Mas, você como Einstein, pode pensar de maneira imaginativa e inovadora.

Aliás, numa democracia e dentro de um regime de liberdade numa empresa, todos nós temos o direito inato de transgredir as regras, desde que elas sejam em benefício da organização e essas ações não sejam antiéticas...

O ser humano soube ganhar de animais muito mais fortes, com garras e dentes mais afiados, pois entre outras coisas soube transgredir as regras e mudar estratégias em segundos e não em milhares de anos como os seres irracionais...

➡ Mas, se a mudança, a inovação e a criatividade são características tão profundas do ser humano, por que ficamos atolados em nossas rotinas de regras?

➡ O que ocorre comumente com a nossa maravilhosa capacidade natural de transgredir essas mesmas regras?

O fato é que o nosso talento para a transgressão se atrofia porque somos amestrados para obedecer às regras.

A educação, a socialização e a padronização trabalham juntas para criar em nós o hábito de ficar aferrados às regras.

Einstein, por seu turno, nunca foi um conformista.

Quem nos ficou muito na memória nas inúmeras biografias a seu respeito foi um tranqüilo professor universitário, entretanto Einstein, que nos deu a teoria da relatividade, tinha muitos problemas de comportamento!!!

Ele quase nunca assistia às aulas, pois preferia passar o tempo no laboratório.

Era um pessoa difícil e sofreu muito devido a essa sua independência.

Como conseqüência, seus professores não lhe deram a recomendação que precisava para garantir uma posição na universidade.

Entretanto, Einstein adquiriu todos os conhecimentos disponíveis em sua época sem tornar-se um escravo desses mesmos conhecimentos, o que lhe deu uma vantagem enorme.

Quando saímos da escola ou da faculdade, continuamos a aprender a seguir os procedimentos, a acatar as opiniões das massas e a respeitar as autoridades.

E aí, até nas empresas que precisam desesperadamente da inovação, nota-se um certo desencorajamento do pensamento criativo, pelo menos na maioria dos seus empregados!?!?

Não é porém o que se ensina nas faculdades e nos cursos de pós-graduação da FAAP, onde por sinal se dá um grande destaque à Criatividade nos seus programas.

Einstein produziu boa parte dos pensamentos mais brilhantes quando estava completamente isolado da comunidade científica.

Enquanto trabalhava no departamento de patentes, ninguém controlava suas pesquisas.

Não havia comitê de avaliação que o pudesse intimidar; nenhum chefe de departamento reinava supremo sobre suas idéias malucas; ele não freqüentava convenções para saber o que todos os outros estavam pensando.

Tinha liberdade total para criar grandes solução, e foi isso o que ele fez!!!

Scott Thorpe, uma combinação de pensador anticonvencional e espírito revolucionário, no seu livro *Pense como Einstein – Uma Maneira Simples de Transgredir as Regras e Descobrir o Seu Gênio Oculto* explica como se pode transgredir as regras.

Diz ele: "Há quatro técnicas que gosto de aplicar às regras que tenho de transgredir. Elas são:

1. Viole a regra.

Quando não há mais nada a fazer, é esta a estratégia essencial, mas a transgressão flagrante exige muita coragem.

Exige uma atitude de 'não me importo com os fatos, nada vai ficar no meu caminho'. Não existe regra inviolável!!!

2. Contorne a regra.

Esse é um jeito sub-reptício de transgredir a regra, ou seja, você a contorna, mudando-lhe os resultados.

3. Adote uma regra oposta.

Uma maneira excelente, contra-intuitiva de transgredir uma regra é criar uma regra oposta e obedecê-la.

Assim a regra oposta a 'É obrigatório pagar impostos' pode ser: 'O governo tem de pagar para você.'

Quem usou brilhantemente esse conceito foi o físico Richard Feynman, ganhador do Prêmio Nobel da Física, quando fez a pergunta: 'O que aconteceria se a verdade fosse exatamente o contrário do que se pensa?', o que lhe permitiu compreender melhor o Universo.

4. Casos especiais.

Um dos modos mais populares de transgredir as regras é criar um caso especial que não esteja submetido à regra.

Por conseguinte, aqueles que se enquadram nesse caso especial – e é de propósito que se enquadram – não têm de obedecer à regra.

Os casos especiais são regularmente usados para não se pagar impostos.

A estratégia dos casos especiais não é usada apenas para solucionar problemas jurídicos.

Os astronautas, por exemplo, parecem 'isentos' da lei da gravidade quando estão em órbita.

A gravidade está lá e está exercendo sua atração, porém os astronautas determinam sua trajetória de forma que a gravidade possa ser ignorada.

Para solucionar problemas difíceis, você tem de transgredir regras.

Seja então corajoso, criativo, e fuja das convenções.

Gere soluções partindo do pressuposto de que as regras podem ser transgredidas.

Para transgredir as regras é preciso obviamente ter criatividade e a atitude correta.

Se você consegue ter a atitude de quem pode – e vai – transgredir uma regra incômoda, liberte para essa finalidade toda a sua criatividade.

Transgrida, pois, as suas regras, e registre todas as sementes de possíveis soluções geradas por essa transgressão."

Uma maneira interessante para se chegar a soluções é usar, conforme o caso, as estratégias correspondentes ao comportamento de cada um dos anões que "andavam" com a Branca de Neve e que lhe permitam transgredir as regras.

Digamos que o seu grande aborrecimento cotidiano é o ato de dirigir da sua casa até o trabalho (e vice-versa), quando você fica constantemente envolvido em imensos engarrafamentos e isto o faz perder muitas horas por dia, o que diminui em muito a sua produtividade, além de deixá-lo estressado.

Claro que o objetivo é melhorar essa situação...

Caso você queira usar a estratégia "Atchim" para resolver o seu problema de transporte, deve contar as suas frustrações para algumas das pessoas mais próximas, como sua mulher (seu marido), seu chefe, o melhor amigo, porém sem esbravejar, ou seja, espirrar para não causar calamidades, etc.

O problema após essas conversas começará a ficar claro, e quem sabe poderá eliminá-lo ou contorná-lo trabalhando num horário diferente do *rush*, mudando de casa, encontrando um outro emprego, ou até trabalhando em casa.

A estratégia "Feliz" para o problema de chegar de casa ao trabalho é tornar tão gostoso quanto possível o tempo que você passa no carro, por exemplo, ouvindo a sua música preferida, um CD que lhe permita aprender uma língua estrangeira, um bom noticiário ou programa de rádio, etc.

A estratégia "Soneca" o levaria a um período de descanso e relaxamento.

Assim que estiver descansado terá melhor condição de refletir e ter uma resposta clara se vale a pena aturar os congestionamentos todos os dias úteis.

Se valer, deverá procurar aproveitar ao máximo a situação, e em caso contrário, fazer algo para mudá-la.

O anão Dunga é considerado o ignorante.

Todavia a ignorância nem sempre é uma coisa ruim.

Por isso Dunga envidaria todos os seus esforços para realizar o impossível, "fingindo" que o impossível é possível.

Usando uma estratégia "Dunga" para resolver o seu problema, você poderia ignorar, como não quer nada, o seu horário de trabalho!?!?

Simplesmente vá trabalhar quando o trânsito estiver bom, ou trabalhe menos para compensar o tempo perdido no trânsito.

Não me diga que isso não é permitido. Saiba transgredir e diga que não sabia de nada...

Não se pode nunca esquecer que ninguém sabe tudo.

Nesse caso, convém às vezes procurar o conselho de um especialista, optando assim pela estratégia "Mestre".

Um especialista abalizado – o "Mestre" – para lhe dar conselhos sobre o problema pode ser alguém que reformulou a própria vida para **não ter de ir** de casa para o trabalho.

É óbvio que é preciso perguntar-lhe o que ele fez e se o esforço valeu a pena.

Constata-se em certos casos que as soluções pessimistas são as mais resistentes, visto que os pessimistas pensam em tudo o que pode dar errado.

Criatividade e Comportamento **91**

Transgredindo as regras...

Ao utilizar a estratégia "Zangado", pense no que mais poderia dar errado em sua vida atual.

A pessoa zangada que tem problemas para chegar de casa ao trabalho pensa que, como é certo que vai ser despedida de qualquer forma, o melhor é sair agora e encontrar um emprego mais perto de casa.

Ou então se desespera e muda para perto do trabalho, mas de qualquer maneira diminui o sofrimento causado pelos inevitáveis congestionamentos.

Finalmente a estratégia "Dengoso" para o seu problema de transporte seria a de começar, por conta própria, a trabalhar em casa – isto pode ser encarado como uma transgressão especial – sem dar satisfação a ninguém.

Dessa forma a sua família não precisaria mudar de casa e ninguém reclamaria sobre quanto tempo você trabalha.

Além disso, acabaria todo o sofrimento de ter de ir e voltar do trabalho todos os dias.

Bem, ao usar o esquema dos sete anos para transgredir as regras, é vital não esquecer que a maioria das boas idéias precisa ser posta à prova várias vezes até que alguém consiga fazê-las funcionar.

Os erros, enganos e perda de tempo são quase uma precondição do sucesso.

Em vista disso não se deve aceitar a idéia de que se algo fracassou no passado jamais terá êxito no futuro.

Assim, se a regra do "já tentaram fazer isso" fosse seguida à risca, não teríamos aviões, computadores, telefones celulares e nem mesmo a democracia.

Dar uma segunda chance a uma idéia fracassada é um excelente exemplo das estratégias "violar a regra" ou "contornar a regra".

A segunda tentativa pode dar certo em virtude de uma mudança das circunstâncias, ou porque você evita reproduzir aqueles aspectos da tentativa anterior que conduziram ao fracasso.

Nossa mente é uma maravilha.

Ela tem uma capacidade quase ilimitada de criação e concepção de dar várias chances ao mesmo problema até se chegar à sua solução.

Claro que poucos de nós serão iguais a Einstein, mas estamos em várias situações mais próximos da genialidade do que pensamos habitualmente.

É a falta de vontade de dar livre curso à nossa imaginação que nos acorrenta e restringe o pensamento.

Mas, com um pouquinho de esforço consciente, é possível se aproximar da plena realização do nosso potencial.

Basta que nos lembremos de transgredir algumas regras e poderemos assim pensar como Einstein!!!

Educação

"Vou procurar hipnotizá-los com revelações espantosas sobre as suas deficiências..."

TUDO BEM, FILHO, TODO MUNDO FAZ ISSO.

Zezinho tinha seis anos de idade e estava em companhia do pai quando este foi flagrado em excesso de velocidade. O pai entregou ao guarda, junto à sua carteira de habilitação, uma nota de 50 reais. "Está tudo bem, filho", disse ele quando voltaram à estrada, "**todo mundo faz isso**".

Quando Zezinho tinha oito anos, deixaram que ele assistisse a uma reunião de família dirigida pelo tio Antônio, sobre as maneiras mais seguras de sonegar imposto de renda. "Está tudo bem, garoto", disse o tio, "**todo mundo faz isso**".

Aos nove anos, Zezinho quebrou os óculos a caminho da escola. Tia Francisca convenceu a empresa de seguros de que eles haviam sido roubados e recebeu uma indenização de

R$ 40 mil. **"Está tudo bem, garoto, todo mundo faz isso"**, disse ela.

Aos 15 anos, Zezinho foi escalado para jogar como lateral-direito no time de futebol da escola. Os treinadores lhe ensinaram como interceptar e, ao mesmo tempo, agarrar o adversário pela camisa, sem ser visto pelo juiz. **"Tudo bem, garoto, todo mundo faz isso"**, disse o treinador.

Aos 16 anos, Zezinho arranjou seu primeiro emprego (na realidade, um estágio) nas férias de verão, trabalhando num supermercado. Seu trabalho: colocar morangos maduros demais no fundo das caixas e os bons em cima, para ludibriar o freguês. **"Tudo bem, garoto, todo mundo faz isso"**, disse o gerente.

Já com 18 anos, Zezinho e um vizinho candidataram-se a uma bolsa de estudos. Zezinho era um estudante medíocre. O vizinho era um dos primeiros da classe, mas um fracasso como lateral direito no time de futebol. Zezinho ganhou a bolsa. **"Está tudo bem, filho, é assim que acontece no mundo"**, disseram os pais.

Quando Zezinho tinha 19 anos, um colega mais adiantado lhe ofereceu, por 300 reais, as questões que iam cair numa prova. **"Tudo bem, amigo, todo mundo faz isso"**, disse o colega mais velho.

Zezinho foi flagrado colando e expulso da sala. Voltou para casa com o rabo entre as pernas. "Como foi que você pôde fazer isso à sua mãe e comigo?", disse o pai. "Você nunca aprendeu essas coisas em casa." O tio e a tia ficaram também chocados.

Se há uma coisa que o mundo adulto não pode tolerar é um garoto que cola nos exames, não é?

Mais aí vale a pena lembrar o que escreveu Napoleon Hill:

"Semeia uma ação e colherás um hábito; semeia um hábito e colherás um caráter; semeia um caráter e colherás um destino."

➥ QUAIS SÃO AS GRANDES TENDÊNCIAS DA EDUCAÇÃO NO SÉCULO XXI?

As tendências que prevalecerão na educação no século XXI têm tudo a ver com tornar o estudante de hoje uma pessoa **feliz** e **bem-sucedida**.

Não se pode neste início do século XXI pensar em ensinar os alunos dizendo apenas "isto é preto", "isto é branco".

Os jovens aprendizes de hoje (e os mais maduros também...) se deparam cotidianamente com uma grande gama de tons cinza para escolher, e até o branco tem dezenas de tonalidades...

Entre as principais tendências, sem dúvida sobressaem-se as seguintes:

1ª Tendência – Mulherização.

Foi a partir da 2ª Guerra Mundial que as mulheres foram exigidas no mercado de trabalho.

Lá pelos anos 90, direitos e deveres já eram iguais para ambos os sexos em muitos lugares do mundo. Aí começou a revanche, como sempre, na cama. Em menos de um século, passamos de "só o prazer do homem é que importa" para "o importante é o casal aproveitar junto", e daí para "o que vale é o prazer da mulher, e se ela não gostar, é porque o homem é um baita incompetente que nem para isso serve".

O que parece ser uma mulherização foi porém ganhando espaço no mercado de trabalho. A intuição, característica feminina natural, já é uma das competências mais valorizadas nas maiores empresas.

É claro que a presença da mulher não irá sobrepujar, e de alguma maneira, afogar o pensamento masculino, mas vai haver uma divisão cada vez maior. Algumas profissões, hoje em dia, já contam com um número maior de mulheres do que de homens. Isto significa que logo o paradigma feminino estará instalado pelo menos em pé de igualdade com o masculino.

Isto será extremamente útil à humanidade, porque junto com a mulher vem um sentido de intuição maior, um conceito de poder muito mais humano e muito mais nobre, um sentido de amor nas coisas muito mais profundo, e isso tudo será muito bom para todo mundo.

Em particular, a presença predominantemente feminina na educação já é uma realidade, e isto vai frutificar em um alargamento sem precedentes do espaço de atuação das mulheres, mas **"se vão ser chefes melhores, só o tempo vai dizer"**.

2ª Tendência – Empreendedorismo.

Fazer. Agir. Procurar seu caminho e não depender dos outros, do governo ou dos empregos existentes.

Para incutir nos estudantes a cultura de um modo geral empreendedora do **"fazer por si"**, é preciso investir na auto-estima do jovem e do brasileiro. Mais do que isso, é fundamental que eles saibam que no século XXI não há emprego para todos, e que caberá a eles empreender para criar novos negócios garantindo um emprego para si e para os outros.

Por outro lado, não se trata aqui de formar os estudantes para que eles só saibam fazer por si. A escola deve adotar uma pedagogia cooperativa, voltada para a troca de saberes, em que os educandos desenvolvam, definam, planejem, executem e avaliem projetos de seu interesse, e os educadores orientem e facilitem a aprendizagem e sirvam de inspiração e modelo.

Nesse sentido é muito importante levar em consideração a opinião do educador Cláudio de Moura Castro: "Infelizmente as nossas escolas, e em particular as faculdades, estão com seus currículos abarrotados de assuntos que educam os alunos para serem apenas bons empregados.

O processo de educar para o empreendedorismo requer foco em alguns poucos assuntos específicos. Se for bem conduzido, gera algum tipo de introspecção e autocompreensão. A escola que quer ensinar empreendedorismo deve dar mais responsabilidades e mais iniciativas aos alunos, em múltiplas direções. O estudante precisa aprender a tomar iniciativas e decisões."

Assim as escolas que julgam que seu único e imprescindível papel é somente diplomar o aluno não sobreviverão. E é excelente que isso ocorra. A verdadeira escola jamais fundamentou sua linha de trabalho na ansiedade de garantir apenas um diploma.

O que hoje se torna vital é que os formados tenham **competência para empreender**.

Aliás, o índice mais importante que se mede nas melhores instituições de ensino superior (IESs) dos EUA é a empregabilidade, ou seja, o percentual de alunos que arranjam trabalho (ou criam esse trabalho...) logo depois da conclusão de seu curso.

3ª Tendência – Velocidade.

Para quem ainda tem dúvidas de que o mundo está ficando cada vez mais rápido, basta notar o uso e os recursos que têm hoje os telefones celulares. Eles não são mais apenas os instrumentos que possibilitam uma maneira de falar com alguém sem ter de estar em casa...

Estar disponível, rapidamente, a cada momento do dia é vital. E algumas empresas fazem até propaganda de celulares em que as pessoas conseguem atender mais rapidamente.

A **velocidade** chegou para ficar. A tendência é até que os cursos fiquem mais curtos, a despeito da má fama que os cursos técnicos ainda têm no Brasil. Realmente a tecnologia da informação (TI) está permitindo que muita coisa seja aprendida pelo aluno de forma virtual, o que possibilita diminuir o tempo de estudo presencial.

4ª Tendência – Terceiro setor.

Se há algo que marca este início do século XXI é a preocupação com o trabalho voluntário e com as ações sociais. As pessoas perceberam que precisam dar de volta à sociedade algo em troca do que recebem.

Porém, há limitações. O voluntariado está se tornando uma expressão típica da sociedade e não substitui as iniciativas de governo.

É vital que as IESs comecem a incluir nos seus currículos disciplinas que abordem o tema responsabilidade social, e isto em todos as habilitações.

É fundamental passar aos alunos que o voluntariado não é caridade, mas sim uma vocação. É preciso despertar nas pessoas a chama do amor, da fraternidade e da solidariedade, e isto desde o seu nascimento, pois cada indivíduo tem potencial e criatividade para ajudar os outros e a si mesmo. Muitas vezes, basta uma oportunidade para despertar a capacidade de cada um de mudar sua própria vida, a vida de sua família e da comunidade. Assim como todos podem ser voluntários e contribuir à sua maneira, com as suas qualidades próprias, todos nós temos potencial e energia para transformar e conquistar uma vida de harmonia e amor.

5ª Tendência – Crianças adultas.

Realmente as crianças hoje em dia são submetidas a um intenso bombardeio de informações, aprendem a usar o computador antes de se alfabetizarem porém isso não significa que elas ficam "adultas" mais cedo, até porque ainda não se mudou o ritmo evolutivo do ser humano.

Infelizmente está se buscando apressar de maneira forçada o "amadurecimento" das crianças.

Aí quando os adultos buscam sentimentos de infância na psicologia, ocorre a **"regressão"**, já que, como não se viveu bem a infância, ela retorna depois de modo forçado e fora de lugar. Primeiro é preciso viver bem a infância e a adolescência, em toda a plenitude. A própria escola nem sempre é correta nisso, por exemplo, quando esquece que uma criança de sete anos é, via de regra, essencialmente lúdica: **aprende brincando**. Em vez disso, a escola tende a aplicar-lhe disciplina de "adulto". Professores e diretores precisam aprofundar-se nos conhecimentos hoje disponíveis sobre tais desafios, para poderem se orientar e educar melhor.

6ª Tendência – O fim do emprego formal.

A novidade vem do mundo da tecnologia. Programadores e outros funcionários de grandes empresas estão **terceirizando** seus empregos. Funciona assim, por exemplo nos EUA: você trabalha em uma grande empresa e recebe, digamos, cinco mil dólares por mês. Aí, sua empresa entra em contato com uma pessoa na Índia que entende tão bem de computadores quanto você e paga a ela dois mil dólares para fazer grande parte do seu trabalho, o que significa que você está recebendo três mil para não fazer nada... Este é só um exemplo das alternativas de emprego que estão surgindo. O mercado informal, infelizmente, vai muito além dos camelôs que enchem as ruas movimentadas das nossas cidades.

Por outro lado, a relação novos profissionais/empregos aumenta drasticamente em virtude da adoção de critérios (aumento de produtividade, por exemplo) cada vez mais dependentes de tecnologia e que **reduzem** sensivelmente o número absoluto de empregos.

Como conseqüência, temos o incremento da competição pelos empregos/trabalhos existentes e surge a necessidade de melhor capacitação individual.

7ª Tendência – Intuição e sensibilidade.

Com o aumento das escolhas e das possibilidades, é cada vez mais importante ter uma boa intuição (já ressaltado na 1ª Tendência). E com a intenção de integrar cada vez mais culturas e pessoas, a **sensibilidade** é primordial.

Um outro fato relevante é que se pode hoje aprender muita coisa fora da escola.

A literatura, por exemplo: todos deveriam começar a aprender em casa, com os pais contando histórias para seus filhos bem pequenos.

O mesmo se pode dizer em relação à música, que poderia ser ouvida em família após o jantar.

Além disso, poucas são as escolas que se preocupam com o desenvolvimento da sensibilidade e intuição, atributos essenciais para os que quiserem ter bom desempenho no século XXI.

8ª Tendência – Terceirização dos filhos.

Cada vez com menos tempo, os pais passam a terceirizar a educação dos filhos para a escola. Há determinadas coisas, entretanto, que não podem ser ensinadas bem numa escola. Não adianta você ter curso de cidadania nem de ética, isto não se aprende só assim. Do mesmo modo que as crianças estão conectadas às coisas da cidade, as coisas da cidade devem estar ligadas com o ensino, aí elas poderão compreender as questões de ética e cidadania. A ética aprende-se na escola, nas relações estabelecidas dentro e fora da sala de aula. Quando a gente pensa em escola, lembra-se logo de corredores e salas. Quando a criança entra no colégio, ela aprende que a sociedade é formada por classes separadas, que não têm comunicação entre si e que são organizadas hierarquicamente.

E esse conceito fica às vezes para sempre...

9ª Tendência – Aprender a pensar.

Para dar conta de um mundo que muda cada vez mais rápido, não há nada mais pertinente do que **saber pensar.**

Se o aluno aprendesse o **saber pensar**, não perderia tanto tempo em memorizar conteúdos ultrapassados, e também se prepararia melhor para um mundo tão incerto. Saber pensar não pode obviamente excluir a convivência, o bom relacionamento, o envolvimento emocional. Mas isso não substitui a aprendizagem e o conhecimento.

Por exemplo, a revolução na informática está produzindo mudanças tão rápidas nas sociedades modernas que não é mais possível determinar qual conhecimento específico será necessário para a realização profissional de um indivíduo nos próximos anos.

Assim, o objetivo da educação no século XXI deve ser habilitar o indivíduo a saber pensar, a ter condições de aprender qualquer ofício e a de se aprofundar em qualquer área, seguindo sua intuição, seu ritmo e suas inclinações, sem utilizar o conhecimento como instrumento disciplinador e castrador.

10ª Tendência – Democratização do conhecimento.

Há algum tempo o professor vem enfrentando concorrência em sala de aula. Ele não é mais o principal canal pelo qual os alunos descobrem o mundo. Se por um lado isso é ótimo, por outro levanta vários problemas.

A Internet, por exemplo, é democrática ao extremo. A opinião que um adolescente põe em seu *site* vale tanto quanto aquela publicada no *site* da *Folha de S. Paulo,* ou do *O Estado de S. Paulo.*

O professor não deve mais ser visto como fonte exclusiva de saber, como proprietário único dos conhecimentos. O professor de verdade que terá sucesso no século XXI é aquele que sabe provocar a curiosidade, ensina a pesquisar, a separar o joio do trigo, a usar o que se aprende em situações novas, transformando o **aprender** em **compreender**. Ajuda a pensar. O verdadeiro professor amplia as competências e estimula as inteligências. Se é consciente da essência desse papel, não se preocupa se seus alunos sabem o que ele não sabe. Vibra com isso e mostra como melhor usar esse **saber**!!!

11ª Tendência – O consenso *versus* radicalização.

Vivemos sob o **signo do consenso**. E percebemos que isso já vem de longa data se olharmos para o que acontece nas discussões políticas em Brasília.

Uma lei é apresentada, e em vez de haver ganhadores e perdedores, busca-se um meio-termo. Muda-se a lei até que ela se torne aceitável por todos e satisfaça aos interesses políticos...

Alguns educadores acreditam firmemente que o consenso em educação é fortemente empobrecedor, visto que não se pode esquecer as múltiplas variáveis que influenciam a educação como: as visões dos pais, professores, estudantes, gestores educacionais, as empresas que contratam os formados e outros interesses em distintos contextos sociais.

Tudo faz crer que o fundamental em educação será garantir a participação dos usuários finais – professores, estudantes e pais – nos processos de criação e implementação de novas idéias. Assim, as diferenças são respeitadas, foge-se da radicalização e os resultados obtidos acabam sendo sempre muito mais criativos, atendendo a todos, vale dizer, chegando-se a um certo consenso.

12ª Tendência – A tecnologia substituindo o professor.

Não há como negar as excelentes aulas virtuais que hoje estão disponíveis em diversos formatos, que vão de cursos completos em DVDs até aulas interativas a distância, com um bem estruturado sistema de acompanhamento do desempenho do aprendiz (basta ler o livro *Boom na Educação*, de Victor Mirshawka e Victor Mirshawka Jr.).

Porém, segundo o educador Cláudio de Moura Castro: "O que é uma boa educação hoje e há cem anos mudou muito pouco. Somente na última fase de preparação para a entrada no mercado é que os detalhes de tecnologia começam a fazer diferença. Educar é aprender a ler, aprender a escrever, aprender a pensar, aprender a resolver problemas e aprender a usar números. Se isso tudo for adquirido em uma escola num ambiente sadio, os valores e a cidadania tendem a vir juntos."

E aí pode-se completar dizendo que a aula presencial, com um bom professor, oferece uma interação superior em todos os sentidos àquela que se tem quando se educa fazendo uso da moderna tecnologia de informação e comunicação (TIC).

Tudo faz crer que o futuro é do *blended learning*, ou seja, do aprendizado combinado, com a presença do professor valendo-se da tecnologia para ilustrar os conhecimentos que está transmitindo aos alunos.

Observação importante: Quem quiser estar a par de como se desenvolve a educação no século XXI deve ler a revista *Profissão Mestre,* na qual estão excelentes dicas para os educandos e para os educadores; inclusive esse texto foi elaborado a partir de um artigo publicado em outubro de 2004 (nº 61) com o título **Educação 2.0.**

Empreendedorismo

"Abrir o próprio negócio no Brasil, tornar-se o próprio patrão não é nada fácil, pois muitas são as barreiras, os impostos, a falta de crédito barato, as leis trabalistas, etc."

O QUE ESTÁ CONFUSO NO EMPREENDEDORISMO?

Já escrevi vários livros, artigos em revistas e participei de palestras nas quais o tema principal era **empreendedorismo.**

Mas realmente quando se procura explicar o significado dessa palavra, ou melhor, quando se fala sobre o assunto surge uma enorme segmentação com subtemas como: empreendedorismo de oportunidade, empreendedorismo de necessidade, empreendedorismo corporativo, empreendedorismo social, empreendedorismo em empresas familiares, empreendedorismo étnico, etc.

De fato, em vista de tantas explicações sobre o assunto, fica cada vez mais complicado entender o significado da palavra **empreendedorismo**.

Talvez a maneira mais simples de compreender o que vem a ser empreendedorismo é delinear claramente o que **não** é **empreendedorismo**!?!?

Empresário – Aí está o começo da confusão que se gerou nesta variedade existente de denominações.

Infelizmente, em muitas definições confundem-se, ou até se apontam como sinônimos as expressões empresário e empreendedor.

O empreendedor a nosso ver é bem mais do que um empresário!!!

Qualquer pessoa que inicie um negócio é um empresário.

Já o empreendedor é aquele que cria uma organização de sucesso com base na inovação, na criatividade, na visão diferente sobre o mercado, na sua ousadia em romper paradigmas.

Claro que ele também tem ousadia, determinação, autoconfiança, flexibilidade e bons relacionamentos.

É evidente que o empresário que não tiver pelo menos 50% desses atributos (ou características pessoais) **não pode ser considerado um empreendedor.**

Dessa maneira, quem abre um restaurante, uma livraria ou uma loja, sem ter percebido um novo nicho de atuação, pode até ser considerado um empresário, entretanto não é um empreendedor.

Franquia – Não obstante se poder enquadrar uma pessoa que conduz uma franquia na categoria de empreendedora, na realidade esse tipo de negócio não caracteriza o indivíduo "proprietário" como um empreendedor, pelo motivo principal de que a franquia restringe uma das causas que o empreendedor mais valoriza: **a liberdade de ação.**

Com maior ou menor grau, todas as franquias impõem diversas restrições, tais como: identidade visual, padronização na metodologia e processos de atendimento e de preparação dos produtos, políticas de preços uniformes, marca e imagem, infra-estrutura centralizada, etc.

Se de um lado todos esses elementos, no seu todo, dão até uma certa segurança ao negócio por terem sido testados, um verdadeiro empreendedor não verá na franquia o seu sonho final de atuação.

Um verdadeiro empreendedor é aquele que abre um negócio, e devido à sua expansão, mais tarde acaba se transformando em negócios com franquias...

Herança – É aí que entra, sem dúvida nenhuma, o empreendedor herdeiro, muitas vezes sem nenhuma inspiração...

Na realidade, as empresas familiares podem ser de dois tipos: aquelas que surgiram a partir do trabalho denodado de um fundador empreendedor (pense no caso do Grupo Pão de Açúcar, que agora já tem participação internacional...) e aquelas que foram entregues já constituídas para as gerações seguintes.

Os empreendedores procuram formar outros empreendedores para dar continuidade aos negócios que abriram, mesmo que esses não sejam seus herdeiros diretos!!!

E a lição principal que eles procuram passar aos seus sucessores é que é vital manter a sustentabilidade da empresa a longo prazo, o que implica em saber inovar continuamente, para inclusive com isto obter a lucratividade.

O que se observa, não só no Brasil, mas na maioria dos países de economia de mercado no mundo, é que muitos herdeiros se consideram empreendedores sem possuir as qualificações que os fundadores das organizações possuíam.

É por isso que em muitas instituições de ensino existem hoje cursos de Formação de Empreendedores, que servem inclusive para os herdeiros, como é o caso daquele oferecido na Fundação Armando Alvares Penteado (FAAP), paralelamente ao curso de graduação ou em caráter de especialização.

Líder – Sem dúvida é extremamente comum a confusão em torno das definições de empreendedor e líder.

Um líder não é necessariamente dotado de alta flexibilidade e adaptabilidade.

Também às vezes não é tão persistente e determinado como o é um empreendedor no mundo turbulento do século XXI.

O líder é aquele que sabe construir e transmitir visões positivas de futuro que influenciam seus seguidores freqüentemente mais do que a si mesmo.

O empreendedor também deve saber fazer isto.

Aliás, alguns empreendedores são bastante influentes ou cativantes, conseguindo mobilizar muitas pessoas em torno de causas comuns, basta tomar como exemplo as organizações sociais.

Com isso, eles conseguem chegar a grandes realizações por meio de um eficaz trabalho de equipe.

Enquanto o empreendedor costuma colocar "a mão na massa", ou seja, conduz ele próprio o projeto, esse não é o hábito mais destacado de um líder.

O líder costuma agir mais como um facilitador deixando as pessoas fazerem os esforços operacionais.

Ele está mais para maestro de uma orquestra ou técnico de uma equipe, digamos de futebol ou de voleibol, isto é, uma pessoa que gerencia os esforços de um grupo de pessoas.

Inovador – Entre as pessoas que mais estudaram o empreendedorismo destaca-se o economista Joseph Schumpeter, e para ele o empreendedor é aquela pessoa capaz de inovar nos negócios.

Hoje em dia no Brasil quase todos os especialistas que se dedicam ao ensino e desenvolvimento do empreendedorismo acompanham essa linha de raciocínio de Joseph Schumpeter.

Claro que o empreendedor não é o indivíduo que tem uma boa idéia, que é uma manifestação do pensamento de um ser humano.

Empreendedor é aquele que tem a idéia e consegue colocá-la em prática, transformando em **inovação** e sendo este o diferencial do seu negócio.

Portanto, a inovação é o resultado do processo evolutivo de uma idéia que possibilita a obtenção de valor, pois acaba alavancando mais vendas e maiores lucros para uma empresa.

Bem, dito tudo isso, acredito que está claro que existe uma grande intersecção entre o empreendedor e o inovador, pois toda iniciativa do empreendedor está cercada por algum grau de inovação.

Aliás, para que um empreendedor tenha bastante sucesso no mercado nem precisa lançar um produto (ou serviço) totalmente novo.

Às vezes pode ser uma mudança simples e útil na forma de atendimento, ou uma melhoria bastante elementar num produto (ou processo) que aumente a satisfação do cliente (incremente a produtividade).

Definitivamente e sem contestação: o empreendedor é aquele que consegue pôr **uma inovação em prática, que gere resultados perceptíveis** (maiores lucros, maior satisfação, maior facilidade no uso, etc.).

Com todo esse papo, caro (a) leitor (a), a partir de agora ficou menos confuso para classificar quem realmente é (ou foi) um empreendedor?

Ótimo, e o ideal seria que você mesmo elaborasse a sua própria definição para o que vem a ser empreendedorismo e empreendedor.

Caso queira uma sugestão: recorra a outros livros do autor, como: *Empreender é a Solução* e *Gestão Criativa*.

Felicidade

"Aqui fico muito feliz. Posso ficar sentado olhando o horizonte o dia todo sentindo-me livre dos meus problemas."

O QUE É FELICIDADE ANGELICAL?

Era uma vez um homem cego e muito pobre que vivia com sua esposa em um pequeno povoado.
O casal não tinha filhos.
O homem contudo levava uma vida exemplar, sendo um trabalhador admirado apesar de todas as dificuldades que tinha de enfrentar.
Um belo dia um anjo surgiu na sua casa.
"Tu tens muito pouco", disse o anjo, "porém tens demonstrado uma grande fé, e por isto te concederei um desejo, mas um só.

Amanhã regressarei para conhecer o seu desejo."

O homem ficou aturdido com tudo aquilo.

Quando contou à sua mulher o que havia sucedido, ela lhe disse: "Peça para que lhe dê a visão e assim poderá ver-me pela primeira vez!!!"

O homem sabia que desejava muito poder ver, porém sabia que não ficaria satisfeito somente com a recuperação de sua visão, pois queria mais...

Quando contou aos seus familiares o que tinha acontecido, eles lhe disseram: "Peça para que possa ter filhos, pois ele serão uma fonte de alegria eterna."

O homem sabia que queria muito ter filhos, porém sabia igualmente que não ficaria satisfeito apenas com as crianças, pois queria muito ter tudo.

Quando contou para os seus amigos, estes lhe disseram: "Peça dinheiro e com ele poderá comprar a felicidade!!!"

O homem sabia que queria ter dinheiro, porém também sabia que não seria feliz somente com dinheiro, pois desejava ter tudo.

Pensou, pensou, pensou...

Quando o anjo reapareceu na porta da sua casa, o homem disse-lhe o seu desejo.

Pediu aquele homem cheio de fé e com sabedoria: "Desejo **ver** meus **filhos** comendo em **pratos de ouro**."

O desejo foi-lhe concedido.

E desde então o homem, sua mulher e sua família vivem felizes...

É claro que o anjo que "aparece" constantemente na frente de cada um de nós, é o que nos inspira a:

Temer menos, confiar mais.

Comer menos, mastigar mais.

Lamentar-se menos, respirar mais.

Odiar menos, amar mais.

E assim todas as coisas boas poderão ser suas e você será feliz!!!

Aliás, mais do que isso o anjo que cada um deve ter é aquele que ensina que as três coisas essenciais da felicidade são:

1. **Algo para fazer.**
2. **Algo para amar.**
3. **Ter algo ou alguém em quem se pode colocar as suas esperanças.**

Gestão do Conhecimento

Essa é a nossa evolução?

Inicialmente convém analisar as seguintes reflexões brilhantes para se estar apto a entender o importante papel da gestão do conhecimento.

- O primeiro casamento é o triunfo da imaginação sobre a inteligência.
O segundo casamento é o triunfo da esperança sobre a experiência.
- De onde menos se espera, daí é que não sai nada.
- Negociata é todo bom negócio para o qual não fomos convidados.
- A televisão é a maior maravilha da ciência a serviço da imbecilidade humana.
- A forca é o mais desagradável dos instrumentos de corda.
- Tudo seria fácil se não fossem as dificuldades.

- Adolecência é a idade em que o garoto se recusa a acreditar que um dia ficará chato como o pai.
- Senso de humor é o sentimento que faz você rir daquilo que o deixaria louco de raiva se acontecesse com você.
- Teoria é quando se sabe tudo e nada funciona. Prática é quando tudo funciona e ninguém sabe por quê. Neste recinto, conjugam-se a teoria e a prática:
  Nada funciona e ninguém sabe por quê...
- O amor é uma questão de química.
  O sexo, de física.
- Não sou 100% inútil: sempre posso servir de mau exemplo.

➡ QUAL É A IMPORTÂNCIA DA GESTÃO DO CONHECIMENTO (GC)?

José Renato Sátiro Santiago Jr., autor do livro *Gestão do Conhecimento*, diz que ela é a **chave do sucesso empresarial** no século XXI!!!

De fato, as empresas devem entender que o conhecimento se tornou um ativo importante e indispensável, por ser a principal matéria-prima com a qual trabalham.

A partir deste entendimento, é fácil observar quanto ele é mais valioso e poderoso que qualquer outro ativo físico ou financeiro.

Isso se confirma pelo que diz também Antonio Tadeu Pagliuso, gerente técnico da Fundação para o Prêmio Nacional da Qualidade (FPNQ): "Houve de fato uma supervalorização da tecnologia em prejuízo de ações voltadas para processos e pessoas.

Isso fica bastante evidente ao se observar a aplicação do conceito de gestão do conhecimento (GC), ou de forma mais ampla, gestão do capital intelectual nas organizações, conforme se constatou na última pesquisa realizada pela FPNQ entre os seus associados."

Obviamente isso não quer dizer que não se deva mais preocupar com a tecnologia que tem o poder de transformar e recriar negócios radicalmente, como é o caso atual da tecnologia digital e ampliação do acesso (com ou sem fio) à Internet.

Naturalmente as indústrias mais vulneráveis ao terremoto virtual são aquelas que vendem produtos e serviços facilmente conversíveis em *bits*, identificadas, por exemplo, na área da cultura e do entretenimento.

Todos os profissionais e empresas estão diante de um cenário desafiador, que pode ser sintetizado na questão: "Como trabalhar, agir e investir num mundo em que as mudanças ocorrem com tanta velocidade e em número tão elevado como hoje?"

E não se trata apenas de uma evolução tecnológica acelerada: na realidade o que ocorreu foi a quebra de paradigmas que equivale ao rompimento de uma barragem, tal a força que isso provoca na alteração do curso da vida da empresa no futuro.

Aí vão as quebras de paradigmas mais importantes ocorridas nas últimas três décadas na tecnologia, que mudaram radicalmente produtos e/ou serviços, que passaram de:

➡ analógicos para digitais;
➡ físicos para virtuais;
➡ átomos para *bits*;
➡ fixos para móveis;
➡ comunicação com fio para sem fio (*wireless*);
➡ uso coletivo para uso personalizado;
➡ dedicados a multifuncionais;
➡ banda estreita para banda larga;
➡ baixa para alta velocidade de transmissão;
➡ estatais para privatizados;
➡ monopólio para competição nos serviços;
➡ protocolos fechados para abertos;
➡ unidirecionais para interativos;
➡ comutação de circuitos para de pacotes.

Nenhum processo tem tido maior impacto no mundo moderno do que a digitalização das comunicações e da eletrônica em geral, conduzindo à convergência digital, ou seja, à fusão de serviços e produtos de telecomunicações, informática, multimídia e de entretenimento em geral.

Tudo está passando a ser digital: áudio, vídeo, telefone, computador, música gravada, rádio, cinema e, por extensão, a casa, o escritório, o automóvel, os processos de produção. Assim o caso da fotografia é emblemático, pois passou de um processo inteiramente físico e fotoquímico, para digital, móvel e virtual.

Com a digitalização, a câmera passou a ser embutida no telefone celular, permitindo que as fotos sejam armazenadas e transmitidas instantaneamente, via Internet, para qualquer ponto do planeta.

A fotografia evoluiu, portanto, de átomos para *bits*.

A indústria fonográfica é um outro caso típico de um setor sob forte mudança.

Seu modelo de atividade se transforma velozmente sem que as empresas do setor reajam de maneira positiva e afinada com o movimento de renovação.

A distribuição da música está passando a ser feita diretamente pela rede, **sem perdas de qualidade!!!**

Os meios de reprodução e transmissão são acessíveis e facilitam a troca de informações entre pessoas (P2P) com alta velocidade e baixo custo.

E, para completar, empresas até agora dedicadas ao mercado de tecnologia (*hardware* e *software*) estão descobrindo oportunidades de diversificar suas atividades, abrindo assim novos caminhos para a comercialização de conteúdo digital, ampliando dessa maneira a concorrência com um negócio convencional, como é o caso típico do *iPod*, da Apple, que possibilita que o consumidor compre músicas e baixe os arquivos remotamente.

Atualmente não se deve perguntar mais se algum negócio vai ser afetado pela tecnologia, mas quando isso vai acontecer!?!?

Nesse sentido, a indústria da música é um caso de percepção tardia da mudança, se bem que todo o mercado está passando por uma transformação, buscando se adequar...

É verdade, porém, que as gravadoras resistem ao abandono de seu modelo tradicional de negócios e não têm sido bem-sucedidas na identificação das novas oportunidades de criação de valor.

Neste processo, de fato, direitos de propriedade intelectual e autoria podem estar ameaçados ou simplesmente ignorados.

Mas, felizmente, o que acontece no mercado fonográfico não está se repetindo com a mesma intensidade na indústria da fotografia, também sacudida pelos novos recursos digitais.

No caso da fotografia, nota-se claramente a **migração de valor** e não a **destruição**!!!

Parece que a transformação motivada pela ampliação do uso de novas tecnologias já foi assimilada pelo negócio.

Empresas tradicionais do setor – a Kodak é um exemplo nítido – já aderiram aos recursos digitais e estão desenvolvendo mercados até então pouco explorados.

No caso específico da Eastman Kodak ela vai encerrar muitas unidades fabris na Europa – em Annesley, no Reino Unido, e em Chalon, na França, onde a companhia produzia filmes coloridos – além de reduzir sua produção em Londres.

As medidas fazem parte do plano de três anos da Kodak, anunciado em janeiro de 2003, de eliminar cerca de 15 mil postos de trabalho e reduzir o total de fábricas em um terço.

Além disso, a empresa também divulgou cortes nas suas instalações dos EUA, do Canadá, da China, do México e da Austrália.

Desde janeiro de 2000, o valor de mercado da empresa já chegou a cair para US$ 6 bilhões, contra US$ 20,6 bilhões daquela data, num momento em que os produtos de tecnologia digital tomam o lugar dos materiais fotográficos comuns.

No final de setembro de 2004 , o valor de mercado da Kodak era de US$ 9,6 bilhões.

Há, portanto, um evidente esforço de reinvenção por parte da Kodak.

E se no momento a empresa está perdendo receita e lucro na venda de câmeras e de filmes, ela já está explorando outras possibilidades de negócios, como a venda de impressoras e de câmeras digitais. Será que ela vai conseguir se reinventar?

Aliás, falando em informática, nota-se que a própria Microsoft está sentindo a ameaça que vem de um novo modelo de negócio, que envolve **colaboração no desenvolvimento de programas e eliminação de gastos com a aquisição dos mesmos**.

De fato o *software* livre, representado pelo sistema operacional de código aberto Linux, é um risco real para o negócio da Microsoft.

Ninguém pode negar que o Linux tem qualidade e é um avanço em relação ao negócio tradicional de *software*.

Tudo faz crer que uma estratégia conveniente que a Microsoft deveria seguir é a de abrir o código de algum de seus produtos e aprofundar o seu conhecimento sobre o desenvolvimento colaborativo, pois é isso que deverá preponderar no século XXI...

Por sinal, embora os recursos de informática sejam hoje fundamentais e indispensáveis, não devem ser os únicos elementos envolvidos na implantação dos sistemas de informação.

Mais do que ter acesso e processar dados, podemos dizer que a GC significa transformar as informações em processos eficazes que possam ser compartilhados por todos na empresa e que adicionem valor aos produtos e/ou serviços, tornando-os mais competitivos.

É importante assinalar que a gestão do capital intelectual é algo que se constrói a partir de metodologias de aprendizagem que devem focalizar sobretudo a interação produtiva das pessoas, sem fazer restrições ou depender unicamente dos meios tecnológicos.

Em outras palavras, não se trata simplesmente da implantação de um produto ou de um pacote de sistemas de informática.

O falso entendimento a esse respeito também pode levar a outra visão equivocada: a de que somente grandes empresas com fartos recursos e infra-estrutura de tecnologia de informação (TI) é que reúnem condições para adotar essas práticas de gestão.

Criando grupos de estudo, promovendo seminários internos ou mantendo quadros de aviso ou ainda uma Intranet, só para citar alguns meios alternativos, as empresas – mesmo as médias ou pequenas – podem manter os seus profissionais atualizados.

Assim será possível disseminar não só informações ou *know-how* adquirido, mas sobretudo valores e compromissos.

A competitividade e eficácia de qualquer organização no século XXI depende da capacidade de seus profissionais em criar e inovar, em trabalhar buscando atingir os mesmos objetivos.

Claro que para se obter isso é vital que haja na empresa um ambiente favorável ao aprendizado e ao desenvolvimento do potencial de cada um.

Os critérios de excelência do Prêmio Nacional da Qualidade mostram de forma precisa que é essencial valorizar o GC.

Mas isto é algo que está umbilicalmente ligado a um compromisso da empresa em incentivar também o pensamento criativo e inovador, em saber identificar, proteger e lidar com o seu capital intelectual; em criar condições adequadas para reter talentos, em compartilhar o conhecimento; e na prontidão em incorporar novas tecnologias.

O ponto central está na valorização das pessoas, levando em consideração seus anseios e necessidades integrados aos objetivos de alto desempenho da organização.

Para tanto, é necessário que toda a absorção e utilização do conhecimento aconteçam de modo a proporcionar a cada profissional a possibilidade de ter uma visão plena de todos os elementos que compõem o sistema organizacional de sua empresa, possibilitando que ele compreenda a importância de seu papel no todo.

Com efeito, a experiência e a vivência só podem ser compartilhadas num ambiente de cooperação e de trabalho em equipe.

E aliás, estes aspectos independem da implantação de um poderoso sistema de informação.

A questão nesse caso é dar condições para que os profissionais tenham mobilidade e possam se tornar parceiros do empreendimento, não só dominando tecnologias, mas antes de tudo conhecendo bem o negócio da empresa, bem como as necessidades de seus clientes.

Além disso, é vital não esquecer nunca que são os **ativos intangíveis** que agregam valor à maioria dos produtos e serviços e eles são todos baseados no conhecimento.

Entre eles podem-se citar: o *know-how* técnico, a compreensão do que deseja o cliente, a criatividade pessoal e a inovação promovida pelos talentos.

Uma grande dificuldade se encontra exatamente na medição destes valores, pois ao contrário dos estoques financeiros e materiais, o valor econômico do conhecimento não é facilmente compreendido, classificado e medido. E ainda convém ressaltar que uma das grandes características do conhecimento é o fato de ele ser **altamente reutilizável**.

Quanto mais utilizado e difundido for o conhecimento, maior será o seu valor.

Ao contrário dos recursos materiais, o efeito **depreciação** funciona de maneira inversa, pois ela acontece exatamente quando **o conhecimento não é utilizado**.

Há mais de dez anos, o guru da administração e futurólogo Charles Handy identificou diversos paradoxos no intuito de explicar como a nossa sociedade funciona.

Para ele, esses paradoxos não devem ser resolvidos, mas sim controlados, pois são conceitos que podem ser ou parecer contrários ao senso comum, pelo menos aparentemente, ao mesmo tempo em que parecem ser "companheiros" do progresso econômico.

Um desses paradoxos é o da inteligência, quando Charles Handy diz: "A inteligência é um novo tipo de ativo.

Ela não se comporta como os outros tipos de ativo e nisto reside o paradoxo.

Ao contrário dos outros bens, a inteligência não pode ser dada de presente e será sempre conservada, mesmo que compartilhada.

Também não é possível possuir a inteligência de outra pessoa, por mais que se seja dono da empresa na qual trabalha essa pessoa talentosa.

E o pior, se a pessoa sair da empresa e for para outra, levará consigo a inteligência..."

A inteligência concentrada, a capacidade de adquirir e aplicar o conhecimento, e o *know-how* são as novas fontes de riqueza no século XXI.

No entanto, é **impossível transmiti-las** às demais pessoas por **decreto**.

A boa notícia é que com um bom sistema de GC é possível fazer com que as pessoas consigam adquiri-las.

Um grande desafio da GC é o de desenvolver uma metodologia que torne possível a reutilização do conhecimento existente na organização, bem como o uso da TI e outros meios para captação de novos conhecimentos.

Os benefícios da GC são os seguintes:

→ auxilia a tomada de decisão;

→ melhora a gestão dos clientes;

→ ajuda a dar as respostas adequadas às demandas de mercado;

→ facilita o desenvolvimento das habilidades dos profissionais;

→ incrementa a produtividade;

→ faz crescer a lucratividade;

→ permite o compartilhamento das melhores práticas;

→ permite a redução dos desperdícios e dos custos em geral.

Como se vê, é vital ter uma excelente GC.

Porém não se deve acreditar que a TI é a única arma estratégica e facilitadora da GC.

Atualmente há grandes dúvidas sobre sua verdadeira eficácia, ainda mais pela necessidade de grandes mudanças organizacionais e a falta de evidências que comprovem os ganhos significativos que são atribuídos por algumas fontes na sua utilização.

A maioria dos problemas sobre a disponibilidade de conhecimentos nas organizações recai nas seguintes questões:

→ problemas com transferência do conhecimento;

→ erros devidos à falta de conhecimento;

→ existência do conhecimento crítico nas cabeças de poucas pessoas;

→ "impossibilidade" de medição correta do uso do conhecimento;

→ perda de conhecimentos relevantes nos momentos adequados;

→ falta de processos de compartilhamento.

As ações voltadas para GC devem objetivar melhorias nas mais variadas atividades desenvolvidas pela empresa.

Dentre elas, é possível destacar a melhor gestão do relacionamento com os clientes, a adoção e compartilhamento das melhores práticas, a alocação das pessoas em seus devidos lugares, o desenvolvimento eficaz do treinamento corporativo, o monitoramento do ambiente de negócios e o gerenciamento da cadeia de suprimentos.

Além disso, uma vantagem – e seguramente a mais importante – de uma eficaz GC é que ela dá condições para que as empresas **planejem, pensem e aprendam estrategicamente, visando ao sucesso permanente e sustentado!!!**

A GC não é uma solução pronta e acabada, nem tampouco um produto para ser comprado e instalado.

Trata-se de um processo permanente e contínuo, que deve ser liderado pelo mais alto nível da organização para que os seus profissionais sejam estimulados a buscar um objetivo comum e estejam engajados na busca do melhor resultado.

No entendimento atual das melhores empresas brasileiras, a abertura de novas oportunidades de negócios, o surgimento de processos mais inovadores, o aumento de lucros, a melhor retenção dos especialistas e dos talentos, a prestação de serviços mais eficientes aos clientes são alguns dos benefícios esperados de uma excelente GC.

Então, sem dúvida, a GC é a chave do sucesso empresarial, que repousa obviamente sobre o "saber fazer" exclusivo, que desta maneira se torna um diferencial mais importante que todo o patrimônio imobilizado da organização.

QUAIS SÃO AS CARACTERÍSTICAS E HÁBITOS DOS EMPRESÁRIOS DE SUCESSO?

Certamente uma pessoa que tem toda a condição de responder adequadamente a essa questão é Stephen Covey.
Ele que é autor, palestrante, guru, empreendedor, consultor, professor e missionário.
Naturalmente uma enorme lista de "rótulos" se aplica a Stephen Covey, mas talvez o melhor seja dizer que ele é um **"fenômeno comportamental"**, pois conseguiu de fato influenciar positivamente milhões de pessoas que com os seus ensinamentos melhoraram o seu desempenho.

Isso em parte porque desde que foi publicado em 1989 o seu livro *Os 7 Hábitos das Pessoas Altamente Eficazes*, até o início de 2005, mais de 15,2 milhões de exemplares foram vendidos.

Aliás, uma pesquisa elaborada pela revista *Chief Executive* concluiu que o livro de negócios que **mais influenciou as pessoas no século XX** foi *Os 7 Hábitos*.

Em 2002, a revista *Forbes* classificou *Os 7 Hábitos* como um dos dez mais importantes livros de gestão escritos até hoje, e já em 1996 a revista *Time* incluía o nome de Stephen Covey como um dos 25 norte-americanos mais influentes na sociedade.

Bem, em 2004, Stephen Covey lançou o livro *O 8º Hábito, da Eficácia à Grandeza*, justamente para dar uma resposta ao anseio das almas das pessoas para alcançar a grandeza, resultados superiores, e principalmente sobre as razões porque estamos aqui e sobre como ajudar os outros a obterem sucesso e serem úteis.

Quem já assistiu a alguma palestra de Stephen Covey, das inúmeras que realizou no Brasil, deve lembrar-se que ele sempre insiste que se deve procurar aprender muito de todo revés ou fracasso que ocorre na vida de cada um.

Assim, para ele a estratégia fundamental que utilizam as pessoas bem-sucedidas, e em particular os empresários, é a de darem a volta por cima **encontrando sempre o sucesso no reverso do fracasso!!!**

Diz Stephen Covey: "Para mim os indivíduos bem-sucedidos compartilham muitas características e entre elas destaco as seguintes:

1ª. Quase sempre são produtos de uma equipe. Sempre agradecem à equipe que os auxiliou a atingir o sucesso. São pessoas simpáticas e humildes.

2ª. Evidenciam claramente que têm uma mentalidade de abundância, isto é, a certeza de que os recursos existentes são suficientes e de que haverá ganhos para dividir com todos!?!?

Não tomam para si mais do que necessitam. Na realidade, oferecem aos que colaboram com eles tudo o que é possível, pois sabem que quanto mais compartilharem maior será a inspiração dos outros para o bom desempenho, e mais eles próprios ganharão.

As pessoas com **mentalidade de escassez** geralmente encaram isso como um paradoxo!!!

3ª. Sabem aproveitar com maestria tudo o que as pessoas têm de bom e constituem equipes que possibilitam tornar irrelevantes as suas fraquezas.

Maximizam a produtividade dos recursos humanos disponíveis, valendo-se eficazmente das melhores aptidões e talentos de cada indivíduo, organizando equipes, sistemas e processos que compensem as suas particulares deficiências.

4ª. São altamente proativos, ou seja, para eles o risco maior é o de não correr riscos. Consideram que a postura de reação é uma atitude ineficaz.

Não desanimam quando encontram obstáculos; pelo contrário, descobrem formas de superá-los para que as coisas acabem acontecendo.

5ª. São trabalhadores incansáveis, esforçadíssimos e incessantes.

Aliás, essa sua virtude tem que ser contida para não se transformarem em viciados em trabalho (*workaholics*), o que acabaria comprometendo as suas vidas pessoais.

6ª. Costumam se arrepender de certas atitudes, particularmente as que tomam em relação à própria saúde ou no tocante ao tempo dedicado à família.

Comumente são indivíduos éticos, espirituais e devotados à família, porém carecem de um melhor equilíbrio nas suas atividades.

De fato, após algumas duras lições, aprendem a defender e a estabelecer o equilíbrio nas suas emoções e nas atitudes preventivas, dando bastante valor às prioridades (urgente, importante, não importante, etc.).

7ª. São pessoas extremamente energéticas.

Retiram, quando necessário, das profundezas da alma a energia remanescente para prosseguir e avançar.

Freqüentemente essa energia toda é útil para movimentar ou inspirar os seus subordinados a adotarem a mesma postura e persistirem no empreendimento que estão executando.

Eles não desistem nunca!!!

8ª. Odeiam a burocracia.

São pessoas dispostas a assumir riscos, que criam produtos (serviços) inovadores e vão atrás de novos mercados, não se aterrorizando com a possibilidade de ter que enfrentar concorrentes poderosos e já estabelecidos.

9ª. Nunca deixam de expressar o seu aspecto empreendedor.

É evidente que não faz mal a niguém durante alguns anos, no início da carreira, trabalhar em empregos convencionais para adquirir conhecimento, sabedoria, maturidade e discernimento.

O ideal talvez é que um jovem pudesse começar a trabalhar com algum empreendedor bem-sucedido, pois esse aprendizado é vital para que depois possa se aventurar no seu próprio negócio.

10ª. São pessoas felizes e cheias de entusiasmo.

Aprendem a dominar seus temores mais íntimos e a enfatizar aquilo em que mais acreditam.

Aprendem também a se autodisciplinar e a alinhar suas missões pessoal e familiar com a missão da empresa, o que acaba dando muito sentido ao que fazem e lhes proporciona uma sensação duradoura de segurança e felicidade."

Como está agora, meu (minha) caro (a) leitor(a), em relação a essas características apontadas por Stephen Covey como aquelas que demonstram possuir os indivíduos bem-sucedidos?

Bem, naquelas em que demonstra deficiência, uma solução é mudar o seu comportamento, o que se torna mais fácil se você assimilar os ensinamentos que estão no livro *Os 7 Hábitos*.

Falando em hábitos, vale a pena ler com atenção o seguinte texto de um autor anônimo:

Sou vosso companheiro constante.

Sou vosso maior auxiliar ou vossa maior carga.

Levar-vos-ei para diante ou vos arrastarei para o fracasso.

Estou completamente sob vosso comando.

Metade das coisas que fazeis poderiam ser-me entregues e eu as faria com rapidez e correção.

Sou facilmente gerenciado – basta que sejais firmes comigo.

Mostrai-me exatamente como quereis que faça algo, e depois de algumas lições o farei automaticamente.

Sou o servidor de todas as grandes pessoas, e também de todos os fracassados.

Para os fracassados, faço fracassos.

Não sou uma máquina, embora trabalhe com toda a precisão da inteligência de um ser humano.

Podeis usar-me para o lucro, ou para a ruína – isso não faz diferença para mim.
Pegai-me, treinai-me, sede firmes comigo e porei o mundo a vossos pés.
Sede fracos comigo e eu vos destruirei.
Quem sou eu?
Sou o hábito!!!

Realmente, como já foi dito por outros grandes gurus, como Jack Welch, a grande lacuna dos gestores do século XXI é não ter o **hábito de executar** o que idealizaram.

Em nossos dias a execução continua sendo o grande tema ignorado na maioria das organizações.

E além disso, como diz o próprio Stephen Covey: "Nessa nova era do trabalhador do conhecimento, além dos *Os 7 Hábitos* que permitem que as pessoas sejam altamente eficazes, é vital incorporar o *8º Hábito,* que significa **encontrar a sua voz interior e inspirar os outros a encontrar as deles!!!**

O *8º Hábito* representa o caminho para o grande lado promissor da realidade dos dias de hoje.

É a voz do espírito humano, cheia de esperança e inteligência, ilimitada em seu potencial de servir ao bem comum.

A força para descobrir a voz interior decorre do potencial que nos coube ao nascer.

Recebemos magníficos "presentes" ou dons de nascença – talentos, capacidades, privilégios, inteligência, oportunidades – que podem, infelizmente, ficar em grande parte dormentes, a menos que tomemos decisões e façamos esforços.

Quanto mais uma pessoa usar e ampliar o seu talento, mais talento acumula e maior se torna a sua capacidade.

A essência do ser humano é a capacidade de dirigir a própria vida.

Os seres humanos agem; os animais e os "robôs" reagem.

O ser humano pode fazer escolha embasada em seus valores.

É a nossa capacidade de escolher o rumo da nossa vida que nos permite reinventar e mudar nosso futuro, e influenciar significativamente o resto da criação.

Esse é o dom que possibilita o uso de todos os demais dons; é o dom que nos permite elevar nossas vidas a patamares cada vez mais altos.

Assim que cada um encontra a sua voz interior, pode e deve inspirar os outros a encontrar as suas vozes.

Sem ir além e atender às necessidades humanas, nós não expandimos nem desenvolvemos realmente a nossa liberdade de escolha como poderíamos.

Crescemos mais, pessoalmente, quando nos doamos aos outros.

Nossos relacionamentos melhoram e se aprofundam quando tentamos juntos servir à nossa família, outra família, uma organização, uma comunidade ou outra necessidade humana. Não há dúvida nenhuma de que todo aquele que tiver as dez características há pouco apontadas, que incluem *Os 7 Hábitos*, e incorporar agora também como princípio orientador da sua vida e do seu trabalho o *8º Hábito*, evidentemente terá todas as condições de alcançar o sucesso e de ser admirado por todos.

As pessoas que vivem segundo os oito hábitos recomendados por Stephen Covey sabem que a vida é uma missão e não uma carreira, e o propósito de toda nossa formação e conhecimento é que possamos desempenhar essa missão da melhor maneira!!!

Humor

Eliahu Toker, Patrícia Finzi e Moacyr Scliar escreveram um livro muito engraçado com o título *Del Eden al Divan – Humor Judio*, no qual dizem que o **judaísmo** e o **humor** são categorias inseparáveis.

Ao longo de milênios, o povo judaico foi acumulando um verdadeiro tesouro de histórias, provérbios, brincadeiras e anedotas.

Os autores no seu livro apresentam uma valiosa contribuição desse povo sofrido para o humor e a cultura universal.

Aí vai uma pequena amostra desse trabalho muito engraçado que você, amante do humor, deveria adquirir:

"*Os ingleses viviam rindo dos irlandeses e dos escoceses. Os franceses, dos belgas.*

Os argentinos e brasileiros, dos galegos e portugueses, respectivamente.

Os alemães, dos austríacos, e estes, dos suíços.

Os suíços não sabem do que ou de quem rir!!!

Os norte-americanos vivem gozando os poloneses, e os polacos estão procurando sobre quem podem contar chacotas.

Cada povo escolhe um outro para ser o foco de suas piadas, que sob certas e determinadas circunstâncias, têm algo a ver com o humor.

Assim cada povo tem um referencial para o seu humor, constituído por algum outro povo com o qual geralmente mantém (ou manteve) a relação de subjugador ou subjugado.

Cada povo, menos o povo judeu!!!

Por que essa singularidade ou diferença?

Segundo José Schussheim: '...é porque os judeus não têm um específico vínculo com um povo, porém com todos.

Aliás, isso é o mesmo que não ter vínculo com ninguém.

O povo judaico escolheu como caminho e como destino que o mundo seja um pouquinho mais justo, pois está demasiadamente isolado em um mundo tão injusto.

E estar só e não poder rir de alguém é demasiado até para um judeu!!!' "

"Alguém de vocês fez alguma coisa engraçada no trabalho desse dia?"

HUMILDADE E HUMOR

Humildade e humor andam lado a lado.

Uma **atitude humilde** é um dos ingredientes de uma mudança bem-sucedida, porque ela permite que as pessoas levem a sério o que fazem sem exigir demais delas mesmas.

As pessoas humildes não pensam pouco de si mesmas – elas apenas pensam pouco nelas mesmas.

Por estarem dispostas a admitir suas próprias limitações, elas tendem a mostrar mais disposição para trabalhar em equipe. No passado, os gerentes relutavam em compartilhar sua vulnerabilidade com seus funcionários.

Isto era visto como fraqueza, como na história dos dois generais que estavam conversando em uma colina enquanto supervisionavam as tropas que estavam para iniciar uma batalha.

Um general disse ao seu ajudante: "Traga minha capa vermelha."

Confuso, o outro oficial disse: "Mas, general, se o senhor vai usar capa vermelha, será alvo fácil para o inimigo."

O valente general respondeu: "Não estou preocupado com o inimigo, estou preocupado com meus homens. Se por acaso eu for atingido, o sangue não vai aparecer em minha capa vermelha. Sem saber que eu estou ferido, meus homens continuarão a avançar.

Eu não quero de jeito nenhum que eles saibam que eu estou ferido!"

Com isso, o outro general virou-se para o seu ajudante e disse: **"Traga minha calça marrom!"**

Bem, agora já dá para analisar a importância do humor e da sua falta.

COMO É DIFÍCIL TER TRABALHO EM EQUIPE

Furioso com o sócio Jacob que vive se vangloriando de tudo, o homem de negócios dá-lhe uma "bronca":

– Chega de dizer: "Eu comprei, eu vendi, eu cancelei, eu fiz isso, eu fiz aquilo", como se você tomasse as iniciativas sozinho. Eu também sou responsável por tudo o que acontece neste escritório.

Dias depois, toca o telefone. É o sócio, inquieto:

– Más notícias para você, Moisés!!!

A moça que serve o café está grávida e já avisou que **nós** temos de reconhecer o filho que vai nascer!?!?!?!

➡ POR QUE O HUMOR É IMPORTANTE?

Denise Fraga faz um grande papel, o de divertir centenas de milhares de pessoas.

Conta a própria Denise Fraga, artista carioca, mulher realizada, casada com o roteirista Luiz Villaça com quem teve dois filhos, Nino e Pedro, que constituem uma das suas paixões, a família, e a outra é a sua profissão: "Fazer alguém dar uma boa risada é um prazer que me sustenta e me faz ter uma sensação de missionária.

Aliás, tenho plena convicção de que por ter encontrado um trabalho que adoro, tornei-me uma pessoa mais feliz, mais bem-humorada.

A profissão me deu o dom de falar.

Eu não recitava poesia quando era criança e nunca fui exibida.

Na escola básica, nunca fui a que se destacava, nunca fui a "rainha da festa" e acredito que nem sou hoje alguém fora do comum, apesar do sucesso já alcançado.

Busco explicar a todos que não me considero humorista ou comediante.

Gosto que me chamem ou definam como uma atriz que faz humor ou que faz coisas cômicas, pois para mim a comédia é muito estudada, é praticamente uma lição de matemática, com muita lógica, ao contrário do que muitos imaginam...

Sou, pois, uma contadora de histórias, fazendo as pessoas sonharem, se divertirem, saírem um pouco do seu lugar comum.

Por exemplo, em *Trair e Coçar é só Começar* – que chegou a 2.000 apresentações no final de 2005 – eu ficava sempre abismada com o teatro todo rindo daquele jeito.

Às vezes eu entrava triste na cena para fazer a peça e saía renovada.

No teatro a comédia dá ao ator um estímulo fortíssimo, uma resposta imediata.

A gargalhada é essa resposta.

É como se o público estivesse dizendo: "Ah, valeu a pena vir aqui. Que grandes momentos!!!

Hoje acredito no humor quase como uma filosofia de vida!!!"

E Denise Fraga está muito certa porque o oposto, ou seja, as pessoas que estão com rabugice eterna, com irritação constante ou com mau humor crônico acabam por sofrer de **distimia**, ou seja, um disturbio mental classificado como depressão leve.

Para quem sofre de distimia, a culpa está sempre no mundo ao redor.

Há sempre uma justificativa para o mau humor do distímico: o tempo ruim, o trânsito vagaroso, as ruas vazias, o trabalho em excesso, a monotonia no trabalho, o barulho, o silêncio, etc.

Não importa o que seja, ele encontra nos outros e nos acontecimentos cotidianos sempre uma justificativa para o seu constante estado de irritação.

E aí está a grande diferença do distímico em relação às pessoas comuns.

Enquanto estas últimas ficam eventualmente mal-humoradas diante de algum acon-

tecimento, o **distímico** fica constantemente assim!?!? Até se alguém conhecido ganhar na loteria o distímico acaba achando um motivo para de chatear com o fato...

Os sinais de distimia são:

- **Queda na produtividade** – Quem sofre de distimia não vai bem no trabalho. Tem dificuldade de concentração e se cansa com mais facilidade. Além disso, é menos criativo.
- **Distúrbios no sono** – A pessoa distímica comumente tem sonolência excessiva e se sente mais lenta. Em alguns casos pode haver insônia.
  Qualquer que seja o sintoma, a distimia acaba afetando o desempenho do indivíduo em todas as suas atividades, principalmente no trabalho.
- **Pessimismo** – O distímico é tomado por sentimentos negativos e não consegue ser otimista.
  Por causa disso, as pessoas tendem a se afastar dele.
  A pessoa perde o interesse pelas coisas e há casos em que ela tem idéias recorrentes de morte e suicídio!!!
- **Isolamento** – Para não se desentender e brigar com quem está ao seu redor, já que para isto basta o motivo mais bobo, a pessoa distímica tende a falar menos e a evitar outras pessoas.
- **Irritação** – O distímico fica facilmente irritado, chegando a ser bem agressivo com todos ao seu redor.

Segundo as estimativas de especialistas, a distimia acomete cerca de 5% da população brasileira, sendo mais freqüente nas mulheres do que nos homens.

Uma das formas de se curar da distimia é tomando antidepressivos.

Uma outra é realmente viver mais **alegre**, mais **bem-humorado**, o que é estimulado pela leitura de piadas e textos engraçados, como os que foram incluídos neste livro. Porém, o que de fato faz com que a pessoa esteja na maior parte do tempo bem disposta, feliz e cheia de idéias é quando ela tem objetivos bem claros do que quer conquistar na vida.

Aí a sua paixão para chegar ao que almeja lhe dará uma tamanha energia que ela não terá tempo para ficar desanimada, desinteressada, e **sairá naturalmente do estado distímico**.

POR QUE AS IDÉIAS SÃO IMPORTANTES?

Bem, inicialmente porque o que um homem pensa que é, é o que ele é!!!
Aliás, aqui vale a pena lembrar o filósofo francês René Descartes, que não se satisfazia em acreditar em algo apenas porque os professores assim lhe ensinaram...
Ele procurava contestar tudo até conseguir provar se era falso ou verdadeiro.
E mais ainda, a única coisa que sabia ser verdadeira sem sombra de dúvida era que **estava vivo**, e a única razão para sabê-lo era porque pensava.

Ele sintetizou sua filosofia na famosa frase: **"Penso, logo existo."**

Agora, neste início do século XXI, vivemos a idade de ouro, na qual o que mais se necessita são as **idéias,** tanto para as empresas como para as pessoas e a sociedade como um todo.

Estamos na era do pensamento, que nos permite ter muitas novas idéias.

Como diz Joey Reiman, autor do livro *Idéias – Como Usá-las para Renovar seus Negócios, sua Carreira e sua Vida*: **"A moeda no século XXI é a idéia."**

Aliás, sendo agora as idéias a moeda corrente, isto nos conduz a dois significados bem importantes.

O primeiro é o que isso representa para você?

Quer dizer que se você pensa com inteligência, vive com criatividade e tira proveito adequado de suas idéias, seu **potencial** é **ilimitado**.

O segundo é o que isso representa para todos nós juntos?

Vivemos numa época em que as pessoas criativas podem transformar as culturas de uma forma nunca vista antes.

Busque, pois, ter sempre novas idéias, e assim não só conseguirá subir a um novo nível, como terá o potencial de levar todos com você!!!"

Em vista dessa "mensagem" de Joey Reiman, a frase de René Descartes, enunciada há mais de 300 anos, deve ser reformulada para: **"Penso, portanto sou valioso!!!"**

E realmente todos que pensam e têm excelentes idéias ganham muito e são pagos antecipadamente, basta tomar como exemplo os consultores famosos ou então os criativos profissionais das agências de propaganda.

São, portanto, cada vez mais valorizados os indivíduos que têm excelentes idéias.

Idéias novas, vitais, relevantes, revigorantes, que quebram paradigmas.

Idéias capazes de nos colocar à frente de um concorrente nos negócios cujo ambiente muda com a rapidez da evolução da tecnologia, que às vezes expressa em algumas semanas o que em outras épocas demandaria décadas para a alteração acontecer.

Idéias que permitam às famílias se manterem coesas e os seus filhos íntegros e responsáveis por seus atos.

Atualmente temos inúmeras "indústrias da mente" produzindo no mundo todos os dias milhares de idéias novas, que graças à Internet viajam pelo planeta em nanossegundos.

Além disso, o peso ou o valor de uma idéia não é medido em balança, até porque o aço pesa bem mais que um *chip,* porém este último é muito mais valioso...

As idéias costumavam ser gratuitas.

Era comum que alguém que tivesse boas idéias as contasse para todo mundo.

Entretanto, a não ser que elas se transformassem em algo que trouxesse um lucro significativo, comumente eram consideradas maluquices da *intelligentsia*, que envolvia cientistas, professores e jovens estudantes que desejavam de alguma forma inovar e empreender.

O pior é que mesmo quando as idéias se concretizavam, raramente seu criador era remunerado e em lugar disso, os ganhos acabavam indo para os empresários que eram os únicos a ganhar com as grandes idéias alheias.

Portanto, o mais comum era o que ocorreu com o químico inglês John Walker, que jamais patenteou a sua invenção – o fósforo – por ser, segundo ele, uma **idéia importante para a humanidade**!?!?

Assim, seus lucros se foram, como ocorre com a fumaça...

Já uma exceção foi o caso de Marcel Bich, que inventou os isqueiros descartáveis.

Ele sabia quão importante era essa idéia, e como resultado fez um grande rebuliço no setor e obteve lucros fascinantes.

Um outro exemplo de uma genial idéia que não levou seu inventor a tornar-se rico foi a da rede *Web*.

Seu criador foi o físico Tim Barners-Lee, que trabalhava no European Particle Physics Laboratory, na Suíça, onde teve o seu *ah-ah*! ou o *eureca*!!!

Sua idéia foi a de criar um sistema global de hipermídia para que os pesquisadores pudessem trabalhar de forma cooperativa.

Ele chamou o seu produto de pensamento de *World Wide Web*.

E quanto Tim Barners Lee teve de lucro com sua idéia?

Do que se sabe, muito pouco, até porque ele sempre enfatizou: "Para que algo como a *Web* possa existir é preciso que seja fundamentada na necessidade pública, com o que não pode ter um proprietário. **Ela deve ser gratuita e disponível para todos!!!**"

Na realidade, a Internet não funciona exatamente assim...

No século XXI, entretanto, os vencedores serão os que tiverem as melhores idéias, porque vão receber muito dinheiro por elas.

Pequenas idéias valerão menos, mas as geniais não terão preço...

Obviamente as maiores recompensas irão para as idéias que gerarem maior valor.

Pois é, a era dos grandes pensadores finalmente chegou e você pode ser um deles!!!

Pode-se também dizer que o século XXI é a era na qual os **lucros irão para os profetas!!!**

E o que é que os grandes pensadores têm em comum?

Vale, pelo menos, citar nove importantes características dos grandes pensadores:

➡ Estão sempre inquietos.

➡ Jamais perdem com o que vem da sua imaginação.

➡ Costumam pôr a "mão no fogo".

➡ Mantêm seus pensamentos incubados.

➡ Pensam melhor em equipe.

➡ Não aceitam peremptoriamente um "não" como resposta.

Qualidade com Humor

➡ Conseguem transformar fantasia em realidade.

➡ Vivem a vida com um propósito, segundo uma missão.

➡ Pensam com o coração, ou seja, são impulsionados pela emoção.

Nos dias atuais, o espaço mais valioso tem menos de 12.000 cm³ de volume e certamente vale milhões, bilhões ou até trilhões de reais, porém a maior parte dele permanece vazia.

Esse local chama-se **cérebro humano**!!!

As estimativas mais precisas indicam que a grande maioria das pessoas usa **menos de 1%** da capacidade de seu cérebro para pensar, o que representa de fato uma utilização insignificante do nosso centro de pensamento.

Imagine você morando em uma casa de 500 m² ou trabalhando em alguma empresa – por exemplo, na FAAP – e esteja utilizando apenas 1% de suas instalações.

Isso equivaleria a você passar o tempo todo em casa no seu banheiro, ou sem sair da sala do seu escritório.

Que isolamento, que alienação, que desperdício, não é?

Realmente, ocupar apenas 1% do cérebro é muito pouco para que surjam grandes idéias, a partir de intensos relacionamentos e da diversidade, que hoje existe num ambiente.

As pessoas que pensam além do convencional, de fato dão de dez a zero nas que não o fazem.

São os grandes pensadores que nos inspiram, nos iluminam e modificam para sempre a nossa forma de pensar, de agir e de viver.

Neste livro, aliás na coleção toda, serão citados pelo menos mais de uma centena de homens e mulheres criativos como Walt Disney, Bill Gates, Steven Jobs, Marie Curie, madre Teresa, Charles Chaplin, Helen Keller, Julio Verne, Alexandre, o Grande, papa João Paulo II, Mahatma Gandhi, etc.

Por exemplo, a idéia básica de madre Teresa foi mostrar a todos a importância da fé.

A fé alimentou seu coração num incessante esforço para ajudar os pobres, os oprimidos e os doentes.

Em sua vida ela provou que a dádiva máxima é a **fé.**

A religião é apenas uma embalagem.

E a **fé** – verdadeira, constante e fortalecedora – é o **maior de todos os pensamentos.**

O incrível é que a sua fé passou para todas as pessoas do mundo uma lição de eterna magnitude.

Disse ela: **"A pobreza não consiste apenas na fome, mas sim em uma imensa fome de dignidade humana. Precisamos amar e ser alguém para outro alguém!!!"**

Uma outra idéia extremamente visionária veio de Helen Keller, que não enxergava e não ouvia, e que aprendeu a falar tateando as vibrações da garganta de sua preceptora.

Malgrado tudo isso, Helen Keller conseguia transmitir mais coragem, fé e otimismo do que qualquer outra pessoa na sua época.

Sua grande idéia foi transcender suas limitações físicas.

E assim ela fez, graduando-se com louvor pelo Radcliffe College em 1904, e muitas das suas mensagens tornaram-se ensinamentos inolvidáveis como: **"Ou bem a vida é uma audaciosa aventura, ou bem ela não é nada."**

Uma outra idéia fantástica foi a de Mahatma Gandhi, que em sua busca pela verdade, moralidade e renovação espiritual mostrou a milhões de pessoas o caminho para a paz.

Considerado o "pai da Índia" independente, Mahatma Gandhi inspirou grandes mudanças políticas por meios pacíficos.

Imagine o que significa mudar a cabeça do mundo sem apontar uma arma para ela.

Por esses exemplos e pela necessidade que a humanidade tem de inovações, está se formando agora uma nova classe, a **classe criativa,** constituída por homens e mulheres que estão ganhando a vida pensando para os outros ou pelos outros.

São professores, advogados, psicólogos, psiquiatras, publicitários, consultores financeiros, gestores, especialistas em entretenimento, técnicos em tecnologia da informação, arquitetos, engenheiros, médicos, *designers*, estilistas, etc., todos vivendo à custa de suas idéias.

Não faz muito tempo, a maioria das pessoas ganhava a vida com seu esforço físico e não com o cérebro, e a maior parte das empresas chegava ao sucesso por trabalhar mais duro que as concorrentes.

Hoje proceder assim não é o suficiente.

No século XXI uma organização não pode mais ser previsível, e fazer sempre a mesma coisa não está mais levando as companhias ao "porto seguro".

Entretanto, se essa situação é preocupante, por outro lado ela representa novas possibilidades, pois impõe uma condição indeclinável que é a necessidade imperiosa de geração constante de novas idéias.

Em várias organizações já se nota que os investimentos em pesquisa e desenvolvimento igualam-se ou superam os custos que essas empresas têm com a própria produção, o que significa que elas estão se tornando **corporações do pensamento.**

O fato incontestável é que o pensamento está sendo cada vez mais valorizado.

Na realidade, nas entrevistas de recrutamento nas empresas não se está importando muito com onde foi conquistado o diploma mas sim com a capacidade de pensar do candidato.

É óbvio que na atualidade existem pensadores de todos os tamanhos e formatos.

Mas o que cada um deve ter em mente é que o mundo privilegiará mais aqueles que tiverem talentos especiais e melhores idéias.

Assim, é vital que cada um encontre o mais rápido possível o domínio certo onde possa desenvolver plenamente suas aptidões e mostrar o seu talento.

Claro que isso pode até envolver um longo processo de tentativa e erro, como parece que ia ocorrendo com Michael Jordan – o maior cestobolista de toda a história da liga profissional norte-americana –, que pode até ter adorado intensamente o ritmo ardente do beisebol, mas o domínio mais adequado para o seu desempenho máximo estava na prática do basquete.

Os republicanos e outros opositores podem dizer o que quiserem sobre o ex-presidente dos EUA, Bill Clinton, mas se já houve algum homem nascido para a política, ele é esse homem, como certamente no Brasil poderíamos dizer a mesma coisa do senador Antonio Carlos Magalhães, não é?

A era de receber uns poucos reais pelas próprias idéias está chegando ao fim.

Torna-se incompreensível que o homem que esculpiu *O Pensador* nunca lucrou um centavo com suas obras-primas.

E de fato, Rodin deixou todas as obras que produziu para o seu país.

Hoje em dia, ao contrário, pode-se e deve-se pensar numa carreira de **pensador**!!!

Que maravilhoso será quando alguém nos seus documentos puder mencionar que a sua profissão é **pensador**, não é?

Eu, particularmente, acredito que de uma forma ou outra isto se concretizará nestas primeiras décadas do século XXI, quando muitas pessoas estarão seguindo os ensinamentos de Buda – relatados por Jack Cornfield no seu livro *A Path with Heart* –, como princípios orientadores das suas vidas.

Elas estarão aceitando que:

"Somos aquilo que pensamos.
Somos tudo que nasce de nossos pensamentos.
Com nosso pensamento construímos o mundo."

Não acredite em tudo que vem pela Internet...

"O bom da Internet é que ninguém sabe que você é um cachorro..."

A MELHORIA QUE NÃO PODERIA
TER SIDO FEITA NA NOSSA EMPRESA!?!?

1ª Circular (*e-mail interno*)
De: Diretoria
Para: Recursos Humanos
Acusamos o recebimento de uma criança **recém-nascida**, de origem absolutamente desconhecida.
Exigimos uma investigação para esclarecer:
a) se o achado é um produto da casa;
b) se algum funcionário da casa está envolvido.

> **2ª Circular**
> De: Comissão Investigadora
> Para: Diretoria
> Após quatro semanas de buscas incessantes, concluímos que o **bebê** enjeitado não pode ser produto da casa.
> Motivos:
> 1. Em nossa empresa nunca foi feito nada com **prazer**, nem **amor**.
> 2. Em nossa empresa jamais duas pessoas colaboraram tão intimamente entre si.
> 3. Aqui nunca foi feito nada que tenha pé nem cabeça.
> 4. Aqui jamais aconteceu de uma coisa ficar pronta num espaço de 9 meses.
> 5. Aqui ninguém pensaria em oferecer o que quer que fosse aos integrantes da diretoria.
>
> **Que explicação terrível, não é?**

Realmente, não é nada fácil hoje em dia entender as informações que circulam com uma velocidade estonteante, principalmente aquelas divulgadas no Brasil sobre as ações dos políticos, em particular como eles conseguem se eleger e enriquecer...

Para atenuar um pouco essas dificuldades, aí vão as sugestões de um especialista na arte de interpretar o que está escrito num jornal ou revista.

➡ VOCÊ SABE COMO INTERPRETAR O QUE ESTÁ ESCRITO NUM JORNAL SOBRE POLÍTICA?

As regras de William Safire para a leitura de uma coluna política servem para responder a essa questão.

1ª **Regra** – Fique sempre atento ao estratagema dos articulistas de usar a citação de uma figura da oposição liberal para justificar um ponto de vista conservador ou vice-versa.

2ª **Regra** – Nunca procure a história no lide. Exige-se dos repórteres que ponham o que ocorreu no começo, mas um colunista experiente põe a pepita da notícia, até mesmo um *insight* sensacional, no meio do seu artigo.

Os leitores espertos são aqueles que, pressionados pelo tempo, começam por aí...

3ª **Regra** – Não se deixe levar pela síndrome de "por-dentrismo" ou do "sabichão". Muitos colunistas inexperientes, ávidos por impressionar leitores com o seu conhecimento de jargão jornalístico, acabam usando termos arcaicos da profissão. Não vá atrás desse chamariz!!!

4ª Regra – Quando ficar enfurecido com uma coluna ultrajante, não "coma a isca", e como conseqüência evidencie a sua raiva enviando ao jornalista um *e-mail* desaforado.

Os colunistas, de um modo geral, reagem a essas missivas constrangedoras dos leitores com muita satisfação, dizendo: "Ah, peguei vocês!"

5ª Regra – Não se deixe enganar por um estratagema de conclusão, isto é, com todo o palavrório sem coerência que alguns jornalistas usam, começando com alguma alusão histórica ou anedota reveladora, seguida por centenas de palavras antes de concluir o que estava dito na citação do parágrafo de abertura.

6ª Regra – Esteja atento a admissões de erros maiores dos colunistas.

7ª Regra – Fique alerta para não estar lendo algo que é apenas um "pagamento de favores" do articulista.

8ª Regra – Não perca o seu tempo com uma coluna que aborda dois temas.

Isto significa que o autor ficou com medo de tomar a difícil decisão sobre o que escrever naquele dia!?!?

9ª Regra – Fique atento à fonte de informações ou dados.

Não engula coluna (ou reportagem opinativa rotulada de análise) sem perguntar: "Isso é confiável?"

E sempre que se deparar com a palavra "respeitado" antes de um nome, tome cuidado.

Até porque me parece que você dificilmente vai ler: "Segundo o desrespeitado... (seja quem for)."

10ª Regra – Resista à escrita que oscila intelectualmente usando expressões como: "a quem interessar".

11ª Regra – Não se deixe deslumbrar pelo inesperado.

Os articulistas muitas vezes lançam uma bola de efeito numa série de jogadas fajutas.

Comumente eles se voltam contra figuras ideológicas induzindo os admiradores da crença a também se entusiasmarem...

12ª Regra – Despreze os diálogos pessoais entre colunistas, até porque comumente eliminam o leitor da realidade da controvérsia.

Observação importante: William Safire é jornalista, lingüista e escritor, que elaborou durante 30 anos, duas vezes por semana, uma coluna que era publicada no prestigioso *The New York Times*, e que no dia 29/1/2005 anunciou a sua aposentadoria quando disse: **"Nunca se aposente, ao contrário, planeje mudar sua carreira para manter suas sinapses funcionando."**

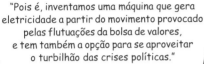

O PAR PERFEITO DO SÉCULO XXI SEGUINDO UM COMPORTAMENTO INOVADOR.

1. Eles estão vivendo um entendimento perfeito. Ele nunca a encontra em casa e ela nunca com ele fora de casa!?!?
2. Eles estão tendo um casamento perfeito. Ela fica fingindo ser a sua secretária e ele faz o papel do marido incompreendido.
3. Não há nada que ele poderia fazer por ela, nem ela poderia fazer algo por ele. De fato, ambos se dedicam a não fazer nada um pelo outro.
4. Eles são tão incompatíveis, que não têm nada em comum para brigar!!!
5. Eles têm tão pouca coisa em comum que nem conseguem odiar as mesmas pessoas.

INVENÇÕES

O homem descobriu o vidro e inventou a garrafa.
A mulher decobriu o vidro e inventou o espelho.

O homem inventou o baralho, e logo depois o jogo.
A mulher descobriu o baralho e inventou a cartomante.

O homem descobriu a palavra e inventou a conversa.
A mulher descobriu a conversa e inventou a fofoca.

O homem descobriu o dinheiro e inventou o comércio.
A mulher descobriu o comércio e inventou a dívida.

O homem descobriu a comida e inventou o almoço.
A mulher descobriu a comida e inventou a empregada.

O homem descobriu a mulher e inventou o namoro.
A mulher descobriu o homem e inventou o casamento.

E aí o homem não inventou mais nada.

Bem, agora você já está mais preparado para saber mais coisas sobre as inovações não é?

O QUE VEM A SER INOVAÇÃO?

Para alguns especialistas, uma forma de explicar o que vem a ser **inovação** é constatar se ela **gera dinheiro novo**.

Se isto não acontece, então a inovação é apenas uma novidade, e novidade é irrelevante em negócios!!!

Neste início do século XXI, o grande foco da gestão está em como se pode conseguir inovar.

No passado o foco da gestão foi na supervisão, porém hoje não se precisa tanto de supervisores e sim de pessoas criativas, de empreendedores.

Nesse sentido, é forçoso ter uma disciplina para gerenciar a inovação.

Algo que possa ser estudado como se estuda medicina, engenharia, direito, etc.

Quem estuda o tema conclui logo que as inovações que geram margens de lucro mais baixas que as dos produtos (ou serviços) existentes não são atraentes para as empresas.

E o incrível é constatar que inovação que preserva as margens históricas vem quase sempre de quem já está bem estabelecido no setor.

Uma regra útil para quem lida com a inovação é: enquanto seu produto não é **"bom o suficiente"** você tem de melhorar o desempenho dele, e para isto tem que controlar toda a arquitetura da sua produção (componentes, sistemas, etc.).

Porém, quando ele fica **mais** do que **"bom o suficiente"**, a inovação não pode vir do produto em si.

Aí você pode (ou deve) "abrir" a arquitetura.

E aí o dinheiro grosso migra para quem fornece módulos ou subsistemas do produto (pense no sucesso da Intel, da Microsoft, etc.), ou para quem inova em outros elos da cadeia de valor (vale a pena lembrar da Dell) oferecendo mais conveniência.

Por exemplo, parece que a cerveja *Nova Schin* ganhou o primeiro *round* contra as concorrentes.

Mas a pergunta que surge é: E agora, o que se deve ganhar?

Claro que o que fazer depende de outros fatores, mas no caso da Schincariol certamente estará ligado a inovar na distribuição e na produção (desde que a empresa consiga sobreviver a outros problemas...).

A Schincariol, na sua luta principalmente contra a AmBev, parece que obteve do mercado para a sua cerveja *Nova Schin* a resposta: "Experimentei e gostei. Você é **boa o suficiente!!!**"

E agora?

A Schincariol tem que expandir a sua produção para ter uma maior escala e com isto ter um custo mais baixo, o que lhe permitirá manter um preço competitivo.

Além disso, deve inovar na sua distribuição, ou seja, melhorar a entrega do seu produto.

Isso significa aperfeiçoar sua logística e também melhorar o seu relacionamento com o varejo.

Dessa maneira, o valor para a *Nova Schincariol* saiu do elo **"produto"** (bem resolvido pela comunicação) e passou para o elo **"entrega"** da cadeia de valor.

E agora ela tem um "novo" serviço para ser feito, a saber, a oportunidade para fazer algo de maneira diferente, que possa ser feito melhor, isto é, **inovar**.

É necessário chegar a um outro patamar de competitividade, a uma outra posição estratégica, que inclusive seja sustentável.

Mas aí normalmente surgem incompatibilidades entre as atividades, vale dizer, torna-se necessário que se exerçam opções (*trade-offs*).

Em termos simples, um *trade-off* significa que ao se ter **mais de alguma coisa** isso implica ter **menos de outra coisa**.

Por exemplo, uma empresa aérea que optar por dar mais comodidade aos seus passageiros colocando os assentos mais espaçados, obviamente terá menos bilhetes vendidos, e em caso contrário, se quiser ter muitos passageiros dentro do mesmo avião terá que conviver com as reclamações deles por viajarem muito espremidos...

E aí busca-se sempre uma estratégia inovadora que satisfaça os passageiros sem aumentar o preço da passagem como, digamos, está fazendo a Gol.

Pode-se então entender uma estratégia como sendo a inovação de *fitness* (compatibilidade ou adequação) entre as atividades da empresa.

Certamente a essência da estratégia é definir claramente **o que não fazer**.

Se não houvesse *trade-offs* não haveria a necessidade de escolher, e assim a estratégia seria algo prescindível.

Dessa maneira, qualquer boa idéia estaria sujeita a imitações e logo qualquer inovação seria copiada, o que aliás tem ocorrido em muitos casos.

Por conseguinte, o desempenho e a sobrevivência da empresa passam a depender quase que totalmente da sua excelência operacional.

É por isso que se buscam inovações que não sejam facilmente imitadas pelas empresas concorrentes.

Na realidade, a vantagem competitiva sustentável acontece quando uma organização possui uma **diferenciação no seu todo**, ou seja, a sua vantagem competitiva vem da totalidade do seu sistema de atividades inovadoras, quando se torna bem complicado copiá-la.

Portanto, no século XXI, a empresa que quiser estar à frente dos seus concorrentes deve procurar ser inovadora em todos os seus setores e não apenas ter um produto inovador, pois a qualquer momento a sua patente pode expirar!!!

Aliás, pense no que vai acontecer com uma empresa cujo produto principal (como é o caso do Viagra) não esteja mais protegido pela patente!?!?

Intimidade com os Animais

CUIDADO COM O PAPAGAIO!?!?

Geraldo, técnico de consertos de televisores e computadores (!?!?), recebeu instruções específicas sobre os "bichinhos" de estimação de um cliente: " Apesar de parecer feroz, o rottweiler não vai atacá-lo e nem lhe fará nenhum mal.

Entretanto, aconteça o que acontecer, não responda para o papagaio!?!?"

Um dia Geraldo foi fazer um serviço na casa desse cliente quando ele não estava...

Foi recebido pela empregada, entrou na casa e viu que o enorme cão permanecia inerte deitado, totalmente quieto, num canto do quarto.

Mas o papagaio, assim que viu a chegada de Geraldo, começou a zombar dele.

— Nossa, você além de gordo também é vesgo como aquele horripilante do programa Pânico na TV. Cruzes, como você é feio!!!

Ei, gordão, você não sabe nem trocar as pilhas, como é que vai achar o defeito nesse *laptop*?

Depois de uns 4 minutos de gozações seguidas, Geraldo não agüentou e replicou:

— *Sabe, pássaro, você até que é bem desenvolto no seu palavreado para alguém que tem um cérebro menor que uma ervilha!*

O papagaio ficou um instante meditando e então, com um brilho sarcástico nos olhos, deu o comando:

— *Está tudo bem. Valeu, meu chapa! Pode pegá-lo agora, Exterminador (nome do rottweiler)!*

QUAL É A MELHOR MANEIRA DE ENCONTRAR UM ESPÍRITO (OU ALMA) COM O(A) QUAL SE TENHA AFINIDADE?

Credita-se a um anônimo a seguinte frase: **"Deus, ajude-me a ser a pessoa que o meu cão pensa que eu sou."**

Esse dito faz parte da resposta.

Encontre um cão abandonado ou malcuidado e traga-o para a sua casa.

Compartilhe com ele um pouco da sua vida.

Uma das maneiras para tornar-se mais próximo do seu "companheiro(a)" é tentar pensar como ele(a).

Temple Gramdin é uma professora de ciência animal da Universidade Estadual do Colorado e autora do livro *Thinking in Pictures* [*Pensando em desenhos* (*imagens*)], no qual ela descreve várias situações segundo as quais os não-humanos se comportam.

Pois bem, ela acredita que os animais pensam em imagens sensoriais – quadros ou retratos visuais combinados com cheiro, luz e padrões de som.

Muitas pessoas acreditam que devem usar palavras, mas na realidade deveriam usar mais gestos ou imagens.

Em vista de suas pesquisas, Temple Gramdin acha que as pessoas que utilizam as imagens ou se fundamentam mais em corporificações se conectam melhor com os seus animais de estimação do que aquelas que só falam com eles.

Um fato, porém, é indiscutível: é o momento certo para que cada um de nós conheça com mais profundidade a natureza, faça uma conexão espiritual com a vida animal, e dia após dia de forma apaixonada comece a compartilhar um pouco do seu amor com todo ser vivo neste planeta.

Devemos a medida que avançamos no século XXI, procurar estreitar nossos relacionamentos com todas as coisas vivas (animais, árvores, flores, etc.) pois isto sem dúvida nos tornará melhores.

Uma grande idéia nesse sentido é a de ter um animal de estimação (cão, cavalo, gato, etc.).

Ninguém deve esquecer que os humanos e os animais compartilham de sentimentos semelhantes, como a dor, o medo, a alegria e o amor (afeição).

Precisamos entender claramente que o cuidado com todos os seres humanos, com os animais e com o ambiente precisa estar baseado na compaixão por qualquer ser e um respeito pelo seu corpo, mente e espírito.

Esse cuidado deve estar fundamentado na consciência da importância e do poder que traz a conexão humano-animal.

Devemos sempre lembrar que as conexões afetivas são baseadas no conhecimento de níveis mais profundos de comunicação.

Quando se fala de ter uma ligação mais íntima com um animal num nível mais inten-

"Estou cansado de ouvir: 'sente', 'deite', 'dá o pé', e nunca 'pense', 'inove', 'seja você mesmo'."

so, isto não significa passear com o seu cão **todos os dias**, ou ser a pessoa que alimenta diariamente o seu cavalo.

Em vez disso significa estabelecer conexões que provam que todos somos seres vivos capazes de em algum momento, porém de forma duradoura, juntar nossas mentes, corpos e almas!!!

Deepak Chopra diz que se considerarmos o nosso corpo como um vaso ou uma xícara, qualquer ferimento ou injúria, seja físico, emocional ou espiritual, independentemente de quanto amor colocarmos dentro do mesmo, ocorrerá o vazamento até que essa "fenda" seja fechada, ou melhor, "curada".

O famoso veterinário Allen M. Schoen, no seu livro *Kindred Spirits* (Broadway Books – New York 2001) dá o conselho definitivo: "Os animais ajudam a curar qualquer *crack* (rachadura) que aconteça em nós, desde que lhes dediquemos uma verdadeira afeição.

Efetivamente, quando cuidamos com amor dos nossos animais domésticos, em particular dos cães, esse ato tem o poder de nos regenerar e inclusive de fechar todas as frestas ou rachaduras que tenham acontecido sobretudo na nossa mente.

Eles enchem sempre a nossa xícara com muito amor e afeição, de forma que tudo isso transborde da nossa xícara, podendo ser o bálsamo ou talvez a lambida aliviadora para fechar também os ferimentos dos seres humanos que nos rodeiam."

"Até que foi boa a nossa briga e quero agradecer-lhe pois passou a minha dor nas costas..."

Liderança

ELE É O LÍDER!!!

– Quanto vale esse louro?
– R$ 500,00.
– Uh, é caro!!!
– O que você pensa, ele sabe receber informações da Internet e enviar *e-mails*.
– E esse outro, quanto custa?
– R$ 1.500,00.
– Mil e quinhentos reais, você está louco?
– Não, de forma alguma. Além de computação, de lidar com a Internet, ele fala mais de dois idiomas.
– E esse outro no canto, qual é o seu valor?
– Ahhh, esse custa muito mais: seu preço é R$ 100.000,00.
– Mas por que esse é tão caro?
– Olhe, realmente eu não sei. O que eu sei é que os outros dois o chamam de **líder**!!!

Bem, agora você já está apto para conversar um pouco sobre liderança, não é?

➡ COMO É POSSÍVEL DESCOBRIR FUTUROS LÍDERES?

Esta não é uma tarefa nada fácil!!!

Porém, pode-se aprender a fazer isto ao se ler o livro escrito por William C. Byham – presidente e CEO da Development Dimensions International (DDI) –, Audrey B. Smith – vice-presidente e consultora na DDI –, e Matthew J. Paese – gerente e líder da prática de desenvolvimento de executivos da DDI. O título desse livro é: *Formando Líderes – Como Identificar, Desenvolver e Reter Talentos de Liderança,* no qual os autores abordam cada fase do desenvolvimento e sucessão de executivos e introduzem técnicas de alto impacto que realmente funcionam.

Eles explicam claramente como se pode identificar os líderes de amanhã dentro de uma organização, acelerar o seu desenvolvimento, a utilização deles e a maximização do seu valor para a organização.

Apresentam também uma nova abordagem que denominam **grupo de aceleração**, que de fato é um afastamento drástico do planejamento de substituições tradicional.

Em vez de visar a uma ou duas pessoas escolhidas a dedo para cada cargo executivo, o grupo de aceleração desenvolve um conjunto de candidatos com alto potencial para cargos executivos em geral.

Os membros desse grupo têm um mentor designado, recebem mais treinamento e passam por experiências de desenvolvimento especiais, como programas universitários executivos e sessões de aprendizagem na empresa.

Eles também recebem mais *feedback* (retroalimentação) e preparo.

Comparada aos enfoques tradicionais, a abordagem do **grupo de aceleração** tem as seguintes vantagens:

- ➡ **Mais rápida e mais simples**, requerendo menos papelada e tempo de gerência (por exemplo: eliminando os formulários anuais de substituição que há muito tempo atormentam os gerentes).
- ➡ **Mais precisa**, em termos de conseguir a pessoa certa no cargo certo e no momento certo para atender às necessidades da organização.
- ➡ **Mais desenvolvida**, com diagnósticos melhorados das necessidades de desenvolvimento, um foco mais perspicaz na criação de habilidades e conhecimento e um melhor suporte à mudança e ao crescimento.
- ➡ **Mais justa** ao fornecer maior integridade e transparência, minimizando as influências da "rede do velho camarada" e criando maior diversidade, englobando pessoas de alto potencial onde quer que elas estejam na empresa.
- ➡ **Mais estreitamente ligada aos planos e às estratégias comerciais.**

O foco está no desenvolvimento de líderes que podem dirigir a organização como ela será, e não necessariamente como é no momento.

- ➡ **Mais envolvente**, com os participantes decidindo se querem fazer parte do grupo de aceleração, dividindo a responsabilidade pela criação e execução de seus planos de desenvolvimento, sendo consultados quanto às suas tarefas.
- ➡ **Mais flexível**, porque ela pode acomodar pessoas que demoravam mais para desabrochar, levando em consideração conflitos profissionais e pessoas de fora da organização que estão assumindo cargos de gerência intermediária e sênior.
- ➡ **Mais contemporânea em sua abordagem de retenção de talentos** *top*.
  Ela oferece os desafios profissionais pelos quais os talentos *top* anseiam, e o suporte adequado a eles.
  Esses talentos *top* sentem que estão crescendo em termos de habilidades e responsabilidades.
- ➡ **Mais personalizada no tocante a situações e necessidades organizacionais específicas.**
  Não é, pois, uma abordagem do tipo **"tamanho único"**.

De fato, *Formando Líderes* foi escrito de forma a ajudar o(a) leitor(a) a entender e implantar sistemas que irão identificar talentos e desenvolver pessoas com alto potencial que uma empresa necessita para poder crescer e prosperar, e possa fazer isso com a velocidade da Internet...

Claro que a abordagem do grupo de aceleração não é uma "panacéia para todos os males", além de não ser fácil, mas também não é tão complicada como alguns acreditam ser. O importante é que com a criação desses grupos a diretoria de Recursos Humanos conseguirá ter os líderes que a organização requer.

E aí seguramente o principal executivo da empresa, ou seja, o CEO (*chief executive officer*) não terá o seu sono interrompido como ocorria freqüentemente com David Whitwam, presidente e CEO da Whirlpool Corporation, que explicava esse problema dizendo: "O que me faz acordar no meio da noite não é o que pode acontecer com a economia ou o que os nossos concorrentes podem fazer a seguir, mas sim, se temos capacidade de liderança e talento para implementar novas estratégias globais mais complexas."

Realmente, no início do século XXI, praticamente todos os executivos enfrentam o mesmo dilema desalentador: **a demanda por talento de liderança é muito maior do que a oferta.**

Na verdade, a escassez de pessoas qualificadas para cargos importantes de liderança tornou-se um dos maiores desafios que os gerentes têm de enfrentar neste início de século.

Aliás, para maiores detalhes sobre como se deve proceder para vencer esse desafio, a sugestão é o livro *Qualidade da Criatividade* volume 4 (que vai ser impresso em 2006), no qual se aborda muito o tema gestão de talentos, inclusive a formação de líderes talentosos.

Longevidade

O MISTÉRIO DO QUARTO 311

Durante alguns meses acreditou-se que o quarto 311, de um hospital municipal num certo país, tinha uma maldição. Todas as sextas-feiras de manhã os enfermeiros descobriam um paciente morto nesse quarto da unidade de cuidados intensivos. Claro que os pacientes tinham sido alvo de tratamentos de risco mas, no entanto, já **não** se encontravam em perigo de morte. A equipe médica, perplexa, pensou que existisse alguma contaminação bacteriológica no ar do quarto. Alertadas pelos familiares das vítimas, as autoridades conduziram um inquérito. Os pacientes do quarto 311 continuaram, no entanto, a morrer a um ritmo semanal e sempre nas sextas-feiras. Por fim, foi colocada uma câmera no quarto.

E o mistério resolveu-se: todas as sexta-feiras de manhã, lá pelas 6 horas, a mulher da limpeza desligava o respirador artificial do doente para ligar o aspirador de pó!

Que doideira!!! O pior é que isso parece ter sido um fato verídico...

O HOMEM SEGUNDO A IDADE

- Do primeiro dia aos 3 anos, é dormir, mamar e fazer gracinha aos pais.

- Dos 3 aos 10, o negócio é brincar e estudar.

- Dos 10 aos 14, é a fase dos descobrimentos, dos segredos da vida, ocasião em que o distinto começa a enforcar o sabiá.

- Dos 14 aos 20, é a época dos namoricos e esportes. É também a fase perigosa da tentação do cigarro, do álcool e da maconha.

- Dos 20 aos 30, começa o período de levar a vida a sério, estudando e trabalhando a fim de comprar um carro para levar as gatas aos motéis.

- Dos 30 aos 40, começa a idade do lobo, ocasião em que juntar dinheiro é fundamental para casar. Se estiver casado, para comprar casa e educar os filhos.

- Dos 40 aos 60, começa a fase da sem-vergonhice, isto é, o cara já está com o burro amarrado na sombra, a família criada e alguma grana na poupança. É a fase mais perigosa, quando o distinto começa a "beliscar" fora de casa, pois, na sua grande maioria, sua mulher está já mais para terço do que para berço.

- Dos 60 aos 70 é a fase dos comes e bebes. O prezado conhece e dá notícias de todos os bons restaurantes da cidade.

- Dos 75 em diante, aí é fogo, pois é o período denominado *borocoxô in totum*. É aquela fase em que ele sabe o nome e o endereço de todas as farmácias que vendem remédio barato.

A IDADE DO HOMEM E OS ANIMAIS

Dos 10 aos 15 é **macaco**.
Vive descascando banana.

Dos 16 aos 20 é **girafa**.
Só come brotinho.

Dos 21 aos 30 é **urubu**.
Come tudo o que aparece.

Dos 31 aos 40 é **águia**.
Escolhe o que vai comer.

Dos 41 aos 50 é **papagaio**.
Mais fala do que come.

Dos 51 aos 60 é **lobo**.
Persegue Chapeuzinho Vermelho
mas só come a vovozinha.

Dos 61 aos 70 é **cigarra**.
Canta, canta, não come nada
e só enche o saco.

Dos 71 aos 80 é **condor**.
Tá sempre com dor aqui, com dor ali.

Dos 81 para a frente é **pombo**.
Só faz sujeira.

Bom, você já está apto para entender que o homem, e também a mulher, podem viver mais e melhor!!!

O QUE FAZER PARA QUEM TEM MAIS DE 60 ANOS?

Continuar a trabalhar e seguir sendo uma pessoa economicamente ativa.

Se não for possível prosseguir no mesmo emprego devido à aposentadoria compulsória, arrumar outro trabalho ou então abrir o seu próprio negócio.

Aliás, a idade para empreender está vinculada apenas à vontade de cada pessoa e da boa idéia que lhe surgir para oferecer um produto ou serviço que corresponda à demanda não atendida pelo mercado.

Além disso, é necessário lembrar que em apenas meio século, a expectativa de vida média no planeta aumentou 20 anos e provocou a expansão do número de pessoas que ultrapassaram a marca dos 60 anos, a maioria extremamente saudável.

Em 2050, segundo estimativas da Organização das Nações Unidas (ONU), essa parcela da população será igual à de jovens de até 15 anos!!!

Assim, há atualmente um concreto debate mundial para a criação de estratégias de absorção dos impactos da mudança do perfil demográfico, sentidos em áreas como a previdência e a saúde pública.

Em 2002, a ONU promoveu uma assembléia mundial em Madri, a fim de discutir o tema e estabelecer um *Plano de Ação Internacional* para possibilitar a efetiva integração social do idoso por meio do trabalho, da educação, do respeito à experiência acumulada e da valorização do seu papel na sociedade.

O Brasil deu um passo importantíssimo nesse sentido em 2004, quando passou a vigorar no País o **Estatuto do Idoso**, que garante o acesso a serviços e direitos fundamentais para o exercício pleno da cidadania.

Aliás, não foi fácil a sua aprovação, que demandou sete anos de discurssão de um texto composto de 118 artigos.

Algumas mudanças promovidas pelo documento já são perceptíveis, como por exemplo:

➡ Desconto de pelo menos 50% nos ingressos para eventos culturais, esportivos e de lazer e acesso preferencial aos locais em que eles se realizam.

➡ Vedou-se a discriminação do idoso nos planos de saúde pela cobrança de valores diferenciados em razão da idade.

➡ Para idosos com mais de 65 anos ofereceu-se a gratuidade nos transportes públicos urbanos e semi-urbanos.

➡ Introduziu-se a obrigatoriedade, por parte do governo, de fornecer medicamentos, especialmente os de uso continuado, bem como próteses e ortoses e outros recursos relativos a tratamento, habilitação ou reabilitação gratuitamente aos idosos.

➡ Os idosos com idade a partir de 65 anos e que não tenham recursos para prover sua subsistência, podem solicitar o benefício mensal de um salário mínimo.

Como se percebe, o Estatuto do Idoso foi uma importante conquista para aqueles que já alcançaram a **"melhor idade"**, isto é, têm mais de 60 anos.

De acordo com a ONU, neste início do século XXI existem no mundo mais de 640 milhões de pessoas com mais de 60 anos, e há meio século este número nem chegava aos 200 milhões.

O que preocupa muitos setores – principalmente a previdência – é que se estima que em 2050 esse número deverá chegar a 2 bilhões de pessoas, sendo que cerca de 200 milhões terão mais de 100 anos!!!

O Brasil também está vivendo um processo de rápido envelhecimento populacional, que se acentuou a partir da década de 1970 com a difusão dos métodos anticonceptivos e a queda nas taxas de natalidade e mortalidade.

Entre 1993 e 2003, de acordo com a Síntese de Indicadores Sociais 2004, do Instituto

Brasileiro de Geografia e Estatística (IBGE), a taxa de fecundidade no País passou de 2,6 para 2,3 filhos por mulher.

As crianças de 0 a 14 anos representavam 33,5% do povo brasileiro em 1993, número que, segundo as previsões do IBGE, vai cair para aproximadamente 20% em 2030.

Ainda de acordo com o IBGE, se em 2005 os idosos já são cerca de 9,4% da população, ou seja, existem por volta de 17 milhões de pessoas nessa categoria, em 2030 esse número deverá chega a **37 milhões**!?!?

Apesar do sensível crescimento da expectativa de vida do brasileiro, que no começo deste século estava em torno de 72 anos, o País ainda está bastante atrás de outras nações desenvolvidas, como o Japão, que registra a maior longevidade do mundo, com 81,3 anos em média.

É preciso, portanto, apresentar não apenas no Brasil, mas em todas as nações do mundo, as instruções do documento elaborado na II Assembléia Mundial sobre o Envelhecimento, que aconteceu em 2002 em Madri.

O documento orienta os governos e a iniciativa privada a introduzir políticas específicas para a **terceira idade**, indicando três direções prioritárias: os idosos e o seu desenvolvimento para o trabalho, promoção da saúde e do bem-estar até a chegada da velhice, e a criação de ambientes propícios para a vida dos idosos.

Realmente, é imprescindível que as pessoas acima de 60 anos sejam capacitadas e integradas, para trabalhar em condições de igualdade com as outras gerações.

No Brasil, um exemplo importante é o do Grupo Pão de Açúcar, que desde 1997 desenvolve o programa *Terceira Idade*, como forma de oferecer oportunidades de retorno ao trabalho a pessoas com mais de 60 anos, opondo-se desta maneira ao preconceito que as afasta do mercado de trabalho.

No início de 2005, mais de 830 profissionais idosos trabalhavam no Grupo Pão de Açúcar, espalhados pelas suas 552 lojas do Estado de São Paulo.

Eles trabalham de quatro a seis horas por dia em tarefas como atendimento ao cliente, apoio à área de vendas e empacotamento de entrega de mercadorias.

A segunda diretriz prioritária da ONU aborda a promoção da saúde e do bem-estar na velhice.

Ter saúde é estar bem física, mental e socialmente, o que depende da combinação do esforço dos idosos para mantê-la com o auxílio de um ambiente em que esse empenho possa dar frutos.

Para que isso aconteça mais facilmente todas as pessoas na terceira idade devem ter acesso garantido à alimentação e à nutrição adequadas, e poder contar com assistência de saúde.

Um programa que vem ao encontro de uma parte dessa diretriz é o dos Jogos Regionais dos Idosos, promovidos no Estado de São Paulo pela primeira-dama Maria Lúcia Alckmin, presidente do Fundo Social da Solidariedade.

Explica Maria Lúcia Alckmin: "Nós, no Estado de São Paulo, estamos procurando olhar com mais respeito e compreensão para as pessoas acima dos 60 anos que têm uma história e experiência que valem muito.

Elas, que lutaram e se esforçaram para nos educar com dignidade, hoje merecem essa contrapartida de nossa parte.

Ou seja, cada vez mais a 'terceira', a 'melhor idade' irá ocupar o seu espaço e exigirá a nossa atuação e o nosso carinho.

Afinal, envelhecer é recolher sabedoria, é selecionar experiências e transmitir ensinamentos.

Aqui os recursos financeiros sozinhos não resolvem o problema.

É necessário presença, é preciso que os mais jovens doem para os mais idosos um pouco mais do seu tempo e da sua alegria.

Todas essas reflexões e conceitos integram os programas e ações do Fundo Social de Solidariedade, e o seu Núcleo de Atenção ao Idoso tem desenvolvido um amplo trabalho, proporcionando cultura, lazer, esportes e informação às pessoas de terceira idade.

É nesse sentido que os Jogos Regionais dos Idosos ocupam um lugar de destaque e em 2005 participaram deles mais de 15 mil atletas, envolvendo 545 municípios.

A prática esportiva, por si só, já é um fator de promoção de saúde e bem-estar.

E além disso, ao fazer parte de uma equipe o indivíduo tem uma nova visão de sí mesmo e resgata sua auto-estima, implementando e incrementando o convívio social.

Devido ao espírito fraterno e solidário que o esporte propicia, todos os participantes são vencedores."

Um outro exemplo interessante de valorização do talento do idoso e da sua capacidade mental é o *Concurso Banco Real Talentos da Maturidade*, promovido pelo Banco Real desde 1999 para premiar obras de pessoas com mais de 60 anos, nas categorias Artes Plásticas, Literatura, Música Vocal, Programas Exemplares, Contador de Histórias e Monografia.

O Banco Real com esse concurso procura aproveitar o talento das pessoas de mais de 60 anos, premiando-as e promovendo depois uma exposição denominada *Aproveite a Liberdade que a Maturidade te dá*, com dezenas de trabalhos fotográficos relatando a liberdade e o potencial da maturidade.

Aliás, quem não acredita no talento de pessoas idosas deveria tomar como exemplo os três sócios da DPZ, a saber: Roberto Dualibi, Francesc Petit e José Zaragoza, todos com idade superior a 65 anos, e que dirigem com muito sucesso uma agência de publicidade que fatura várias centenas de milhões de reais por ano e ocupa uma posição entre as *top ten*, ou seja, as dez maiores agências de publicidade do País, com mais de 30 anos de existência no mercado.

O engraçado é que sucessão é um assunto que não anima a conversa entre os três sócios.

A primeira razão diante da pergunta de como anda o processo dentro da empresa é quase a mesma entre os três: "não pretendo morrer tão cedo", diz Dualibi; ou "ainda tenho muito o que fazer", responde Zaragoza, e "a sucessão já foi feita na prática e eu sigo trabalhando normalmente", emenda Petit.

Pois é exatamente assim que devem pensar todos aqueles que trabalharam ininterruptamente e se tornaram sexagenários (ou até mais idosos). É essencial continuar a ser produtivo, talvez não a todo vapor, mas longe do pijama o dia inteiro...

Voltando à terceira e última diretriz proposta pela ONU, ela se refere à criação de um ambiente propício e favorável aos idosos.

Isso naturalmente passa pela garantia à moradia e a condições de vida digna.

O objetivo obviamente é o de tornar viável o **envelhecimento das pessoas**, em especial as que vivem nas cidades, levando em conta as suas preferências pessoais, além de desenvolver ambientes adequados para que os idosos possam manter sua independência e ganhar acesso ao transporte.

Além disso, elege como ambições a eliminação de qualquer forma de abandono e violência contra o idoso e a criação de serviços de apoio para atender casos de abusos e maus-tratos.

Esse documento da ONU deve ser uma referência para todas as instituições, sejam elas públicas ou privadas, pois refere-se à imagem do idoso na sociedade de uma forma que procura a consolidação do reconhecimento público da autoridade, sabedoria, produtividade, e outras contribuições importantes das pessoas que já passaram dos 60 anos.

A integração e a participação do cidadão idoso no processo produtivo e social não só valorizam o seu potencial e toda a sua experiência de vida, como acima de tudo permitem-lhe continuar sua existência com dignidade, no pleno exercício de cidadania.

Ninguém que passou dos 60 anos deve se entregar à imobilidade, à inércia destrutiva e a uma aposentadoria improdutiva.

Ao contrário, deve procurar novos desafios, desenvolver novas atividades e projetos pois estamos no século XXI, quando a **qualidade de vida** melhorou muito, o que possibilita pensar em **viver** e **trabalhar até os 100 anos!!!**

Quem não acreditar nisso deve espelhar-se no cardeal Ratzinger, que aos 78 anos tornou-se o nosso radiante papa Bento XVI com muitas idéias para ampliar mais ainda a evolução da Igreja Católica, isso incluindo o aumento dos seus seguidores em todo o mundo...

Pois é, ele foi guindado a esse posto aos 78 anos, e os que votaram nele certamente o fizeram por entender que ele possui energia e sabedoria suficientes para comandar os destinos da Igreja Católica, que tem mais de um bilhão de adeptos.

Isso que é um *marketing* negativo, não é?
Ou será que é uma empresa que tem um gestor incapaz e temeroso?

EM QUAIS SEGMENTOS OU ÁREAS UM PROFISSIONAL DEVE SER UM *EXPERT* PARA PODER FAZER UM PLANO DE *MARKETING* EFICAZ?

Quem quiser ter respostas adequadas sobre *marketing* deve recorrer ao maior guru do assunto no mundo: Philip Kotler.
Aliás, a Pearson Education do Brasil lançou a 2ª edição do clássico livro sobre *Marketing Essencial* de Philip Kotler.

Qualidade com Humor

Ele é professor emérito da cátedra S. C. Johnson de Marketing Internacional da J. L. Kellogg Graduate School of Management, da Northwestern University.

Esse livro poderia ter como título *Kotler Essencial*, pois traz a essência do pensamento e a experiência do maior expoente mundial do *marketing*.

Neste início do século XXI, a revolução digital pôs uma série de novos recursos nas mãos dos clientes.

Os consumidores têm hoje o que não tinham antes, ou seja, obtiveram ou podem ter:

➡ **aumento** substancial do poder de compra;

➡ **maior variedade de bens e serviços** disponíveis;

➡ **grande quantidade de informações** sobre praticamente tudo;

➡ **maior facilidade em interagir**, fazer e receber pedidos;

➡ **maior capacidade de comprar** impressões e informações sobre produtos e serviços.

A nova economia também forneceu às empresas uma série de novos recursos.

Para começar, elas podem operar um poderoso canal promocional e de novas informações com alcance geográfico maior.

Por meio de um ou mais *sites Web*, a empresa pode apresentar seus produtos e serviços, sua história, sua filosofia empresarial, suas oportunidades de emprego e outras informações de interesse dos acionistas.

Em segundo lugar, as empresas podem coletar informações mais completas e valiosas sobre mercados, cliente atuais ou potenciais e concorrentes.

Ao conduzir pesquisas de *marketing* usando a Internet, os profissionais de *marketing* podem preparar grupos de discussão, enviar questionários e coletar dados primários de outras maneiras.

Em terceiro lugar, as empresas podem usar redes Intranets para facilitar e acelerar a comunicação interna, permitindo a seus funcionários trocar informações, pedir orientação, obter treinamento, manter políticas e manuais internos atualizados e acessar as informações necessárias a partir de fontes internas.

Redes Extranets permitem ainda às empresas unir fornecedores e distribuidores para enviar e receber informações, fazer pedidos e efetuar pagamentos de maneira mais eficiente.

Em quarto lugar, os profissionais de *marketing* podem enviar anúncios, cupons, amostras e informações com eficiência aos clientes que os solicitaram.

Eles também podem proporcionar ofertas, serviços e mensagens para clientes individuais com base nas informações dos bancos de dados internos e em informações suplementares.

Uma vez que todas as empresas compram e vendem, elas podem conseguir economias substanciais ao usar a Intranet para comparar os preços dos produtos e comprar materiais por meio de leilão *on-line* ou propondo suas condições para a compra.

O *marketing* procura identificar as necessidades humanas e sociais e atendê-las.

Uma das definições mais curtas e talvez das mais apropriadas de *marketing* é: "**Atender às necessidades de maneira lucrativa.**"

Assim, as empresas devem monitorar com cuidado seus clientes e concorrentes, aprimorar continuamente suas ofertas de valor, definir cuidadosamente seu mercado-alvo, além de adotar uma visão de curto prazo para satisfazer clientes, acionistas, funcionários, fornecedores e parceiros na rede de distribuição.

Philip Kotler destaca no seu livro: "Os profissionais de *marketing* são aqueles que sabem desempenhar-se bem no *marketing* de dez grupos: bens, serviços, experiências, eventos, pessoas, lugares, propriedades, organizações, informações e idéias."

Assim:

- **Bens** – Os produtos tangíveis constituem de fato a maior parte do esforço de produção e *marketing* na maioria dos países.
- **Serviços** – Entre os serviços que precisam de *marketing* podem-se destacar aqueles prestados pelas empresas aéreas, hotéis, universidades, hospitais, e o pessoal de manutenção e reparo.
- **Experiências** – Um exemplo típico é o de tentar comercializar a ida a um parque de diversões ou a um complexo de atrações como é o caso, digamos, do *Magic Kingdom* do Grupo Disney.
- **Eventos** – Os profissionais de *marketing* também promovem eventos em datas específicas, como as Olimpíadas, o Campeonato Mundial de Futebol, feiras de negócios, espetáculos artísticos, congressos, etc.
- **Pessoas** – O *marketing* de celebridades tornou-se um importante negócio.
  Entre outros profissionais: artistas, músicos, presidentes de empresas e médicos, além de advogados e financistas bem-sucedidos buscam ajuda de empresas especializadas no *marketing* de celebridades.
- **Lugares** – Cidades, Estados, regiões e países competem para atrair turistas, fábricas, sedes de empresas e novos moradores.
  Entre as empresas dedicadas ao *marketing* de lugares estão aquelas especializadas em desenvolvimento econômico, as imobiliárias, os bancos comerciais, as associações empresariais locais e as agências de propaganda e de relações públicas.
- **Propriedades** – Elas são compradas e vendidas por meio de esforços de *marketing* de imobiliárias (para imóveis) e de instituições de investimentos e bancários (para ações e títulos).
- **Organizações** – É necessário trabalhar ativamente para construir uma imagem sólida e positiva das empresas na mente dos clientes, e para conseguir isto recorre-se muito hoje ao seu envolvimento com ações sociais.
  Também as universidades, museus e grupos artísticos buscam reforçar a sua imagem pública a fim de competir com mais sucesso por novos clientes e mais recursos.

➡ **Informações** – Entre as empresas que comercializam informações, além das instituições de ensino estão as editoras de livros, jornais e revistas especializadas, fabricantes de CD-ROMs e *sites Web* na Internet.

A produção, embalagem e distribuição de informações estão entre os principais setores econômicos das sociedades.

➡ **Idéias** – Toda oferta de *marketing* possui uma idéia básica.

Na essência, produtos e serviços são plataformas para a entrega de alguma idéia ou benefício que satisfaça uma necessidade central.

Pois é, quem ler *Marketing Essencial* aprenderá muitos outros processos em detalhes de como ser bom nesses dez grupos de ação, e mais do que isto, ficará atualizado com as mais novas tendências e temas globais, como o desenvolvimento de estratégias, a criação e a gestão de programas eficazes de *marketing* e canais alternativos para atingir o mercado.

Terá assim tudo a fim de evoluir para o patamar de *expert* (especialista) em *marketing*!!!

Oportunidade para se Destacar

"Esta é uma excelente oportunidade, visto que na empresa não seguimos os princípios da Convenção de Genebra de excluir o Felício do nosso meio, pois ele é o responsável pelo declínio dos nossos lucros..."

DEFINIÇÕES CURIOSAS!!!

1. Otimista é todo aquele com pouca experiência.
2. Nostálgico é aquele que acha o passado perfeito e o presente tenso.
3. Anestesista é aquele indivíduo que trabalha meio dormindo tentando manter alguém meio acordado.
4. Para ser ortopedista o indivíduo precisa ser burro e forte e para ser anestesista não precisa ser forte.
5. Ser bem ajustado é estar apto a fazer o mesmo erro anos após anos sem ficar aborrecido com isso...

Certamente, levando em conta esses alertas, o importante é saber aproveitar as oportunidades para acabar ocupando uma posição de destaque na empresa.

Aí vai uma idéia para você se expandir...

O QUE SIGNIFICA ESTAR FUGINDO DA SÍNDROME DE *KOI?*

Um peixe favorito de muitos "colecionadores" é a carpa japonesa, conhecida comumente como *koi*.

O fascinante da *koi* é que ela pode ser mantida em um aquário pequeno, visto que não crescerá mais do que 7,5 cm.

Porém, se a colocarmos em um recipiente maior ou tanque, ela poderá chegar a 25 cm.

Entretanto, se for colocada em um pequeno espelho de água ou laguinho ela poderá se desenvolver até atingir 50 cm de comprimento!!!

Finalmente, se for colocada num lago maior onde pode desenvolver-se por completo, ela às vezes pode crescer até ter quase um metro de comprimento.

Que coisa fantástica!!!

Claro que você já compreendeu a óbvia moral da história, ou seja, o tamanho do peixe está diretamente ligado ao tamanho do recipiente.

É natural que é possível fazer uma analogia comparável com as pessoas.

O nosso mundo é que determina o nosso progresso e o nosso desenvolvimento.

É óbvio que não são as dimensões espaciais que são as mais importantes, mas sim as oportunidades mentais, espirituais e físicas às quais nos expomos.

Dessa maneira, cada um deve entender que o desenvolvimento profissional é algo interior e não externo.

Cada um deve assim dar-se conta de que pode sempre ampliar o que é para ter o que já é potencialmente seu...

A partir da história sobre a carpa *koi* aí vai a idéia de você usar o *Business* Bingo para se tornar uma pessoa **destacada na sua empresa**.

Você costuma dormir, ou pelo menos cochilar um pouco nas reuniões de trabalho, e particularmente naqueles instrutivos *workshops* que a sua empresa organiza durante os fins de semana em algum hotelzinho da periferia, acabando com o seu sábado e o domingo?

Claro que sim, pois já se acostumou a ter tédio durante as conferências, seminários e colóquios para os quais é enviado pela companhia na qual trabalha.

Bem, aí está a solução para o seu problema, que vai torná-lo interessado, atento, motivado e enfim, alegre e participativo.

É o ***Business* Bingo** (veja a Tabela 2).

Você jogando o ***Business* Bingo** resolve o seu problema e certamente vai até ser promovido pelo seu envolvimento em todas as sessões educacionais e de integração as quais a sua empresa o enviar.

Tabela 2 - *BUSINESS* BINGO

Liderança	Trabalho de equipe	Capital intelectual	Processo	Qualidade total	*E-learning*
Estratégia	Nicho	Proativo	Influência	Recurso	*Marketing*
A meu ver	Internet	Finaceiro	Custo	Agregado	Empreendedorismo
Sinergia	Empresa	Sistema	Risco	Otimização operacional	Financeiro
Resultado	Implantação da rede	Rendimento	Focal	Enfoque	Reengenharia
Fase	Valor	Benefício	Responsável	Cronograma	Criatividade
Mentalidade	Bilateral	Base de dados	Desafio	*E-business*	Cliente encantado
Deadline	Gestão	Implementação	Contenção de gastos	Ponto de vista	Inovação

As "regras" para jogar *Business* Bingo são as seguintes:

1. Prepare um quadro como o mostrado na **Tabela 2** antes de começar a reunião, seminário, conferência, etc.
2. Sempre que ouvir a palavra ou expressão contida numa das casas, marque-a.
3. Quando completar um linha, coluna ou diagonal, grite "Bingo!!!"

Veja o depoimento de "jogadores" de outras companhias que praticaram o *Business* Bingo.

➡ "Ganhei o jogo com apenas 5 minutos de reunião!"

➡ "Minha capacidade de concentração aumentou muito desde que comecei a jogar *Business* Bingo."

➡ "O clima da última reunião de diretoria ficou muito tenso, pois 14 pessoas já estavam prestes a preencher a 6ª casa decorridos apenas 15 minutos!"

➡ "O diretor-presidente ficou completamente atônito quando ouviu 8 pessoas gritarem 'Bingo!!!' ao mesmo tempo."

➡ "Agora vou a todas as reuniões da minha empresa, mesmo se não for convocado."

Otimismo

OTIMISMO E REALIDADE

Dennis N. T. Perkins, mestre em Administração de Empresas pela Universidade de Harvard e doutor em Psicologia pela Universidade de Michigan, contando com a colaboração de Margaret P. Holtman, diretora de desenvolvimento de funcionários da Hartford Life, Inc., de Paul R. Kessler, consultor administrativo da Stromberg Consulting, e de Catherine McCarthy, consultora da Organizational Psychologists, L.L.C., escreveram o livro *Liderança no Limite*, que é uma das histórias mais impressionantes de sobrevivência de todos os tempos, uma das mais extraordinárias sagas de lideranças que eles traduziram em um conjunto de estratégias poderosas que podem ser aplicadas por líderes de todas as áreas e segmentos.

Contam os autores que em 3 de agosto de 1913, uma expedição canadense comandada por Vilhjalmur Stefansson partiu para explorar o Ártico, entre as praias do extremo norte do Canadá e o Pólo Norte.

Em 5 de dezembro de 1914, a Expedição Imperial Transantártica – comandada por *sir* Ernest Shackleton – partiu da ilha Geórgia do Sul, no Atlântico Sul.

Seu objetivo era fazer a primeira travessia por terra do continente Antártico.

Ambos os navios, o *Karluk* no norte e o *Endurance* no sul, logo se viram cercados por gigantescos blocos de gelo.

Aprisionados pelo gelo, cada integrante da tripulação logo engajou-se na luta pela sobrevivência.

Porém os desfechos dessas duas aventuras e a forma como cada líder superou os obstáculos com os quais se deparou foram antagônicos tanto quantos os Pólos que decidiram explorar.

Ao norte, a tripulação do *Karluk* transformou-se nos meses seguintes em um bando de indivíduos egoístas e desunidos.

Mentir, trapacear e roubar eram comportamentos comuns.

A desagregação da equipe teve conseqüências trágicas para seus onze membros, que morreram no inóspito Ártico.

No sul gelado, uma parte da história do *Endurance* não poderia ter sido muito diferente.

A expedição de Shackleton enfrentou os mesmos problemas de gelo, frio e escassez de comida e suprimentos.

Porém, a resposta de sua tripulação a essas condições congelantes foi, em praticamente todos os aspectos, totalmente inversa à do *Karluk*.

Trabalho em equipe, companheirismo e um surpreendente ânimo substituíram a mentira, a trapaça e o egoísmo predatório.

É como se o *Endurance* tivesse existido não apenas em uma região polar diferente, mas em um universo paralelo, oposto.

É muito interessante buscar os fundamentos de liderança em histórias de grupos submetidos ao extremo da resistência humana, ou seja, analisar o comportamento de seres humanos no **limite**.

Um limite constituído de duas dimensões: o **limite de sobrevivência**, ou melhor, aquele da resistência e da superação humanas e o **limite de desempenho,** aquele do potencial humano individual e organizacional.

Os desafios organizacionais contemporâneos não são, naturalmente, iguais às situações de extremo risco que viveram as tripulações do *Karluk* e do *Endurance*.

Mas com freqüência observam-se pessoas reagindo a eventos cotidianos como se fossem questões de vida ou morte.

Os desafios que você enfrenta como líder podem não envolver sobrevivência física, mas você precisará lidar com as reações humanas comuns a qualquer situação de estresse.

➡ Quais são, portanto, os fatores críticos que determinam o sucesso no **limite**?

➡ Quais são os elementos essenciais que tornaram o desfecho da expedição do *Endurance* tão diferente da do *Karluk*?

Claro que houve diversas forças que afetaram o final dessas duas histórias: o clima, as condições do gelo e até mesmo a sorte.

Mas a sorte de Shackleton não se limitou a um acaso do destino.

Ele enfrentou uma boa carga de azar também, logo no início da aventura.

Entretanto, seguramente foram as estratégias de liderança que permitiram à tripulação de Shackelton superar as dificuldades encontradas. As lições imediatas que deu sir Ernest Shackelton com a sua liderança são as seguintes:

1. Nunca perca de vista a meta final e concentre a energia em objetivos de curto prazo.
2. Crie um exemplo pessoal visível com simbolismos e comportamentos memoráveis.
3. Espalhe otimismo e autoconfiança, mas não fuja da realidade.
4. Cuide-se: mantenha sua energia e não se culpe.
5. Reforce a mensagem de equipe constantemente: **"Somos um só – vivemos e morremos juntos."**
6. Minimize as diferenças de *status* e insista na cortesia e no respeito mútuos.
7. Administre os conflitos; lide com a raiva em pequenas doses, engaje dissidentes e evite brigas de poder desnecessárias.
8. Encontre algo para celebrar e algo para rir.
9. Esteja disposto a assumir grandes riscos.
10. **Nunca desista – sempre existe uma outra saída!!!**

Percebe-se imediatamente que as dez estratégias estão fortemente interconectadas.

Uma única ação de liderança pode incluir várias estratégias, da mesma forma que um atleta pode empregar diversas técnicas como equilíbrio, foco ou relaxamento dinâmico para lançar, rebater uma bola ou fazer um gol.

A SAGA DE SHACKLETON

A história da expedição de Shackleton descreve uma das aventuras mais interessantes da exploração polar.

Fala sobre um líder e um grupo de exploradores que resistiram a condições de extrema adversidade e privação.

Para auxiliá-lo a ambientar-se no cenário tente lembrar, caro(a) leitor(a), do momento mais frio e terrível de toda a sua vida.

Agora, com essa sensação, imagine alguém dizendo: "Você vai viver nestas condições durante os próximos 634 dias.

Você perderá totalmente o contato com o resto do mundo; sua família não terá a menor idéia se você está vivo ou morto e a fome o levará ao ponto de inanição."

Se você conseguir evocar essa sensação de frio e desolação, terá uma pálida noção das condições enfrentadas por Ernest Shackleton e pelos membros de sua Expedição Transantártica.

A aventura começou com um anúncio, talvez apócrifo, publicado nos jornais londrinos: "Procuram-se homens para uma viagem perigosa.

Baixa remuneração, frio intenso, longos meses na mais completa escuridão, risco constante, retorno duvidoso.

Honra e reconhecimento em caso de sucesso."

➡ Quem no mundo seria voluntário para uma viagem como essa?

Surpreendentemente, milhares de candidatos e exploradores apresentaram-se para participar da expedição de Shackleton.

➡ Mas para o que eles estavam sendo recrutados?

A missão de Shackleton era realizar a primeira travessia por terra do continente Antártico.

Ele tinha um plano e uma visão clara de como concretizá-la.

Shackleton pretendia navegar de Londres a Buenos Aires e depois até a ilha Geórgia do Sul.

Em Geórgia do Sul, a expedição entraria no mar de Weddell, atravessaria a Antártida e sairia do outro lado, onde o navio estaria esperando.

Com base em seus cálculos de tempos e distâncias, Shackleton acreditava que a viagem seria concluída em 120 dias.

Atravessar a Antártida seria uma empreitada formidável.

Que tipo de pessoa tentaria uma façanha como essa?

Ernest Shackleton acreditava ser a pessoa ideal para isso.

Shackleton era um explorador que já se tornara famoso na Inglaterra em 1909, quando chegou a cerca de 150 quilômetros do Pólo Sul, mas teve que voltar devido à exaustão e escassez de alimentos.

Nessa expedição, em um gesto típico, ele deu um de seus últimos biscoitos para um companheiro, Frank Wild.

O Pólo Sul foi alcançado em 1911 pelo norueguês Roald Amundsen, e depois, no início de 1912, pela desafortunada expedição de Robert Falcon Scott.

Ninguém, entretanto, havia atravessado o continente até 1914, que permanecia como uma fronteira da exploração.

Shackleton ansiava por um desafio e essa era uma das poucas arenas restantes em que ele podia testar suas competências.

Frank Wild e Ernest Shackleton selecionaram outros 25 exploradores para a expedição.

Complexo e diversificado, o grupo era composto por homens com os mais variados temperamentos, personalidades e qualificações técnicas, incluindo medicina, navegação, marcenaria e fotografia.

A equipe também variava quanto à classe social, de professores universitários a pescadores, e com relação à idade.

O mais velho, o carpinteiro McNeish, tinha 57 anos.

Oficialmente contabilizados como 27, os tripulantes eram de fato 28, incluindo Blackborow, o clandestino.

Quando Shackleton descobriu que havia um intruso a bordo, ficou furioso e declarou: "Se a comida acabar e tivermos de comer alguém, você será o primeiro."

A despeito desse princípio nefasto, Blackborow foi integrado como membro da expedição.

Shackleton também defrontou-se com a tarefa de encontrar um navio seguro para transportá-los ao sul.

Ele escolheu um navio de três mastros, que chamou de *Endurance* (perseverança) em referência ao lema de sua família: *fortitudine vincimus* (com persistência venceremos).

Construído por um famoso estaleiro norueguês, o navio era movido a vela e a vapor.

O *Endurance* foi projetado especificamente para viagens polares, utilizando uma madeira cuidadosamente selecionada para suportar colisões com o gelo.

Entretanto, ao contrário dos modernos navios quebra-gelo, o *Endurance* **não foi desenhado para mover-se sobre o gelo**, mas construído com a quilha em forma de V.

No final de agosto de 1914, o navio zarpou sob o comando de Frank Worsley, sem Shackleton, que ficou para levantar fundos.

Shackleton juntou-se à expedição em Buenos Aires e de lá rumaram para Grytviken, uma estação baleeira na acidentada ilha Geórgia do Sul.

Em 19 de janeiro de 1915 – quarenta e cinco dias após deixar a ilha Geórgia do Sul – foram atingidos pela catástrofe.

O gelo do mar de Weddell fechou-se em torno do *Endurance* como uma morsa.

A expedição ficou aprisionada a 150 km do continente Antártico.

Trabalhando com picaretas, serrotes e outras ferramentas, a expedição fez duas tentativas para abrir caminho.

Na primeira vez, com as velas içadas e os motores a todo vapor, a tripulação tentou durante horas, **mas não conseguiu se libertar!!!**

Na segunda tentativa, trabalhando das oito da manhã até a meia-noite, avançaram 136 metros.

Porém continuavam irremediavelmente presos.

O mar congelado impedia que as ferramentas abrissem uma passagem e o *Endurance* ficou aprisionado.

Em 24 de fevereiro, foram suspensas as tentativas de romper o gelo e a tripulação resignou-se a passar o inverno a bordo.

Os homens instalaram-se em uma área de armazenagem mais quente entre um convés e outro, que chamaram de *Ritz*.

Suas únicas diversões eram um fonógrafo e Leonard Hussey, o geólogo, que tocava seu banjo e um violino de fabricação caseira.

Seria difícil imaginar um cenário mais frio e desolador.

Nessas condições extremas, os membros da expedição tornaram-se mais unidos do que nunca.

➡ **Como isso aconteceu?**

Provavelmente devido à habilidade de Ernest Shackleton de gerenciar de maneira dinâmica os vários conflitos com a sua tripulação.

Ele soube como tomar decisões que permitiram garantir a coesão da equipe.

Acima de tudo, enquanto o *Endurance* permanecia seguro sobre o gelo, ele manteve a tripulação bastante ocupada até o final de julho de 1915.

A essa altura, no auge do inverno antártico, ventos fortes aumentaram a pressão do gelo.

O navio adernou, as bombas do porão começaram a falhar, a água invadiu e em seguida a popa foi lançada seis metros para cima.

Conforme o gelo empurrava incessantemente o casco, a sensação de segurança tanto da madeira como da tripulação do *Endurance* começou a ruir.

O 327º dia da expedição – 27 de outubro de 1915 – marcou o fim do *Endurance*.

Os mastros desabaram e rombos foram abertos no casco à medida que fragmentos de gelo despedaçavam as fortes toras de madeira.

Frank Wild deu uma última volta pelo navio agonizante e descobriu dois tripulantes no castelo de proa dormindo profundamente, após o exaustivo trabalho nas bombas do porão.

"Rapazes, está afundando", disse ele; "Acho que é hora de sairmos."

Imagine-se no lugar de Shackleton.

Seu navio foi destruído e você está a 550 quilômetros do posto de suprimentos mais próximo da ilha Paulet.

Você tem botes salva-vidas e trenós, mas eles pesam quase meia tonelada.

E agora?

Percebendo que era inútil continuar, os homens encontraram uma banquisa grande, com cerca de 800 metros de diâmetro, montaram um acampamento e tomaram uma decisão.

Concordaram em ficar na banquisa até que as correntes os aproximassem mais da ilha Paulet.

Permaneceram no acampamento de 30 de outubro de 1915 até o final de dezembro.

Até esse momento, a liderança de Shackleton havia mantido a equipe intacta.

Agora, entretanto, já se passara um ano desde a sua partida da ilha Geórgia do Sul.

O moral estava compreensivelmente baixo e Shackleton sabia que era preciso fazer alguma coisa para combater esse crescente estado de espírito.

No 384º dia, embora ainda estivessem longe do mar, tentaram novamente arrastar os botes pelo gelo até uma abertura do mar.

A segunda caminhada não obteve mais sucesso do que a primeira e criou o ambiente para o que chamaram de "motim de um único homem".

McNeish, o carpinteiro, recusou-se a continuar.

Argumentou que o contrato que havia assinado especificava servir **"a bordo"**, e como o *Endurance* afundou, não se aplicava mais, a despeito de uma cláusula especial que o obrigava a "desempenhar qualquer tarefa a bordo, nos botes ou na costa".

McNeish não desistiu.

Desafiou as ordens de avançar e Shackleton foi chamado, debelou o motim e permitiu que a expedição prosseguisse.

No início de abril, o diâmetro da banquisa havia diminuído de 800 para 180 metros.

Com a banquisa literalmente rachando debaixo deles, os homens queriam lançar os barcos. Mas sabiam que abandonar a banquisa prematuramente seria um desastre: o gelo instável poderia fechar-se destruindo os barcos e sua única possibilidade de sobrevivência.

Finalmente, em 9 de abril (491º dia), o banco de gelo se abriu e os barcos foram lançados. Os homens dividiram-se nos três barcos e remaram com toda a sua força para chegar ao mar.

A temperatura estava tão baixa que quando as ondas quebravam sobre os barcos, a água congelava instantaneamente suas roupas.

Os homens esvaziavam o barco vigorosamente, mas a água subiu rapidamente até seus tornozelos e depois joelhos.

Blackborow, que usava botas de couro, logo parou de sentir os pés.

Devido à mudança dos ventos e das correntes o grupo foi forçado a alterar seu rumo quatro vezes durante a viagem de cinco dias e meio.

Finalmente encontraram alívio em um montanhoso e inóspito pontinho de terra chamado ilha do Elefante.

A praia tinha apenas 30 metros de extensão por 15 de largura, mas pela primeira vez em 497 dias eles estavam em terra firme.

Havia apenas um pequeno suprimento de comida na ilha – uns poucos pingüins, algumas gaivotas, mariscos e alguns elefantes marinhos.

A possibilidade de resgate era remota e outra decisão deveria ser tomada: ficar e esperar por um eventual resgate, ou navegar em busca de ajuda?

E navegar para onde?

Shackleton decidiu que parte da tripulação buscaria ajuda.

Escolheu o *James Caird*, o barco salva-vidas mais apropriado e tentou transformá-lo em uma embarcação que sobrevivesse à viagem.

Embora encrenqueiro, McNeish era um carpinteiro muito habilidoso e criativo.

Otimismo **173**

A forma engenhosa como construiu o convés e equipou o barco para essa viagem arriscada provou-se inestimável.

Shackleton selecionou cinco membros da expedição para acompanhá-lo.

Após um desjejum de despedida, todas as mãos se uniram para lançar o *James Caird* ao mar no 506º dia.

Em 10 de maio de 1916, os marinheiros exaustos avistaram a ilha Geórgia do Sul.

Enquanto atracavam, o leme do *James Caird* despencou, mas no final da tarde Shackleton e seus companheiros estavam na ilha de onde haviam partido 522 dias antes.

A chegada a salvo era a boa notícia.

A má notícia é que estavam do lado errado da Geórgia do Sul, uma ilha repleta de geleiras perigosas e inexploradas.

Shackleton e outros dois homens em melhores condições de caminhar prosseguiram por terra até a estação baleeira de Grytviken, na baía de Stromness.

Foram três dias e três noites de incontáveis riscos e desafios físicos para alcançar a estação.

Shackleton fez de tudo para ajudar o resto da sua tripulação.

Não obteve sucesso nas três primeiras tentativas com navios diferentes.

Conseguiu na quarta tentativa, no final de agosto, 128 dias após o lançamento do *James Caird*.

A escolha do momento apropriado foi providencial: o banco de gelo se abriu por apenas algumas horas, o tempo exato para levar o barco ao mar e concluir o resgate.

A última anotação do diário do capitão Worsley diz: **"Salvos! 30 de agosto de 1916. Todos bem! Enfim! A todo vapor."**

Com essa anotação a saga de Ernest Shackleton e dos homens da Expedição Transantártica terminou 634 dias após a sua partida da Geórgia do Sul.

Sir Edmund Hillary, a primeira pessoa a escalar o monte Everest e a atravessar a Antártida com sucesso escreveu mais tarde: "Quando estiver em meio a uma catástrofe e perder a esperança, ajoelhe-se e reze para Shackleton, pois assim sem dúvida nenhuma estará invocando o surgimento de muito otimismo e autoconfiança!!!"

Sagacidade, competência comercial e fortes habilidades interpessoais são qualidades essenciais de liderança.

Mas se existe uma qualidade diferencial no **limite**, é a de **permanecer otimista** diante da adversidade extrema.

É a capacidade de considerar perspectivas impossíveis, de acreditar que ainda é possível vencer e convencer os outros de que você está certo.

Alguns críticos poderão dizer que o infortúnio de Shackleton deveu-se a seu otimismo exagerado e que ele jamais deveria ter se aventurado.

Afinal, na estação baleeira o avisaram de que as condições do gelo eram críticas e mesmo assim ele decidiu prosseguir, quando o mais prudente seria voltar.

Entretanto, o fato é que a expedição foi capaz de superar obstáculos gigantescos em grande parte devido ao otimismo obstinado de Shackleton – e à extraordinária capacidade de transmitir sua visão positiva para os outros.

Antes de incutir otimismo nos outros, você precisa encontrá-lo em si próprio.

O lema da família Shackleton – *fortitudine vincimus* (com persistência venceremos) – somou-se à sua personalidade de explorador.

Sua característica de perseverança era mais do que uma herança familiar.

Era uma qualidade que ele trabalhava para desenvolver.

Shackleton via o mundo de forma invariavelmente otimista.

Em sua primeira expedição ao Pólo Sul, quando a jornada foi interrompida por uma tempestade de neve, passava o tempo lendo a *Origem das Espécies* de Charles Darwin.

Adotou o princípio de Darwin de que a seleção natural leva à perfeição e sentia-se bem disposto apesar da sua saúde precária.

O otimismo pode não ser uma atitude natural para todas as pessoas, mas há razões para acreditar que podemos aprender e aprimorar muito.

A chave está no diálogo interior, geralmente despercebido, travado praticamente o tempo todo no íntimo de todas as pessoas.

A forma de desenvolver um espírito otimista é enviar constantemente mensagens positivas que abafam as vozes de desestímulo e de pessimismo.

O psicólogo Martin Seligman foi o pioneiro de uma abordagem sistemática que ele chamou de **"aprendizagem do otimismo"**.

Seligman estudou os efeitos do diálogo interior otimista, ou "estilo explanatório", em condições reais que incluíam vender seguros para poder sobreviver ao primeiro ano da academia militar de West Point.

Sua conclusão foi que os otimistas se saem melhor do que os pessimistas e seu índice de sucesso é superior ao previsto por dados objetivos.

Seligman salienta que quem usar o seu modelo ABCDE, obterá melhores resultados quanto ao otimismo do que simplesmente enviar mensagens positivas.

Seu processo envolve cinco conceitos e ações relacionadas:

1. *Adversity* (adversidade)
   Identifique a adversidade que encontrou. Por exemplo, uma falha do computador no meio de um projeto importante.
2. *Beliefs* (convicções)
   Analise o que você pensa sobre algum evento ou fato, isto é, estabeleça a sua interpretação.
   Por exemplo, que nunca conseguirá terminar o relatório até segunda-feira.
3. *Consequences* (conseqüências)
   Reconheça as conseqüências da sua interpretação.
   Por exemplo, que você se sente desencorajado.

4. _Dispute_ (debate)

Conteste o pensamento negativo com um argumento sólido com base em evidências.

Por exemplo, que você superou outras catástrofes tecnológicas com persistência.

5. _Energy_ (energia)

Gere a energia e o espírito necessários para superar a adversidade.

Por exemplo, sentindo-se mais relaxado e confiante de que poderá lidar com o problema e terminar o relatório.

Shackleton fez muito mais do que cultivar o otimismo em si próprio.

Ele foi capaz de comunicar sua visão positiva de forma a ter uma influência profunda em cada membro da expedição, inclusive nos cínicos.

A personalidade essencialmente entusiasmada de Shackleton era uma força contagiosa que simplesmente contaminava os outros.

Ele acreditava no sucesso com tanta veemência, que era impossível não aderir ao seu prognóstico animador.

Ele mantinha o grupo ocupado, como foi o caso de uma discussão intensa – surpreendentemente – sobre a perspectiva de uma expedição ao Alasca.

Para um grupo aprisionado no meio do Antártico congelado, a idéia de uma outra empreitada polar poderia parecer absurda.

Mas a perspectiva ofereceu uma alternativa engajadora para postergar suas dificuldades ou pensar nos perigos potenciais que tinham pela frente.

Planejar uma expedição para o Alasca foi claramente um método para entreter a expedição durante as longas horas vazias.

Nesse sentido, foi uma "distração engajadora".

Mas foi mais do que isso.

Proporcionou um foco futuro e uma promessa de que haveria outras aventuras – com a implicação óbvia de que superariam a dificuldade atual.

A insistência de Shackleton no lema "vocês têm de ser extremamente otimistas" era uma de suas qualidades mais admiráveis.

Entretanto, o otimismo infindável que Shackleton demonstrava também tinha seu preço.

Havia ocasiões em que esse enfoque singular parecia cegá-lo para a realidade e criava desavenças entre a tripulação.

Em uma dessas ocasiões, Shackleton entrou em conflito com sua tripulação quanto à reserva de suprimentos.

O primeiro oficial Greenstreet estava convencido de que a expedição devia preparar-se para uma estada prolongada no gelo.

Shackleton, por seu turno, acreditava que provisões para um mês eram suficientes e contentava-se quando um grupo de caça retornava com quatro focas.

Porém ele soube que o grupo havia matado outras três e **recusou-se** a permitir que as focas adicionais exterminadas fossem trazidas para o campo!?!?

Greenstreet escreveu: "A escassez de alimentos atual deve-se exclusivamente à recusa do chefe em aceitar focas adicionais no passado... seu otimismo sublime...é, em minha opinião, absoluta estupidez."

Shackleton era um otimista inveterado e ficou irritado com a declaração de Greenstreet, interpretando o comportamento do primeiro oficial como um ato de deslealdade.

Se isso tivesse se tornado um hábito – se Shackleton tivesse rejeitado invariavelmente a visão dos outros sobre a realidade –, provavelmente teria perdido a confiança da expedição.

Ser um líder eficaz em situações críticas significa ter uma visão otimista e, ao mesmo tempo, lidar com a dura realidade.

Essa dualidade é sempre difícil de alcançar.

Ninguém quer ouvir notícias ruins quando está sob estresse.

Porém recusar-se a ouvir pontos de vista contrários aos seus pode ter conseqüências desastrosas.

A lição, portanto, é bem clara.

Resista à tentação de excluir idéias contrárias.

Não fuja da realidade.

Encontre pessoas que lhe contem a verdade e recompense-as por isso.

Seja como o magnata do cinema Samuel Goldwyn Jr. que dizia: **"Não quero nenhum puxa-saco à minha volta. Quero que me falem a verdade, mesmo que custe seus empregos."**

O CAMPEÃO DA LUTA PELA PAZ: KAROL WOJTYLA

Quando o escolhido para ser o 264º papa foi anunciado no dia 16 de outubro de 1978, os presentes na Praça São Pedro perguntaram uns aos outros: **"Quem é?"** Ninguém havia compreendido nem o nome que foi dito. Dono de um sobrenome de difícil pronúncia para os brasileiros (e os latinos em geral...), o cardeal Karol Wojtyla era também um arcebispo polonês **quase desconhecido** além dos círculos eclesiásticos da sua nação.

Em frente a uma multidão atônita com a eleição do primeiro papa não-italiano em 500 anos, um robusto cardeal de 58 anos com olhos muito claros e traços marcadamente eslavos fez sua primeira declaração pública como chefe da Igreja Católica: "Não tenham medo", foram as primeiras palavras do papa.

Entretanto, aquela era uma época em que existiam muitas razões para temer.

Dividido pela Guerra Fria, o mundo vivia sob a ameaça de uma hecatombe nuclear alimentada pelas superpotências militares, ou seja: os Estados Unidos e a União Soviética.

A Igreja enfrentava uma das maiores crises de sua história.

O Concílio Vaticano II, realizado entre 1963 e 1965, havia mudado quase tudo: da forma de celebrar a missa à relação com outras religiões.

Convocado em 1962 pelo papa João XXIII, o concílio foi marcado pelo otimismo crédulo em relação ao futuro da década de 60. As igrejas estavam vazias e as disputas entre grupos religiosos dentro da própria Igreja Católica estavam ficando cada vez mais inconciliáveis, evidenciando que o catolicismo **parecia estar condenado a tornar-se irrelevante!!!**

O fato é que nos seus quase 27 anos comandando a Igreja Católica, o cardeal Karol Wojtyla, sob o nome de João Paulo II, deixou sua marca.

Entre outras realizações, foi sem dúvida um dos principais artífices da **queda do comunismo** e fez o catolicismo entrar no terceiro milênio, se não livre de crises, **ao menos vivo e atuante**.

Pois é, esse aparentemente desconhecido religioso polonês do fim dos anos 70 do século XX, morreu como uma das figuras mais reconhecíveis de todos os tempos graças ao uso da mídia eletrônica e de gestos, como beijar o chão dos países que ele visitou.

Aliás, o papa João Paulo II revelou-se um mestre no uso do *marketing* em favor da Igreja Católica.

Também ninguém deve achar que João Paulo II era um principiante para lidar com situações complexas quando subiu ao trono do apóstolo Pedro.

Nascido na Polônia em 18 de maio de 1920 na pequena cidade de Waldowice, Karol Jósef Wojtyla sofreu na própria pele a influência dos dois maiores – **e talvez mais catastróficos** – experimentos ideológicos da humanidade: o nazismo e o comunismo.

O pai de Karol era um oficial reformado do exército polonês, um católico praticante e de hábitos reservados.

Sua mãe, Emília, era uma dona de casa de saúde frágil, melancólica, que se conformou com a morte de uma filha recém-nascida, em 1914.

Sua infância e juventude foram marcadas pela tragédia familiar.

Em 1929, pouco antes de completar o nono aniversário, ele perdeu a mãe, vítima de uma doença nos rins.

Seu irmão mais velho, Edmund morreria dois anos depois com escarlatina.

A morte de seu pai, Karol Wojtyla, ocorreu algumas semanas antes de Karol Jósef completar 22 anos, levando-o a uma profunda sensação de solidão.

O homem que se tornaria um dos mais dogmáticos defensores da família não tinha mais nenhum parente próximo!!!

Quando os alemães invadiram a Polônia em 1939, dando início à 2ª Guerra Mundial, Karol Wojtyla era um estudante de Filosofia e Letras.

Esportista e ator amador, Karol Wojtyla foi obrigado a trabalhar como operário para evitar a extradição e os trabalhos forçados na Alemanha.

Quando decidiu ser padre, teve de estudar em um seminário clandestino.

Terminada a Guerra em 1945, a Polônia caiu na esfera de influência da União Soviética, que não tardou muito para impingir aos poloneses o regime comunista.

Sob severa restrição à liberdade religiosa, Karol Wojtyla ordenou-se padre, bispo, e finalmente, arcebispo de Cracóvia.

Nessa condição tornou-se peça-chave na montagem do sindicato Solidariedade, em 1970.

Fortemente católica e anticomunista, a organização estaria na linha de frente da derrubada do comunismo em 1989.

O principal desafio de João Paulo II foi o de conseguir reconciliar as várias frentes que se criaram no Concílio Vaticano II e foram se radicalizando na década de 70.

De um lado estavam os ultraconservadores, que rejeitavam as decisões do Concílio, e de outro, os vários progressistas que no Concílio Vaticano II viam apenas o início de uma transformação a ser levada o mais longe possível.

Na Europa fortalecia-se o grupo dos liberais preocupados com questões morais, e na América Latina alastrava-se o movimento dos teólogos da Libertação que sonhavam com a "revolução" na Igreja Católica.

Os liberais da Europa e dos EUA desejavam o fim do celibato dos sacerdotes, a ordenação de mulheres e a aceitação do sexo fora do casamento, do homossexualismo, dos métodos contraceptivos artificiais e do aborto.

Aliás, em sua primeira viagem aos EUA, em 1979, o papa João Paulo II foi confrontado com uma pesquisa que mostrava que a maioria dos norte-americanos estava a favor de todas essas teses.

"**A Igreja não é uma instituição democrática**", respondeu candidamente o papa.

Porém, o forte ponto de contato entre o papa e o ideário dos países do Primeiro Mundo, liderados pelos americanos, foi o **anticomunismo**.

Entretanto o papa não acreditava em nenhum "fim da história" com a substituição do mundo bipolar da Guerra Fria por um mundo atrelado igualmente ao modelo de liderança plena dos EUA.

Assim, na Encíclica Centésimo Ano, de 1991, sobre problemas sociais disse João Paulo II: "A crise do marxismo não elimina as situações de injustiça e de opressão no mundo, das quais o próprio marxismo, instrumentalizando-as, está tirando a sua sustentação."

Isolado pelos líderes ocidentais após o fim da Guerra Fria, o papa não teve o menor constrangimento em aliar-se a um dos mais polêmicos regimes do planeta, o da República Islâmica do Irã.

Na Conferência da Organização das Nações Unidas (ONU) sobre o aumento da população mundial, no Cairo em 1994, a delegação do Vaticano e a dos aiatolás iranianos trabalharam juntas para impedir que constasse do documento final a aceitação de diferentes tipos de família, irritando tremendamente os *lobbies* dos homossexuais, assim como os simpatizantes do aborto, enfurecendo com isto intensamente os grupos feministas.

Homossexuais e feministas foram sempre os responsáveis pelos protestos mais ruidosos durante as visitas do papa, especialmente a países do Primeiro Mundo.

Isto porém não diminuiu de forma alguma a sua enorme popularidade nessas aparições públicas.

Nas suas viagens internacionais que ultrapassaram uma centena de lugares tão diferentes como a Lituânia, país báltico com quase 100% de católicos, e Coréia do Sul, no Extremo Oriente, com pouco mais de 5% de católicos em sua população, o papa João Paulo II atraiu multidões.

Mas nenhuma se compara à que visitou Roma ao longo do jubileu do ano 2000 quando mais de 25 milhões de pessoas procuraram ver o papa!!!

Realmente João Paulo II foi um *globe-trotter*, ou seja, o papa que mais viajou na história da Igreja Católica, percorrendo 1.247.613 quilômetros, com 104 viagens para 132 países.

Suas estadas fora do Vaticano somaram dois anos e três meses.

Aos repórteres, uma vez João Paulo II disse: "O papa não pode ficar prisioneiro do Vaticano.

Quero ir a todas as pessoas, dos nômades das estepes aos monges e freiras em seus conventos.

Quero atravessar a soleira de cada lar."

Suas peregrinações, marcadas pelo gesto de beijar a terra ao descer do avião, trouxeram-no três vezes ao Brasil, onde regozijou os fiéis com sua fluência em português, uma das mais de dez línguas que dominava.

Nas duas primeiras viagens ao Brasil, respectivamente em 1980 e 1991, o papa percorreu o País de norte a sul, visitando 23 cidades, todas capitais de Estados, com exceção apenas de Aparecida, no Estado de São Paulo, onde consagrou o Santuário Nacional de Nossa Senhora Aparecida, dando-lhe o título e os privilégios de basílica.

Na sua 2ª visita ao Brasil, o papa João Paulo II cumpriu uma maratona de dez dias comparecendo a cerimônias e concentrações o que lhe custou caro pois já era então um homem de 71 anos com problemas de saúde e que já não tinha o mesmo vigor das primeiras viagens.

Ele não disfarçava o cansaço, e parecia cochilar durante as celebrações, embora ainda fosse capaz, vez ou outra, de interromper os discursos para improvisar uma brincadeira ou questionar os fiéis.

Foi aliás o que fez em Salvador, na sua última peregrinação da 2ª viagem, ao receber 2.500 crianças na ladeira da Igreja do Senhor do Bonfim.

"O papa deve chorar?", perguntou João Paulo II no palanque, comovido com a canção *Amigo*, de Roberto Carlos.

"Não", respondeu a criançada em coro.

"Mas o papa está chorando em seu coração", insistiu João Paulo II, sem esconder as lágrimas que lhe molhavam o rosto de verdade.

Realmente, Karol Wojtyla se emocionou com os meninos e meninas de rua que gritavam o seu nome, rindo e chorando com ele!!!

A terceira viagem, em outubro de 1997, restringiu-se ao Rio de Janeiro, sede do 2º Encontro Mundial do Papa com as Famílias.

Rio de Janeiro, Brasília e Salvador foram as três únicas cidades brasileiras que entraram duas vezes no seu roteiro.

Ao falar para 190 delegações de 76 países durante um congresso internacional de teologia no Riocentro, o papa condenou o aborto, o divórcio e a infidelidade conjugal, destacando-os como os três males da sociedade moderna.

No último dia dessa 3ª visita, a missa no Aterro do Flamengo foi assistida por cerca de dois milhões de pessoas que rezaram e cantaram no mesmo cenário de 1980.

Roberto Carlos subiu ao altar para cantar o seu maior sucesso, *Nossa Senhora*, e reprisou *Jesus Cristo*, a canção de que o papa tanto gostara em sua primeira viagem ao Brasil.

Foi a apoteose da segunda passagem de João Paulo II pelo Rio de Janeiro.

O século XXI começou sob a ameaça do terrorismo em larga escala e aí o papa teve a maior oportunidade para mostrar que era um **grande guerreiro a favor da paz**.

Depois do ataque ao World Trade Center em Nova York, e ao Pentágono em Washington em 11 de setembro de 2001 pela Al Qaeda, os EUA se lançaram na guerra ao terror.

A única superpotência no mundo lançou-se à defesa de seus interesses por meio de armas.

O devoto cristão George W. Bush, presidente dos EUA, encontrou no papa João Paulo II um ferrenho opositor à política bélica norte-americana.

Em vão o papa insistiu na busca de soluções negociadas para a crise do Iraque.

Num esforço final para impedir a guerra no Iraque em 2003, João Paulo II recebeu Tareq Aziz, assessor de Saddam Hussein, tentando intermediar um acordo para evitar a guerra que acabou ocorrendo mesmo assim.

Em agosto de 2002, apesar de já estar com a saúde debilitada, o papa fez a sua nona e última viagem à Polônia, visitando especialmente a região da Cracóvia.

O papa João Paulo II, que conseguiu dar uma outra feição aos últimos 25 anos do século XX, viu o século XXI começar com muitos problemas: não conseguiu impedir as várias guerras promovidas principalmente pelos EUA, testemunhou o escândalo de padres pedófilos nos EUA, e não conseguiu convencer a União Européia a mencionar o cristianismo em sua Constituição.

Foram muitos os méritos de João Paulo II enquanto esteve no comando da Igreja Católica.

Assim ele pôs em ordem as conturbadas finanças do Vaticano.

Esse foi um processo longo e difícil.

João Paulo II foi atropelado pelos problemas financeiros logo no início do seu mandato, em 1978.

Em crise no início dos anos 80, o Banco Ambrosiano, que tinha o Banco do Vaticano como um de seus acionistas, quebrou em 1982.

O caso ganhou contornos dramáticos com a morte – muitos dizem assassinato – de Roberto Calvi, presidente do Ambrosiano, encontrado enforcado sob uma ponte em Londres.

As investigações apontaram uma série de ligações, mal explicadas até hoje, entre o Banco Ambrosiano, o Vaticano, a loja maçônica P2 e até a máfia italiana, em operações de lavagem de dinheiro.

Devido a esses escândalos, em meados dos anos 80 católicos dos EUA e da Alemanha, os países que mais contribuem financeiramente para a Igreja Católica, ameaçaram interromper essa contribuição caso não houvesse uma reforma na gestão financeira.

Apesar da resistência do Vaticano, essa reforma ocorreu e o cardeal americano Edmund Szoka, de Detroit, em 1990 assumiu a Prefeitura dos Assuntos Econômicos da Santa Sé, e o banqueiro italiano Angelo Caloia tornou-se no mesmo ano presidente do Banco do Vaticano, ou seja, do Instituto para as Obras Religiosas.

Como resultado desse "choque" na gestão financeira, ordenado pelo papa João Paulo II e bem executado pelo cardeal Szoka e pelo banqueiro Caloia, o Vaticano teve em 1994 um *superávit* operacional; **isso aconteceu pela primeira vez nos últimos 22 anos!?!?**

Essa situação perdurou até 2001, quando o Vaticano voltou a ter um *déficit* de US$ 3,06 milhões.

Em 2002 também houve déficit.

Os dados divulgados em 2003 também indicavam um déficit de € 9,6 milhões sobre uma receita de € 204 milhões.

Atualmente o Vaticano, a despeito de não fazer parte da União Européia, adota o euro, moeda oficial da Itália.

A piora na situação financeira nos últimos anos foi atribuída a ganhos menores no mercado financeiro.

Estima-se que o Vaticano tenha ao menos US$ 1 bilhão em aplicações.

Aliás, esse dado não é divulgado, e existem estimativas que esse valor é bem maior...

Na realidade, a contabilidade do Vaticano não é muito transparente, pois as suas aplicações não são conhecidas e o incalculável patrimônio da Igreja Católica (obras de arte como a *Pietà*, de Michelangelo, e milhares de outras), considerado como invendável, é contabilizado ao valor de € 1 no seu balanço!?!?

Em recente entrevista à revista *BusinessWeek*, o cardeal Edmund Szoka apresentou uma versão completamente diferente: "Quando cheguei ao Vaticano havia muita conversa sobre a grande riqueza da Igreja Católica.

Trabalhei muito para desfazer esse mito.

A Santa Sé teve déficit de 1970 a 1992.

Estamos convivendo com um orçamento muito apertado.

Porém a Santa Sé tem atualmente mais transparência que muitas empresas particulares."

Apesar das insinuações de possuir contas secretas e de aplicações que não são conhecidas do público, João Paulo II tirou as finanças do Vaticano do vermelho e dos escândalos financeiros...

Normalmente João Paulo II não pedia conselhos, mas a teologia era uma exceção, e ele foi inquestionavelmente influenciado pelo cardeal alemão Joseph Ratzinger – quis o destino que se tornaria seu sucessor, com o nome de Bento XVI –, prefeito da Congregação para a Doutrina da Fé e também **principal teólogo** do Vaticano.

O papa conhecia havia décadas a linha dura e irredutível de Joseph Ratzinger e tinha absoluta confiança em suas opiniões sobre teologia.

Aliás, as opiniões do cardeal Joseph Ratzinger eram tão rígidas e quase medievais que dentro do Vaticano havia quem chamasse sua congregação de Nova Inquisição.

Ainda assim, a porta do papa João Paulo II ficava aberta a liberais e moderados da Igreja Católica e seculares, pois ele achava que precisava saber o que todos pensavam.

No cenário mundial, João Paulo II foi um incansável defensor da democracia política, dos direitos humanos e da justiça social, e crítico declarado do capitalismo "desenfreado" que ele julgava não representar "uma verdadeira melhora em relação ao marxismo".

A liberdade religiosa em todas as partes do mundo foi uma grande preocupação de João Paulo II, que a manifestou em todas as ocasiões.

Assim foi para os judeus certamente o melhor dos papas ao pregar contra o anti-semitismo com fervor exaltado.

Sempre se referiu aos judeus como "nossos irmãos mais velhos", e enfatizava que os judeus não tiveram culpa na crucificação de Jesus Cristo, dizendo além disso que era anticristão ser anti-semita.

Ele rezou muitas vezes no campo de concentração de Auschwitz, não muito longe de sua cidade natal polonesa, em memória dos milhões de judeus e outros mortos ali pelos nazistas.

Se João Paulo II fez as pazes com os judeus, não conseguiu alcançá-la com outros cristãos.

Assim, uma das suas maiores decepções foi a incapacidade de unir as igrejas cristãs, separadas desde o cisma de 1054 e a Reforma.

O papa João Paulo II procurou também manter diálogo com as Igrejas Protestantes.

Ele não conseguiu avanços em relação à Igreja Ortodoxa Russa, cujo patriarca, Alexei II, se recusou firmemente a manter um encontro com ele.

Mas as relações com outras Igrejas Ortodoxas, como a grega, eram cordiais.

Fora do mundo cristão João Paulo II teve êxito apenas limitado, conseguindo converter uma razoável fração dos habitantes da África ao catolicismo, rivalizando-se com o islamismo.

Porém, um tanto inexplicavelmente, ele sempre criticou o budismo...

João Paulo II foi um grande papa e isto é óbvio para todos.

Seus próprios inimigos o reconheceram, e a simples enumeração das realizações do seu pontificado o testemunham.

Mas ele não foi apenas um grande papa.

Foi também um dos mais misteriosos.

Obstinado e mesmo teimoso, foi ao mesmo tempo capaz de evolução, de revisão e até mesmo de contradições.

Em pouco mais de 26 anos de encíclicas e de discursos, ele reverteu totalmente a posição da Igreja nos campos fundamentais da ciência.

Revelou-se furiosamente moderno no campo da ciência.

Os dois casos de "revisionismo" papal mais impressionantes, mais necessários e perigosos são os de Copérnico e Galileu, por uma parte, e o de Darwin, por outra.

Cumpre analisar em conjunto os "arrependimentos" manifestados por João Paulo II em relação a Copérnico e Galileu.

Nicolau Copérnico (1473-1543), polonês como João Paulo II, lançou por terra a teoria universalmente aceita do grego Ptolomeu, que colocava a Terra no centro do cosmos e fazia do Sol um astro a girar em torno da Terra.

A Igreja naturalmente acomodou-se à teoria de Ptolomeu que garantia que a Terra, criada por Deus e habitada pelo homem, era o centro e o motor dos mundos.

Mas o cônego Copérnico fez cálculos, observações e obteve conclusões devastadoras: **o centro é o Sol**.

A Terra, como os outros planetas, gira em torno dele. A condição da Terra (e conseqüentemente a do homem) foi vertiginosamente rebaixada por Copérnico, e assim ele divulgou a sua teoria do heliocentrismo.

A Igreja não ficou nada satisfeita porque a teoria de Nicolau Copérnico não era compatível com a *Bíblia*, e passou a considerar o cônego polonês "politicamente incorreto", ou melhor, "teologicamente incorreto".

Por seu turno, Galileu Galilei, nascido em Pisa em 1564 tornou-se partidário das idéias de Copérnico quando tinha 30 anos.

De maneira intrépida e corajosa, Galileu Galilei publicou em 1633 sua obra: *Diálogos sobre os Dois Grandes Sistemas do Mundo*, na qual defende Copérnico em tom vivo e impertinente.

Pela segunda vez o Santo Ofício se encolerizou, e em 1633 o livro desse sábio italiano foi colocado no Index, ou seja, entre os livros proibidos.

Galileu Galilei foi acusado de heresia e encarcerado no Quirinal.

E ele sabia que a próxima etapa podia ser uma fogueira...

Por isso, nesse mesmo ano de 1633 abjurou seus escritos, muito embora o papa Urbano VIII tenha tido a bondade de comutar sua pena de **prisão perpétua** por **exílio** !?!?

Os séculos passaram (pois no caso da Igreja Católica, nessa época não se pode dizer que os anos passaram...).

O Vaticano ficou impassível durante muito tempo, embora toda a humanidade estivesse seguindo Galileu Galilei e Nicolau Copérnico e não Ptolomeu.

Finalmente, em 1992 veio o gesto heróico e sacrílego de João Paulo II, no dia 31 de outubro, na sala real do Palácio do Vaticano, onde reabilitou oficialmente Galileu Galilei.

Melhor ainda, reconheceu que Galileu Galileu foi um bom cristão e que sua teoria era correta.

Mas para chegar a esse ponto **transcorreram 359 anos**!!!

Este foi sem dúvida um golpe espetacular de João Paulo II, e daquela data em diante a cosmologia dos cientistas não se opõe à dos padres.

Porém, continuava havendo um segundo campo onde a tarefa de retirar as minas talvez era bem mais delicada. Este campo era o da biologia em vista dos conceitos embutidos na teoria da evolução de Charles Darwin.

Em 1859, o biólogo inglês Charles Darwin publicou o livro *Sobre a Origem das Espécies por Via da Seleção Natural*, no qual ele explicava a natureza, inclusive o "ser vivo", e portanto o homem, como sendo fruto de uma evolução da matéria que se estende por milhões de anos.

O homem não foi criado por Deus instantaneamente, mas lentamente secretado pela natureza, passando da ameba ao rato e ao macaco, depois ao ser humano.

A teoria darwiniana, hoje confirmada pela genética, constitui desde o século XIX um desafio terrível para a filosofia, a ciência e a religião.

Também neste ponto a Igreja Católica caminha na marcha à ré...

Mas novamente o papa João Paulo II interveio e reconheceu a evidência, ou seja, o aparecimento do homem não tem nenhuma relação com a história do Gênese na *Bíblia*.

Assim ele também acabou com o pecado original, pois não houve um Adão desobediente a Deus no Jardim do Éden para agradar Eva e arrebatar o "fruto proibido", o que exclui o pecado original...

Não é difícil avaliar a amplidão da revolução realizada pelo papa João Paulo II (uma revolução tão ambiciosa quanto a revolução copernicana ou a de Darwin).

E há ainda os que chamam o papa João Paulo II de conservador, quando na realidade ele foi modernizador.

Naturalmente ele precisou ficar fiel à instituição da Igreja Católica, que se baseia nos dez mandamentos e em dogmas que não podem ser modificados.

Na verdade, João Paulo II foi qualificado de "conservador" porque era contra o aborto, o homossexualismo e outras idéias progressistas.

Mas todo aquele que quer um papa a favor do aborto, na realidade deseja uma Igreja Católica diferente.

Alguns valores que constituem tanto a fé como a participação na Igreja Católica não são conservadores nem liberais ou progressistas.

Eles são fundamentais, inevitáveis e imutáveis!!!

João Paulo II de fato procurou esclarecer as duas retificações científicas (das teorias de Copérnico e Darwin) dentro de uma nova visão globalizante das relações entre a ciência e a fé.

Ele deu a conhecer esta filosofia, que condensa e coroa todas as retificações aportadas em 20 anos pela publicação de sua encíclica mais polêmica e arriscada: *Fides et Ratio* (Fé e Razão) lançada em fins de 1998.

Aí ele atacou a questão que foi objeto de controvérsias na Idade Média, fazendo com que a fé e a razão (ou a ciência) trilhassem caminhos diferentes.

O sonho de João Paulo II era o de reconciliar a fé e a ciência.

O divórcio entre estas duas instância teve, segundo João Paulo II, conseqüências devastadores: a fé sem a ciência resultou no fideísmo, que permanece completamente surdo à realidade das coisas.

E, ao inverso, a ciência sem a fé resultou no positivismo e no cientificismo, no humanismo ateu e em todas as pestes que João Paulo II jamais deixou de denunciar (o que lhe valeu infelizmente sua reputação de obscurantismo).

Todavia, João Paulo II buscou empurrar a Igreja Católica e a teologia a restabelecerem a comunicação permanente entre a fé e a ciência.

Esta tentativa sua de buscar a reconciliação entre a fé e a razão foi uma grande contribuição, para alguns especialistas talvez a maior de todas.

E ele manifestou nestes campos um heroísmo, uma liberdade de pensamento, um modernismo e uma inteligência que apareceram com o mesmo brilho em outros campos do seu ministério.

Como diz o grande líder empresarial brasileiro Antonio Ermírio de Moraes: "Comunicação, fé e trabalho foram os traços fundamentais da trajetória de vida do papa João Paulo II.

De fato o papa foi o grande comunicador do século XX.

Desde o início de seu pontificado, mostrou que para fazer penetrar a palavra de Deus na humanidade era necessário sair de sua casa e levar as lições do Evangelho aos mais variados grupos em todos os cantos do planeta.

Com viagens incansáveis, ele deu os mais inequívocos exemplos de que tinha uma vida dedicada **à paz** e à **união dos povos** de diferentes credos e concepções religiosas.

Entrou em todas as igrejas e abraçou todos os seus pastores numa demonstração de que a união entre os homens está acima de rivalidades religiosas, políticas ou raciais.

Ao longo dos quase 27 anos de pontificado, o santo padre cultivou com impressionante transparência a fé em Cristo e defendeu com todas as suas forças os princípios básicos da Igreja, em particular a salvação do homem através da fé e a proteção da família como o ninho da ética, da moral e dos valores básicos da sociedade humana.

Como trabalhador, o papa João Paulo II foi exemplar até os últimos momentos de sua vida.

Ele, que cogitou renunciar em favor de alguém mais saudável para levar avante a palavra de Cristo, recebeu da Graça Divina a orientação de continuar o seu trabalho pela força que havia demonstrado perante as mais altas autoridades do mundo, pela confiança conquistada junto a todos os povos do mundo.

As palavras que não saíram de sua boca nos últimos dias de vida foram retumbantes, expressivas e suficientemente convincentes para que todos nós que gozamos de saúde trabalhemos firmemente em favor do próximo e dos que mais sofrem, levando avante a sua pregação em favor da paz, da concórdia e da harmonia entre os povos.

Pelo seu testamento, o mundo soube que João Paulo II **não deixou nenhum bem**!!!

Porém a humanidade inteira está convicta que o sumo pontífice nos legou o que de mais valioso pode existir entre os homens: o cultivo da fé e do trabalho colocado a serviço da paz e da harmonia entre todos.

A sua intensa fé, a sua comunicação clara e o seu trabalho incansável comoveram o mundo todo e isso foi constatado na maior peregrinação de toda a história da humanidade em direção à última morada do papa.

Tudo isso na mais absoluta ordem e sentimento de irmandade, do jeito que o santo padre pregou e queria.

E certamente ele ficou muito feliz...”

O papa João Paulo II enfrentou várias tragédias pessoais ao longo de seu mandato.

Assim, no final da tarde do dia 13 de maio de 1981, foi vítima de um atentado terrorista na Praça São Pedro.

Com uma pistola *Browning Parabellum* 9 mm, o turco Mehmet Ali Agra, que se encontrava no meio da multidão de 20 mil peregrinos e turistas, fez dois disparos.

Um deles acertou o alvo.

A bala desviou-se por milímetros da aorta central.

Mesmo assim o papa teve o cólon e o intestino perfurados e perdeu 60% do seu sangue com a hemorragia interna.

O caso foi tão grave que lhe deram a extrema-unção (hoje, unção dos enfermos), a caminho do hospital, onde acabou se submetendo a uma complicada cirurgia, com quase seis horas de duração.

Em junho do mesmo ano voltou ao hospital para tratar de uma infecção causada por *cytomegalovirus*, freqüentemente transmitida em transfusões de sangue, e submeter-se a uma nova cirurgia, destinada a reverter a colostomia feita em maio.

Esse atentado tornou mais visível ainda a devoção mariana de Karol Wojtyla.

Atingido pelo tiro, a primeira coisa que disse foi: "Maria, minha mãe!!!"

Mais tarde afirmaria que só não morreu por um milagre, intercedido pela Virgem de Fátima, cuja data litúrgica era comemorada exatamente no dia 13 de maio.

Um ano depois o papa foi ao Santuário de Fátima, em Portugal, agradecer à Virgem.

Ao sair, deixou **sobre o altar a bala retirada de seu corpo**.

O cinto perfurado e manchado de sangue que usava por ocasião do tiro teve outro destino: o santuário da Madona Negra de Czestochowa, na sua querida Polônia.

Durante a visita a Fátima, a vida de Wojtyla foi mais uma vez ameaçada.

Juan Fernández Khron, um padre de 33 anos e com distúrbios psicológicos, avançou contra ele armado com uma faca, porém foi detido a tempo pelos seguranças.

O papa **o perdoou**, assim como havia perdoado Ali Agca, a quem abençoou pessoalmente na prisão onde cumpria sua pena em Roma.

João Paulo II cultivou uma intensa devoção mariana desde a sua infância.

Logo após a morte de sua mãe, o pequeno Karol passava todos os dias por uma igreja próxima à sua casa e orava diante do altar da Virgem.

Aos 15 anos ele ingressou na Associação de Maria, uma irmandade polonesa da qual mais tarde seria presidente.

Quando tornou-se bispo, e de acordo com a tradição teve de eleger um lema para a sua vida, ficou com a expressão mariana *Totus tuus* (Todo teu).

No Vaticano escreveu uma encíclica inteiramente dedicada à questão mariana, denominada *Redemptoris Mater* (A Mãe do Redentor).

Graças ao seu bom estado físico, João Paulo II conseguiu recuperar-se satisfatoriamente das seqüelas do atentado e não teve problemas graves de saúde até 1992, quando enfrentou outra cirurgia, de quatro horas.

Dessa vez, para remover um tumor pré-cancerígeno, do tamanho de uma laranja, instalado no cólon.

Em 1994 viria mais um problema. Ele escorregou, caiu no banheiro de seu apartamento no Vaticano e quebrou o quadril.

Foram mais duas horas sob anestesia geral, para a implantação de uma prótese na área atingida.

Aos 74 anos, Karol Wojtyla começou a dar os primeiros sinais de enfraquecimento geral.

A voz tornou-se mais fraca e surgiram as dificuldades para caminhar.

O tremor em sua mão esquerda, cada vez mais acentuado, sugeria que sofria com o mal de Parkinson.

As câmeras de TV, que antes haviam empolgado o mundo com as imagens de um papa vigoroso, agora levavam ao telespectador os sinais claros da debilidade e da doença estampadas no rosto de João Paulo II.

Quando um amigo lhe perguntou sobre sua saúde no final dos anos 90, tempo em que Karol Wojtyla já arrastava os pés em lugar de andar, o papa respondeu com um brilho brincalhão no olhar: **"Estou ótimo – da cabeça para cima!"**

Realmente sua mente e inteligência continuaram perfeitamente lúcidas, alertas e brilhantes até os seus últimos momentos de vida...

O auge do pontificado deve ser localizado entre 1980 e 1994.

Os últimos onze anos de sua vida foram realmente marcados por enormes dificuldades pessoais e a redução no ritmo de compromissos.

Entretanto ele prosseguiu firme até o final.

Karol Wojtyla via no sofrimento uma oportunidade de provação e fortalecimento da fé e chegava a agradecer à Virgem por isso.

Esse senso de martírio foi uma outra característica marcante dele, e ajuda a compreender o fato de que o santo ao qual era mais devoto, depois de Nossa Senhora, foi um mártir – o bispo polonês Estanislau, assassinado por ordem de um rei tirânico nove séculos atrás.

No momento em que um cardeal de cúria, empregando uma bela imagem declarou que o papa "já vê e toca o Senhor", ele talvez devesse também ter dito que o papa "se deixou ver e tocar pelo Senhor", assumindo o seu estado e se preparando para essa passagem.

Como diz Denis Lerner-Rosenfeld: "Ao se deixar morrer no dia 2 de abril de 2005, ou seja, não se utilizando dos recursos tecnológicos à sua disposição para prolongar a vida, João Paulo II entregou-se ao seu destino.

Entregar-se ao seu destino é o ato de liberdade de uma pessoa consciente da naturalidade do seu corpo, por mais divina que possa ser a sua significação.

Se o mundo é governado por Deus, se ele é Sua criatura, a vontade humana deve estar circunscrita por Sua obra, e essa se faz pela natureza na qual se expressa a Sua finalidade.

E isto significa a livre aceitação de um processo de vida que encontrou naturalmente o seu fim!!!"

João Paulo II durante a sua vida foi movido pela idéia inabalável de que tinha uma missão a cumprir: a de conduzir para a evolução a Igreja Católica.

E com toda certeza cumpriu com eficácia o seu papel até o fim!!!

Para finalizar este rápido relato do maior pacifista do século XX, convém transcrever cinco opiniões de alguns dos mais importantes líderes da humanidade.

Bill Clinton, ex-presidente dos EUA:

"Ao falar de forma poderosa e eloqüente pela misericórdia e pela reconciliação das pessoas divididas por ódios antigos e perseguidos pelo abuso de poder, o Santo padre foi uma fonte de luz não apenas para os católicos, mas para todas as pessoas do planeta."

Henry Kissinger, ex-secretário de Estado dos EUA:
"João Paulo II foi um dos maiores homens do último século. Talvez o maior de todos!!!"
George W. Bush, presidente dos EUA:
"A Igreja Católica perdeu o seu pastor e o mundo ficou sem o seu campeão da liberdade humana."
José Sarney, senador e ex-presidente da República:
"Considero o papa João Paulo II uma das figuras mais importantes do século XX.
Com sua liderança, melhorou a sorte da humanidade na luta pela paz.
Pela sua firmeza e força interior, foi um marco entre os líderes mundiais.
Guardarei sempre na minha memória a força carismática de sua presença."

Mikhail Gorbachev, ex-presidente da antiga União Soviética e o introdutor da *Perestroika* (reestruturação) no seu país:
"João Paulo II foi o humanista número um do planeta."

Realmente, Karol Joséf Wojtyla, o papa João Paulo II, foi um ser humano notável, e por isso certamente foi escolhido ainda em 1994, pela revista *Time*, como o **Homem do Ano** principalmente pela sua força moral.

Numa época em que tantas pessoas lamentam o declínio dos valores, foi notável o esforço que o papa fez para propagar sua visão reta, convidando o mundo todo a fazer o mesmo.

O justo reconhecimento seria a sua beatificação, pois ele de fato foi um Santo Padre!?!?

O uso de soluções tecnológicas vai acabar sendo inevitável em qualquer parte do mundo...

Persistência

"Apesar de estar aqui no trabalho às 22h 52min, tendo iniciado às 8h da manhã, quero que você saiba Joseval, que me considero um membro contraproducente e inútil da sociedade!!??!!"

COMO ESTÁ A SUA PERSISTÊNCIA?

A persistência, a habilidade de prosseguir a despeito das dificuldades é necessária para atingir qualquer meta que valha a pena, porque dificuldades de um tipo ou de outro são praticamente inevitáveis. Aliás, o famoso general Ulysses Grant, do Exército dos EUA, dizia: "Uma das minhas superstições sempre foi, quando eu começava a ir para qualquer lugar ou a fazer qualquer coisa, não voltar ou parar até que a coisa pretendida estivesse realizada."

Isto sem dúvida é uma definição de **persistência**.

Quem persiste é justamente aquele que não confia apenas na sorte.

É verdade, porém, que o famoso marechal de campo Bernard L. Montgomery achou que não temos controle sobre mais da metade das coisas que nos aconteçam que são devidas ao destino ou sorte.

Porém, ainda assim, temos um controle sobre um percentual significativo da nossa vida, e por isso devemos tornar-nos mais eficientes para ter sorte!!!

Uma boa idéia é analisar a vida e as ações daquelas pessoas que acreditamos terem tido sorte e sucesso na vida, para tentar reproduzir as suas realizações.

Realmente é muito proveitoso fazer sempre uma introspecção e análise detalhada do sucesso dos outros.

Isso de alguma forma está em sintonia com a afirmação do *expert* motivacional Tony Robbins.

Aliás, ele é a pessoa que fez o ex-presidente dos EUA Bill Clinton andar sobre brasas em Camp David.

Tony Robbins salienta que o sucesso deixa pistas, e portanto se você quiser através da **persistência** atingir o sucesso, não pode deixar de analisar o que os outros fizeram bem, até inclusive para se inspirar, ou em última instância, fazer o mesmo.

Ninguém pode esquecer que a sorte a longo prazo só agracia os **persistentes eficientes**.

Claro que o azar acontece, e por isso mesmo cada um de nós deve planejar para dar espaço a ele, ou seja, deve-se antever as coisas que podem dar errado e fazer-lhes algumas concessões com antecedência!?!?

Assim, quando elas ocorrem, não se considerará má sorte, mas sim que é uma coisa normal...

Uma pessoa persistente é aquela que procura também dominar o **efeito surpresa.**

Xenofonte, general grego da Antigüidade, dizia: "O que quer que seja uma coisa, agradável ou terrível, quanto menos ela for prevista mais agradável ou amedrontadora será.

Isto é melhor visto na guerra, onde a surpresa inspira terror até naqueles que estão no lado mais forte."

Os dois fatores principais que criam a surpresa são o segredo e a velocidade.

A suspresa é um elemento importante da estratégia competitiva que toda pessoa persistente deve dominar e procurar usar em seu proveito contra os concorrentes, caso queira alcançar o sucesso na vida profissional.

Dessa maneira, é imprescindível saber tirar vantagens da falta de preparo e prontidão dos competidores em relação às nossas ações.

Devemos também criar **surpresa** na maneira de fazermos as coisas, ou no lugar, ou na hora em que as fazemos.

É extremamente conveniente criar um desvio de atuação para dar a impressão de que vamos fazer alguma coisa em algum lugar a que não vamos.

É claro que a surpresa se aplica a todas as situações competitivas, e não é preciso enfatizar muito, mas o fato concreto é que não queremos (e não deveríamos...) ser surpreendidos por qualquer coisa que um competidor nosso possa fazer.

Através da persistência evidentemente devemos buscar as vitórias.

Xenofonte, de forma simples explicava a vitória: "Na guerra os vencedores são os que matam e os perdedores os que são mortos."

Nos tempos antigos, isso era freqüentemente uma descrição precisa do que acontecia.

A essência do que ele dizia é verdadeira mesmo hoje em dia.

Os vitoriosos se beneficiam muito, e os que são derrotados sofrem perdas significativas.

Além disso, os vitoriosos ganham mais oportunidades profissionais, trabalho adicional e possibilidades maiores para contribuir.

Ganham também riqueza, celebridade, companheiros de sua escolha, casas de veraneio, viagens para o exterior e muitas outras coisas boas da vida.

Resumindo, as vitórias não podem de forma nenhuma ser desprezadas, e aí está um forte motivo para que se tenha uma visão persistente para alcançá-las continuamente.

A visão tem a ver com estender o **futuro na nossa imaginação**.

Nós antevemos o futuro dos acontecimentos com a nossa imaginação e nos preparamos para eles.

Aquelas pessoas que fazem isso são os(as) verdadeiros líderes.

As outras que meramente esperam para se adaptarem à visão dos outros são seguidores como subordinados, ou seja, colaboradores semi-inertes, embora possam ter responsabilidades.

Os ingredientes essenciais necessários para a visão são simplesmente o pensamento e a meditação.

Dessa maneira, não devemos teimosamente embarcar em qualquer empreendimento sério sem que primeiro esteja clara em nossa mente a visão dos resultados.

O persistente eficaz é aquele que é visionário!!!

O major-general Giulio Douhet, da Força Aérea Italiana, enfatiza: "A vitória sorri para aqueles que antecipam as mudanças no caráter da guerra, não para os que esperam para se adaptarem depois que elas ocorrem." Portanto, a antecipação por meio da visão poupa você de muitas despesas e desperdícios provenientes de mudanças posteriores decorrentes de erros não previstos.

Assim, o persistente precisa criar a surpresa e ter uma visão clara de como obter a vitória, não desistindo nunca de conquistá-la.

Muitos infelizmente desistem no caminho, antes de chegar lá.

O autor do livro *Lições de Liderança em Tempos de Guerra* (Makron *Books*), William A. Cohen, diz: "Não sei dizer quantas vezes encontrei escritores que me contaram que escreveram um livro, mas não conseguiram publicá-lo.

'Quantos editores você tentou?' eu pergunto.

'Oh, seis, sete...muitos', é uma resposta típica.

'Todos me recusaram.'

Então eu lhes conto a minha história com o meu primeiro livro.

Eu escrevi para trinta e um editores antes de ser contratado."

E esse primeiro livro vendeu mais de **50.000 exemplares!!!**

Encontrei autores que foram rejeitados mais do que isso.

Disseram que Jack Kanfield e Mark Victor Hansen, que escreveram a série *Chicken Soap*, que já vendeu milhões de exemplares, foram rejeitados por mais de 60 editores!?!?

Por isso lembro destacando constantemente que as pessoas de sucesso persistem e fazem coisas que as pessoas sem sucesso simplesmente não fazem.

Portanto, se você estiver em dúvida, **continue avançando** na direção de suas metas.

Caso encontrar obstáculos, considere isso normal e **continue avançando**.

O sucesso pode estar apenas um passo à frente, você nunca sabe quão perto está dele...

Mas resolva sempre persistir até chegar lá!!!

Princípios de Liderança Militares

QUAIS SÃO AS LIÇÕES DE LIDERANÇA QUE SE PODEM TIRAR DOS TEMPOS DE GUERRA?

O major-general reformado da Força Aérea dos EUA, William A. Cohen, escreveu recentemente o livro *Lições de Liderança em Tempos de Guerra,* no qual explica que a arte da tomada de decisões, da motivação, do planejamento, da montagem de equipes, e acima de tudo a arte de liderança pode ser aprendida inspirando-se nos princípios da liderança dos militares.

Efetivamente os *insights* (discernimentos ou exemplos) de uma batalha constituem um modelo bem-sucedido de aconselhamento para o bom êxito nas nossas vidas pessoais e de negócios.

Isso pode parecer para alguns um conceito estranho e terrível.

Aliás, eles perguntam: o que tem o sucesso em uma batalha a ver com o sucesso nos negócios, no amor, na procura de um emprego, ou em criar filhos?

Muitos rejeitariam esse conceito imediatamente com um argumento direto e descompromissado.

A guerra é absolutamente indesejável e repulsiva.

Ela é implacável e causa desgraça humana indescritível.

Além disso, não vale a pena morrer por nenhuma causa, não é?

A guerra, portanto, não tem nenhuma qualidade que compense.

Sugerir, dessa maneira, qualquer aspecto da guerra como modelo para outros empreendimentos humanos é uma verdadeira abominação para uma significativa parcela de pessoas.

Entretanto, muitos dos que usam a batalha como **modelo de sucesso**, em outras atividades competitivas o fazem com a pretensão básica que pode ser traduzida grosseiramente como "negócios são guerras".

Isto é, a competição em qualquer atividade promovida como análoga à guerra é tão extrema que deveria ser vista como a própria guerra.

O interessante é que existem inclusive muitos militares que rejeitam esse argumento.

Eles afirmam que nenhuma campanha de negócios exige que os competidores arrisquem rotineiramente suas vidas para ganhar ou para operar em um ambiente tão violento.

A guerra sem dúvida nenhuma tem sido a mais dominante de todas as atividades humanas.

Alguém certa vez calculou que em toda a história registrada da vida humana neste planeta, retrocedendo cerca de sete mil anos, não tivemos algum tipo de conflito significativo em não mais que 365 dias.

Enormes esforços, raciocínios e recursos humanos foram concentrados na solução do desafio de vencer uma batalha.

Foram gastas mais riquezas em guerras do que em qualquer outro empreeendimento.

Os mais antigos documentos escritos falam de guerras.

Muitos dos maiores pensadores estiveram preocupados com ela, e só é preciso dar uma olhada na Bíblia para observar que isso não é menos verdadeiro para os escritores religiosos.

A análise dos feitos dos heróis militares mostra no mínimo o que vem a ser competição e como se consegue obter o sucesso numa batalha.

Sun Tzu, general chinês da Antigüidade disse: "Conheça o inimigo (o competidor) e conheça a si mesmo, e assim em cem batalhas você nunca estará em perigo.

Quando você é ignorante a respeito do inimigo mas conhece a si mesmo, suas possibilidades de ganhar ou perder são iguais.

Se você for ignorante a respeito do seu inimigo e de si mesmo, certamente estará em perigo em todas as batalhas."

Sobre competição, *Lições de Liderança em Tempos de Guerra* nos diz:

"Em uma situação na qual temos um ou mais competidores, os planos da concorrência são tão importantes quanto os nossos."

Devemos pois estudar a concorrência profundamente para aprender tudo o que pudermos sobre ela e qual a probabilidade de ela reagir aos nossos movimentos.

Precisamos igualmente estar conscientes da tendência de superestimar nossos problemas, enquanto subestimamos os dos nossos competidores.

No que se refere ao sucesso, a opinião do general Colin Powell, do exército dos EUA, é:

"Não existem segredos para o sucesso; não perca tempo procurando por eles...

É preciso que você esteja pronto para a oportunidade quando ela chegar."

Uma boa definição de sucesso é o cumprimento de uma meta que vale a pena.

Os grandes heróis militares salientam que o sucesso não pode ser garantido, porém existem meios que aumentam as nossas possibilidades de alcançá-lo, planejando de forma que entendamos o que devemos fazer, procurando posições que nos levem para onde queremos ir, de acordo com a definição de "uma meta que vale a pena".

A respeito do sucesso, *Lições de Liderança em Tempos de Guerra* diz que:

- ➡ Se você quer sucesso, prepare-se para ele.
- ➡ Se quer sucesso, torne-se merecedor dele.
- ➡ Não se preocupe com um determinado caminho ou incidente que possa arruinar as suas possibilidades de sucesso; existem muitos caminhos e alguns são tortuosos.
- ➡ Uma vez que tenha alcançado o sucesso, escolha sempre uma nova meta que valha a pena e continue avançando."

No entanto, existem motivos mais importantes do que saber como vencer a competição e alcançar o sucesso inspirando-se em princípios militares.

Assim, a **liderança** em combate provavelmente representa o maior desafio de liderança para qualquer líder.

Nas batalhas, as condições são severas.

Há perigos terríveis e as "as condições de trabalho" são insatisfatórias.

Seguramente, a incerteza é maior do que em qualquer outro tipo de atividade humana.

Os "trabalhadores" podem precisar cumprir seus deveres com pouco alimento e sono irregular.

Todos devem assumir grandes riscos.

A maioria dos líderes e seguidores preferiria estar em outro lugar fazendo outra coisa.

Embora já tenham surgido verdadeiros gênios militares em batalhas, a maioria deles – bem como na maioria das organizações – é de homens e mulheres comuns.

Um dos principais estrategistas militares do século XX foi o bretão B. H. Liddell Hart, que após analisar centenas de campanhas descobriu que para se alcançar o sucesso militar tem-se probabilidade maior caso se utilize a "abordagem indireta", isto é, atacando o seu objetivo de maneira indireta no lugar de uma confrontação direta.

A abordagem indireta é tão fundamental para o âmbito da política quanto para o âmbito de uma negociação.

No comércio, a simples sujestão de uma oferta de ocasião a ser aproveitada é muito mais poderosa do que qualquer apelo direto para comprar.

Em qualquer esfera é notório que o meio mais seguro de obter a aceitação de uma idéia nova por parte de um superior é **fazê-lo acreditar que a idéia é dele!**

Como na guerra, o objetivo é enfraquecer a resistência antes de tentar superá-la; e o efeito é mais bem atingido levando o outro grupo para fora das suas defesas.

No campo do gerenciamento, Peter Drucker, indiscutivelmente o pensador número um sobre gestão no nosso tempo, afirma que o primeiro livro sistemático sobre **liderança**, escrito por Xenofonte há dois mil anos, ainda é o melhor.

Na realidade, liderança não é manipulação ou um truque de gestão.

É uma confiança.

Muitas pessoas têm uma idéia totalmente errônea sobre liderança.

Para muitas delas, é algum tipo de **viagem de poder**.

O almirante Hyman G. Rickover, da Marinha dos EUA, explica: "Os princípios da liderança dos militares são os mesmos que os aplicados nos negócios, na igreja e em outros lugares: a) aprenda o seu trabalho; b) trabalhe arduamente no seu emprego; c) treine o seu pessoal; d) inspecione freqüentemente para ver se o trabalho está sendo feito adequadamente."

Em outras palavras, pode-se dizer que liderança é ajudar os outros a desempenhar-se com o mais alto nível de produtividade ao realizar qualquer meta.

A liderança no século XXI é que vai estabelecer a diferença entre negociações eficazes e ineficazes.

Filipe da Macedônia, muitos séculos atrás já sabia disso e enfatizava: "Um exército de asnos liderado por um leão deve ser mais temido do que um exército de leões liderado por um asno."

Philip Kotler, considerado por muitos como o primeiro teórico de *marketing* em negócios, tomou várias manobras militares ofensivas e defensivas e as aplicou diretamente nas atividades de *marketing*, conservando até mesmo suas designações militares originais.

Realmente, os líderes de negócios e os que aspiram à liderança, ao lerem *Lições de Liderança em Tempos de Guerra*, irão encontrar análises inspiradoras sobre planejamento e soluções de problemas, trabalhando em equipe e treinamento, competência e compromisso,

adversidade, motivação, integridade, construção de moral, e tudo o que envolva a arte da liderança para conquistar **vitórias** nas arenas dos negócios, da guerra e da vida.

Aliás, a vitória é o sucesso definitivo ou, pelo menos, o sucesso definitivo em uma categoria de sucessos numa luta ou empreendimento em condições de inferioridade.

E nesse sentido não esqueça nunca a mensagem do tenente-general do Corpo de Fuzileiros Navais dos EUA, Lewis B. "Chesty" Puller: **"Eles estão à nossa direita, estão à nossa esquerda, estão à nossa frente, estão atrás de nós; desta vez eles não podem escapar de nós!!!"**

➡ O QUE UM EMPRESÁRIO OU UM POLÍTICO QUE FOR PRESO DEVE LER NA CADEIA?

Os políticos e empresários brasileiros que estão enfrentando processos por crimes de "colarinho branco" e/ou corrupção já podem ficar mais tranqüilos, pois podem passar agradavelmente o seu tempo na prisão lendo o instrutivo livro para sentenciados denominado *Quem Mexeu no meu Sabonete*, de autoria de Andy Borowitz, artista e escritor bem-humorado.

Diz ele na introdução do seu livro: "Se você é um CEO (*chief executive officer*, ou seja, o executivo principal) condenado, que está indo para a prisão pela primeira vez, deixe-me dizer-lhe apenas isto: **você deve ficar imensamente feliz**.

Uma viagem para o xilindró pode ser a melhor decisão da sua carreira.

Depois de uma poucas semanas atrás das grades, você estará chutando o próprio traseiro por não ter sido condenado antes.

Agora você fez a transição de CEO para OEC (ocupante especial de cela), e durante o tempo que ficar recluso assimile o melhor possível as minhas sugestões, que isso lhe será útil quando puder trocar suas camisas listradas na vertical por outras com listras na horizontal."

Quem ler o livro de Andy Borowitz se diverte muito, além de ter a possibilidade de adquirir novos hábitos.

Trata-se dos **sete hábitos de presos muito eficientes!!!**

1º Hábito – Seja proativo.

Na prisão, todo CEO (ou qualquer outro tipo de executivo...) depara-se com uma escolha contundente: "Aja ou agirão sobre você!!!

Isso significa inclusive o uso de linguagem pró-ativa com expressões do tipo: " Vou rachar sua cabeça, imbecil!"

2º Hábito – Comece com o fim em mente.

Todo CEO preso eficiente é aquele que consegue visualizar sua libertação ocorrendo muito, mas muito mais cedo do que a de qualquer um, contrariando até mesmo a expectativa do juiz que o sentenciou.

3º Hábito – Primeiramente as primeiras coisas.

É vital, para sobreviver na prisão, estabelecer as prioridades e agir adequadamente de acordo com elas.

4º Hábito – Pense sempre na estratégia vencer/vencer.

Esta é a melhor alternativa, porém na prisão ela pode ser sobrepujada pelas estratégias "vencer/gritar de dor", "vencer/encolher-se no chão" ou "vencer/morrer".

5º Hábito – Busque primeiro entender, depois ser entendido.

A arma mais potente na cadeia não é uma faca improvisada, mas sim a linguagem que os presos utilizam para intimidar, pressionar e manter aos outros **eternamente desestabilizados**.

Como forma de se dar bem nesse ambiente, o executivo preso precisa aprender o máximo possível de gírias e expressões próprias do mundo do crime e das prisões, para que nada escape aos seus ouvidos atentos.

6º Hábito – Sinergize.

Significa que antes, ao chegar à prisão você era reativo intimidado pelo seu colega de cela, confuso com a linguagem que os presos usavam e temeroso de entrar no banheiro...

Agora, graças aos cinco hábitos anteriores que adquiriu, você é pró-ativo, inicia rebeliões todos os dias, leva os outros a acreditar que está sempre prestes a "endoidar" e que, portanto, não deve ser pertubado.

Além disso, quase todos trabalham para você, movimentam-se ao seu redor e sempre simulam que o entendem...

Sinergia é no fundo você conseguir a coesão dos seus colegas de presídio em prol dos seus objetivos.

7º Hábito – Afie a serra.

Aqui a idéia não é exatamente a de destinar um tempo para renovar a si mesmo, mental e fisicamente, ou que você se deve "recondicionar" espiritual, social e emocionalmente.

Significa tão-somente e diretamente que você deve conseguir uma boa serra e afiá-la!?!?

Na prisão, um dos instrumentos mais úteis é uma serra bem afiada!!!

Gostou das sugestões dos novos hábitos se você estiver preso?

Em caso afirmativo, leia então o livro de Andy Borowitz, que realmente não pretende ensinar você a cozinhar...

Progresso

BOM HUMOR É A ALMA DO NEGÓCIO

O bom humor é uma qualidade positiva nos negócios. Faz bem à saúde, aproxima as pessoas e cria laços. Ajuda a mostrar seu lado humano, sem enfraquecer sua imagem ou deixá-lo vulnerável. É uma ótima ferramenta em situações difíceis e desconfortáveis, ou até mesmo naquelas ocasiões em que você estiver sendo alvo de um ataque. Imagine a surpresa de seu "algoz", certo de que você perderá o controle, quando você tirar tudo de letra, com bom humor, achando graça da situação.

O humor pode ser uma ótima ferramenta quando cometemos aquela gafe, como tropeçar e cair no meio de uma apresentação. Saber rir de si mesmo é um grande dom, um sinal de autoconfiança e de domínio da situação.

O humor também pode ser usado para quebrar o gelo, mas deve-se recorrer a ele com moderação. Se você estiver tendo contato com uma pessoa pela primeira (ou segunda vez), use o humor com cuidado.

O ideal é esperar para usá-lo quando conhecer essa pessoa um pouco melhor. Agora, se você é daqueles que têm um perfil mais sério, que não se lembra de alguém ter rido de suas piadas, não tente ser algo que não é. Mantenha seu estilo para não cair no ridículo.

Fique atento se você é daqueles que adoram fazer graça ou contar piadas. No ambiente profissional, não acredite que qualquer assunto possa ser motivo de graça. Cuidado com piadas ofensivas, racistas, sexistas ou escatológicas. Pode até ser que riam da piada que contou para não deixar você sem graça, mas certamente, além de ser um riso bem amarelo, comentários negativos a seu respeito irão surgir.

Mas aí vão dois exemplos de piadas que podem fazer sucesso...

PAI RICO, PAI POBRE

Sempre que um jovem executivo ia a negócios a uma determinada cidade, hospedava-se na suíte presidencial do hotel, com todas as mordo-mias a que tinha direito.

Sempre que seu pai, o executivo maior da empresa, ia a negócios na mesma cidade, hospedava-se no quarto mais simples do hotel.

O gerente do hotel ficava intrigado com aquilo e um dia perguntou ao executivo pai:

– Por que seu filho pede sempre a melhor suíte e o senhor pede sempre a mais simples?

O executivo respondeu: – **" É porque o pai dele é rico e o meu é pobre."**

Essa não é muito agressiva, porém as pessoas mais abastadas podem não gostar.

Já esta, outra, freqüentemente contada pelo *showman* Luiz Carlos D'Ugo Mieli, pode realmente desagradar a todo aquele que for lusitano.

Três terroristas internacionais foram condenados a trinta anos de prisão. O alemão solicitou uma cela cheia de livros e material para estudo. O brasileiro pediu uma mulher como companhia durante o cativeiro. E o português pediu uma cela com uma provisão gigantesca de cigarros, pois o fumo era o seu único vício. Depois dos trinta anos, ao abrirem as celas, o português desesperado pediu: – Por favoire, alguém tem um fósforo?

É preciso também que cada pessoa que tem o hábito de contar piadas não se transforme no palhaço da turma, e para que seu lado cômico não se torne a grande atração – maior do que as suas outras qualidades. Isto vale para durante o expediente e também para a *happy-hour*. Não é porque o horário do trabalho acabou que você pode dar folga à sua imagem profissional.

Cuidado, além disso, com as risadas exageradas e escandalosas, ou seja, aquelas que fazem você tremer tanto que parece estar no meio de um terremoto. Nada pior para demonstrar descontrole e imaturidade. Entretanto, devido a esta rotina em que se vive no século XXI, cheia de pressão e cobranças, divirta-se pelo menos um pouco todo dia. Ninguém precisa — nem deve — levar-se tão a sério; conte algumas das piadas deste livro, mas saiba também porque **Taiwan é um país tão poderoso!!!**

QUAL É O PAÍS QUE NUMA DÉCADA TEM ESPANTADO O MUNDO COM O CRESCIMENTO DE SUA ECONOMIA?

Um que deve entrar nessa resposta, sem dúvida, é Taiwan.

Realmente em 1995 Taiwan fazia componentes ou montava máquinas projetadas em outros países, sendo assim um concorrente marginal em segmentos mais lucrativos da indústria eletrônica.

Hoje em dia – ano 2005 – as suas empresas são cada vez mais especializadas em *design* original e dominam a fabricação em categorias fundamentais para a indústria mundial.

Assim, nas telas de cristal líquido, Taiwan é o segundo fabricante do mundo, tendo superado já os japoneses, abocanhando 35% do mercado no planeta.

Taiwan é hoje no *ranking* mundial a nação que está em primeiro lugar como fornecedora de monitores LCD (68% do mercado mundial); como fabricante de cabos de *modem* (66%), rede local de computadores sem fio (83%), de computadores de mão (79%) e de *notebooks* (72%).

Só a Intel tem na ilha mais de 400 engenheiros trabalhando no desenvolvimento e produção de produtos ligados à eletrônica e às telecomunicações.

Em Taiwan provavelmente se tem a melhor engenharia do mundo nesse segmento e o custo dos seus engenheiros é de um terço daquele que se tem nos EUA.

Porém a vantagem de Taiwan vai bem além da mão-de-obra barata.

A ilha combina a cultura empreendedora com **envolvimento eficiente do governo**.

O Industrial Technology Research Institute (ITRI), de Hsinchu, é um conjunto de laboratórios do governo trabalhando em contato íntimo com as empresas locais.

Ele tem quase 5.000 mil engenheiros empenhados em igualar e superar o que de melhor em tecnologia o Ocidente, o Japão e a Coréia do Sul têm para oferecer, especialmente nos campos de microeletrônica e optoeletrônica.

O ITRI tem alianças com cientistas das melhores universidades do mundo, em particular com as dos EUA, como Carnegie Mellon University, Universidade da Califórnia, Massachusetts Institute of Technology (MIT), etc.

Quem quiser observar toda essa pujança em Taiwan deve percorrer a rodovia Sun Yat-sen, pois é por meio dela que se chega às empresas que suprem os vastos mercados e as organizações que são potências digitais dos EUA.

Sun Yat-sen é assim uma **"rodovia da globalização"**, serpenteando a costa oeste de Taiwan com o seu trecho principal de 70 km começando em Neihu, um novo distrito em crescimento em Taipé, cheio de edifícios *high-tech* terminando em Hsinchu, local onde estão duas das melhores universidades do país.

Ao longo do caminho, a Sun Yat-sen permite chegar a algumas das mais importantes – porém desconhecidas e até anônimas para a maior parte das pessoas no mundo – companhias de tecnologia do planeta como: Asustek Computer, de cujas fábricas saem os iPods e Macminis da Apple; Quanta Computer, a maior fabricante de *notebooks* do mundo e grande fornecedora da Dell e da Hewlett-Packard (HP) e a Taiwan Semiconductor Manufacturing, a maior fundição de *chips* do planeta.

Juntas, as receitas das 25 maiores empresas de tecnologia de Taiwan em 2005 ultrapassaram US$ 125 bilhões.

Que belo número, não é?

O incrível é que o sucesso de Taiwan é também o sucesso da China, apesar de todas as escaramuças políticas entre os dois países, indicando até uma eventual futura guerra entre ambos...

Cerca de **um milhão de taiwaneses** vivem e trabalham atualmente na China!!!

Não se sabe ao certo (!?!?) quanto das exportações de *hardware* de informação e comunicação chinesas são feitas em fábricas de Taiwan, porém as estimativas são de 40% a 80%.

O fato indiscutível é que toda a capacidade de produção da China é revestida com a experiência administrativa e de *marketing* dos taiwaneses.

Lamentavelmente, isso não é conhecido (ou divulgado), e o que ecoa por muita gente em todo o mundo é o impasse entre Taiwan e a República Popular da China, que considera a próspera democracia da ilha como apenas uma província rebelde.

Sem dúvida, uma guerra entre Taiwan e China seria catastrófica em termos humanos.

Por outro lado, as conseqüências disso para as empresas ocidentais que construíram suas fortunas em Taiwan representaria um golpe duro, com reflexos nefastos para a economia global e a própria era digital.

Seria o equivalente a lançar uma "bomba atômica no mercado da tecnologia da informação", ou então, destruir toda a capacidade de fornecimento de petróleo para o mundo a partir da Arábia Saudita.

Isso entretanto não tem arrefecido o **progresso** da Taiwan corporativa.

Assim, por exemplo em 2005, a fabricante taiwanesa de computadores Acer aumentou as suas vendas quase 42% e seus modelos estão entre os cinco mais vendidos no mundo; a Dell e a HP compraram respectivamente US$ 11 bilhões e US$ 26 bilhões de produtos do país e a Apple aumentou a sua carteira de pedidos para US$ 6 bilhões, ou seja, quase 30% mais que em 2004!!!

Que números extraordinários, quando comparados principalmente com o que exportam as maiores empresas brasileiras, como por exemplo a Companhia Vale do Rio Doce (CVRD).

Taiwan conseguiu esse grande salto nas exportações, o que levou o país a um grande progresso, pois ele tem atualmente **uma das maiores reservas de talentos em alta tecnologia do mundo!!!**

Boa parte dos talentosos profissionais taiwaneses estudaram no MIT ou em Harvard, ou ainda em outras universidades de renome nos EUA.

O interessante é que muitos deles tiveram aulas em artes, antes, por exemplo, de se aperfeiçoarem em mecânica, eletrônica ou *design*.

Formaram-se como verdadeiros "artistas engenheiros", que tanto conheciam as melhores práticas do sistema de qualidade *Six Sigma* e as idéias estratégicas de Sun Tzu expostas em *A Arte da Guerra*, bem como os princípios criativos utilizados pelos melhores *designers* do mundo.

Ao contrário do que acontece num outro país em franco progresso, que é a Coréia do Sul, no qual empresas como a Samsung e a LG dominam totalmente o mercado, em Taiwan tem-se uma verdadeira rede de empresas **relativamente pequenas**, **porém muito ágeis**.

Aliás, quando as companhias taiwanesas ficam grandes demais, elas tendem a desmembrar-se e a mudar seu foco.

As empresas taiwanesas têm uma característica muito importante: **conseguem fazer de tudo até alcançar a satisfação do cliente**, inclusive mantendo sigilo absoluto sobre o que estão elaborando para alguns deles.

Além disso, as organizações taiwanesas são muito flexíveis e rápidas, podendo produzir e embarcar, digamos, um pequeno lote de dez computadores com características especiais em menos de 48 horas.

A capacidade de poder fazer tudo o que for preciso para agradar o cliente é uma grande vantagem competitiva das empresas de Taiwan.

Na sua expansão, as companhias de Taiwan estão abrindo muitas filiais ou até novos negócios na China continental.

Pode-se dizer sem cometer nenhum perjúrio, que foi Taiwan que desenvolveu a indústria de semicondutores na China.

Em Taiwan os seus executivos sabem que têm grandes concorrentes em tecnologia e que podem assim perder a sua vantagem como, por exemplo, a que têm com os *chips*.

Por isso, os seus empresários empreendedores estão continuamente buscando novos mercados, procurando também pegar a nova onda de produtos como: celulares, centros domésticos de mídia digital, TVs, etc.

Mas certamente a estratégia que Taiwan deve seguir para permanecer na frente de outros países (principalmente os asiáticos) é criar as suas próprias marcas e manter margens de lucratividade sólidas através da oferta de produtos com *design* e desempenho cada vez melhores.

Claro que no centro desse esforço que Taiwan está realizando para se reinventar continuamente está o ITRI!!!

Este instituto de pesquisas do governo está envolvido com toda a futurologia do mercado, isto incluindo desde novas redes de telefonia sem fio a nanotubos que fornecem luz de fundo para telas.

Nele, uma das estratégias é mesclar sempre que possível os avanços nas ciências naturais com as novas demandas das ciências sociais.

Taiwan está coberto de razões na sua preocupação com a evolução que ocorre no campo de tecnologia nos outros países, mas ninguém deve esquecer que os pesquisadores taiwaneses devem ser comparados a maratonistas que estão sendo desafiados, mas que continuam na liderança.

Aliás, eles estão dispostos a correr com muita agressividade, e em vista disto não será nada fácil para outros competidores alcançá-los...

Qualidade de Serviço

O CLIENTE TEM SEMPRE RAZÃO!!!

Esta é uma história que está circulando entre os principais especialistas norte-americanos em atendimento ao cliente.

Parece loucura, mas não é!!!

Ela começa quando o gerente da divisão de carros XYZ, de uma grande empresa dos EUA, recebeu uma curiosa carta de reclamação de um cliente.

Eis o que o cliente escreveu:

"Esta é a segunda vez que mando uma carta para vocês e não os culpo por não me responderem. Eu posso parecer louco, mas o fato é que nós temos uma tradição em nossa família, que é a de tomar sorvete depois do jantar. Repetimos este hábito todas as noites, variando apenas o tipo de sorvete, e eu sou o encarregado de ir comprá-lo. Recentemente comprei um XYZ, e desde então minhas idas à sorveteria se transformaram num problema. Sempre que eu compro **sorvete de baunilha**, quando volto da sorveteria para casa, o carro não funciona. Se comprar qualquer outro tipo de sorvete, o carro funciona normalmente. Os senhores devem achar que eu estou realmente louco, mas não importa quão tola possa parecer a minha reclamação, o fato é que estou muito irritado com o meu XYZ, ano 2004."

A carta gerou tantas piadas do pessoal da XYZ que o presidente da empresa acabou recebendo uma cópia da reclamação.

Ele resolveu levar o assunto a sério e mandou um engenheiro conversar com o autor da carta.

O engenheiro e o reclamante, um senhor bem-sucedido na vida e dono de vários carros, foram juntos à sorveteria no fatídico XYZ.

O engenheiro sugeriu o sabor baunilha para testar a reclamação, e o carro efetivamente não funcionou.

O funcionário da megamontadora voltou nos dias seguintes à mesma hora, fez o mesmo trajeto no mesmo carro, e só variou o sabor do sorvete.

Mais uma vez, o carro só não pegava na volta quando o sabor escolhido era baunilha!?!?

O problema acabou virando uma obsessão para o engenheiro, que passou a fazer experiências diárias anotando todos os detalhes possíveis, e depois de duas semanas chegou à primeira grande descoberta.

Quando escolhido baunilha, o comprador gastava menos tempo, já que este tipo de sorvete estava bem na frente na sorveteria.

Examinando o carro, o engenheiro fez nova descoberta: como o tempo de comprar era muito mais reduzido no caso da baunilha, em comparação com o tempo dos outros sabores, o motor não chegava a esfriar. Com isso os vapores de combustível não se dissipavam, impedindo que a nova partida fosse instantânea.

Após esse episódio, a empresa que fabricava o XYZ mudou o sistema de alimentação de combustível a partir da linha 2005.

Mais do que isso, o autor da reclamação ganhou um carro novo, além da reforma do carro que não pegava com o sorvete de baunilha.

A montadora distribuiu também um memorando interno, exigindo que seus funcionários levassem a sério até as reclamações mais estapafúrdias.

Num *e-mail* divulgado internamente pela montadora ressaltava-se:

"Por mais ridícula que possa ser a reclamação, ela sempre deve ser levada em consideração, pois pode ser que uma grande inovação esteja por trás de um sorvete de baunilha."

➡ O QUE LEVA UMA EMPRESA A CRESCER QUANDO ELA TEM FOCO NO CLIENTE?

Não existe nenhuma fórmula secreta para que uma organização se **torne orientada para o cliente**.

No livro *Crescimento Orientado para o Cliente*, de autoria de Richard Whiteley e Diane Hessan, ao contrário, eles contam: "As empresas em crescimento, ou seja, as bem-sucedidas utilizam cinco estratégias:

1ª Estratégia – Ter **foco de alta precisão**, vale dizer, concentrar-se nos grupos de clientes que elas acreditam que podem servir melhor.

2ª Estratégia – **Sistematizar a voz do cliente**, isto é, ouvir os clientes e depois normatizar o que se aprendeu dos mesmos, de modo que os funcionários da organização possam oferecer o que eles desejam.

3ª Estratégia – Converter a **equipemania** em **colaboração universal**, a saber, criando ambientes em que os funcionários não tenham nenhuma dificuldade para ajudar os clientes, ou agindo como integrantes de uma equipe formal, ou não.

4ª Estratégia – Transformar a satisfação do cliente em **entusiasmo duradouro**.

Mas passar da simples satisfação do cliente ao entusiasmo requer mais que apenas descobrir o que a concorrência está fazendo e fazê-lo melhor.

Exige que as empresas criem formas revolucionárias de interação com os clientes – e desenvolvam uma forma de interação que caracterize claramente os clientes; que os distinga de tal maneira que passe a ser uma marca de atendimento por si só!!!

5ª Estratégia – Passar da **liderança facilitadora** para a **liderança por contato**.

A liderança por contato surge quando os gestores descem de seus pedestais e se dirigem ao cliente e aos setores da empresa onde o verdadeiro trabalho (!?!?) é executado."

Bem, fica claro que para aumentar a capacidade de uma empresa promover o crescimento, conquistar a lealdade e gerar lucros com um serviço excepcional é preciso identificar os obstáculos que costumam impedir a execução de uma estratégia vitoriosa centrada no cliente.

Entre esses obstáculos destacam-se os seguintes:

➡ líderes descomprometidos;

➡ treinamento inadequado dos funcionários;

➡ ausência de atenção devida à voz do cliente;

➡ acomodação com os sucessos do passado;

➡ faltar com a verdade para os clientes;

➡ "isso não é meu trabalho".

Aliás, ao ouvir a voz de seus clientes, a administração de uma empresa acaba descobrindo de fato:
- quais coisas lhes importam;
- como a organização está se saindo no atendimento;
- o que está fazendo errado ou deixando de fazer.

Na realidade, não basta sistematizar as informações provenientes da voz do cliente para se ter uma qualidade de serviço excelente.

É preciso ouvir a **voz dos processos**, que diz:
1. como está funcionando o processo atual;
2. onde há desperdício no processo;
3. onde estão as barreiras ao bom atendimento do cliente.

Além disso, é vital também escutar a **voz de seu pessoal**, que lhe conta:
1. se os funcionários estão motivados para tratar bem os clientes;
2. se eles têm poder e autonomia para agir;
3. se são competentes e estão alinhados com os objetivos da organização.

Já para se chegar à colaboração universal é essencial que se tenha dentro da organização um excelente atendimento dos clientes internos, ou seja, que todos os funcionários estejam felizes.

Quando as relações com os clientes internos são más, as conseqüências são:
- perde-se a vantagem competitiva;
- aumentam os custos de produção;
- tem-se um mau desempenho em relação ao orçamento;
- energia vital é desperdiçada, tanto a física como a emocional;
- a vaidade pessoal e a politicagem predominam na empresa;
- os seus clientes vão para a concorrência;
- você perde significativa participação no mercado.

Infelizmente, em muitas organizações continuam existindo barreiras que dificultam servir bem ao cliente interno devido a vários motivos, entre os quais o fato de que servir bem aos clientes internos não é reconhecido nem recompensado adequadamente, além da confusão de que serviço interno acaba significando submissão ou servidão daquele que o prestou para um outro setor da empresa.

Não se pode confundir **serviço**, que é o ato de ser prestativo ou útil, com **servidão**, que é a condição em que se carece de liberdade, especialmente para determinar o próprio modo de agir.

É por isso que não se estabelecem muitas parcerias internas concretas, pois há a crença de que essa parceria significa voto ou poder de decisão igual em todos os assuntos...

Por outro lado, quando numa empresa se consegue construir relações excelentes com os clientes internos, entre as recompensas ou benefícios destacam-se os seguintes:
- consegue-se elaborar produtos (ou serviços) melhores, mais depressa e gastando menos;
- identificam-se e eliminam-se desperdícios;
- reduzem-se os custos;
- aumenta o orgulho dos funcionários em vista do desempenho alcançado;
- a vaidade pessoal cede lugar ao trabalho em equipe que leva à colaboração universal, isto é, todos participam da conquista da excelência.

Estar num ambiente de colaboração universal faz com que se tenha funcionários responsáveis, dedicados e entusiasmados.

As empresas que atingem esse estado, segundo estudos recentes feitos nos Estados Unidos, têm:
- 50% mais possibilidade de ter clientes leais que a média;
- 38% mais chance de ter uma produtividade acima da média;
- 27% mais oportunidade de ter uma lucratividade acima da média;
- 22% mais possibilidade de dar retorno maior aos acionistas;
- 200% mais patentes;
- valor de mercado maior que as empresas concorrentes.

Obviamente, para se criar na empresa um ambiente no qual as pessoas estejam dispostas e sejam capazes de seguir a visão e realizar a estratégia da organização, é imprescindível que se tenha uma liderança eficaz.

Hoje, em muitas organizações, constata-se que os líderes empresariais estão reinventando tudo, exceto a si mesmos.

Se esses executivos não perceberem que devem mudar não apenas o que fazem, **mas também o que são**, não apenas como concebem o trabalho, mas também **como concebem a si mesmos**, eles **fracassarão**!!!

Os líderes que vencerão no século XXI são aqueles que praticarem o novo estilo de gerenciamento chamado **liderança por contato**.

São aqueles que darão aos seus funcionários autonomia (*empowerment*), evitando escrupulosamente interferir em seu trabalho.

Os líderes por contato têm um envolvimento direto muito maior. Estão sempre lado a lado com o seu pessoal, e ao mesmo tempo, nunca cometem o erro de microgerenciar ou reprimir o entusiasmo dos seus colaboradores.

Eles estão constantemente nas linhas de frente: conversando com os clientes, com os funcionários, lembrando a essas pessoas os objetivos da empresa e ajudando-as a compreender os novos desenvolvimentos, testando o seu nível de confiança e auxiliando-as a acreditar em todas as possibilidades!!!

"A viagem na primeira classe é bem mais divertida e descontraída, não é?"

Portanto, os líderes de contato são aqueles que:

➡ **sabem estabelecer conexões** e particularmente uma forte correlação entre a freqüência de contato e a rapidez das mudanças organizacionais;

➡ **criam significado** com o desenvolvimento de valor e uma visão clara do futuro da organização;

➡ **mobilizam as pessoas**, ouvindo, comunicando-se com clareza, desafiando-as e apoiando-as;

➡ **inspiram nos colaboradores** a vontade de trabalhar com dedicação e num trabalho de equipe.

Concluindo, pode-se dizer que a busca da excelência, apesar de esse conjunto de estratégias necessitar de uma constante atenção e contínuas alterações, pois por melhor que se façam as coisas não se termina quando se chega ao fim, porque **não existe um fim** na tarefa de alcançar a excelência do atendimento!!!

Isto está bem claro?

Responsabilidade Social

"Querida, estou muito agradecido e adorando como você está me fazendo repensar o meu comprometimento com os valores familiares e sociais..."

➡ **COMO É POSSÍVEL FAZER A DIFERENÇA EM EMPRESAS SOCIAIS?**

No Brasil, graças a Deus, temos muitos exemplos práticos de organizações sociais muito bem-sucedidas, como o Instituto Ayrton Senna, dirigido por Viviane Senna, irmã do inesquecível piloto; o Museu de Arte Moderna (MAM) de São Paulo, comandado por Milu Villela e a Associação Maria Helen Drexel (AMHD), criada na década de 70 pelo padre norte-americano João Drexel para atender crianças em situação de risco, presidida por Eliana Ribeiro.

Aliás, juntas, Viviane Senna, Milu Villela e Eliana Ribeiro formaram um time admirado no campo da gestão empresarial.

Elas não recebem bônus e não têm *stock-options* (um tipo de remuneração variável para os executivos, com ações da própria empresa), nem mesmo salário!?!?

No entanto, além de constituírem um grupo de mulheres bem intencionadas, elas têm evidenciado um talento espetacular para a gestão sem terem feito nenhum MBA (*Master of Bussiness Administration,* ou seja, mestrado em gestão de negócios).

Os resultados dos "projetos" que comandam as qualificam como totalmente aptas para ocupar com desembaraço o posto de comando de qualquer organização com fins lucrativos.

Conta Viviane Senna: "O Instituto Ayrton Senna recebe 100% da sua receita com o licenciamento das marcas criadas por Ayrton Senna.

Somos, portanto, uma fundação que possui uma empresa social.

Obviamente não desejamos sobreviver à custa de caridade.

Todos os produtos que levam a marca Senna ou Senninha passam por um criterioso controle de qualidade, e as pessoas que os adquirem não fazem isso só por caridade.

Essa arquitetura é essencial para que o instituto funcione como uma empresa, visto que produtos de qualidade, sempre encontram seu espaço no mercado e não ficam à mercê da generosidade das pessoas.

Nós temos um departamento de licenciamento que acompanha a qualidade dos produtos.

Há também uma equipe técnica de projetos que faz a alocação de recursos.

Na alocação também mantemos a lógica empresarial, pois insisto, não **adianta dar recursos para fazer caridade**.

Nosso foco é a formação de jovens, e neste sentido elaboramos um plano de ação bem estruturado, com metas, prazos e cronogramas.

Vivemos no Brasil uma situação um tanto quanto paradoxal quando se observam dois dos grandes macroindicadores, pois atualmente o nosso país tem o 14º maior PIB (produto interno bruto) mundial, porém ocupou em 2005 a 63ª colocação no Índice de Desenvolvimento Humano (IDH) e é a 6ª nação mais pobre do mundo!?!?

O objetivo principal do Instituto Ayrton Senna é o de reduzir essa lacuna, através da melhoria do IDH!!!

Atualmente, após termos já atendido várias dezenas de milhares de jovens no Brasil, o Instituto pode se considerar um centro de produção de tecnologia social para desenvolver gente em larga escala.

Nosso trabalho impressionou muito as grandes empresas do mundo, e assim, a partir de 1997, tivemos o apoio da Audi aos nossos programas, e hoje entre os nossos aliados estratégicos temos a Nokia, Vivo, Microsoft, Companhia Siderúrgica de Tubarão, BNDES, as fundações Lemann, Odebrecht, W.K Kellog, Banco do Brasil, Empresários pelo Desenvolvimento Humano, e os governos dos Estados da Paraíba, Goiás, Pernambuco e Tocantins.

Na operação do Instituto Ayrton Senna **não trabalham voluntários, só funcionários!!!**

Os voluntários participam dos projetos em cada região, mas para fazer funcionar a engrenagem do instituto é vital que seus profissionais sejam remunerados, isto porque deles se cobram resultados, o que é bem mais complicado de fazer com os voluntários.

Entretanto, os voluntários são sempre bem-vindos, porém é essencial lembrar que não bastam as boas intenções para que uma organização funcione.

Além disso, é fundamental que o trabalho voluntário ocorra seguindo uma certa disciplina e normas de ação, para que não haja desperdício dos esforços."

Milu Villela está no comando do Museu de Arte Moderna (MAM) há mais de uma década, e nesse tempo ela conseguiu excepcionais resultados, a começar pela inclusão do MAM na rotina cultural da cidade de São Paulo.

Diz Milu Villela: "O orçamento do MAM desde 1994 até o início de 2005 cresceu quase 3.860%, o público subiu de 10 mil visitantes para quase 280 mil.

O total de cursos saltou de 4 para 75, e o nosso acervo que em 1994 era de 1.899 obras, hoje já está próximo de quatro mil.

A biblioteca teve crescimento de quase 470%.

O único indicador que não cresceu tanto foi o número de funcionários, o que por sinal confirma a alta produtividade da equipe do MAM.

Em 1994 eles eram 15, e no início de 2005 tínhamos 45 funcionários.

O meu orgulho é que o MAM está entre os museus com um dos menores custos do mundo, ou seja, US$ 11 por visitante.

Nos EUA, por exemplo, o museu mais barato tem um custo de US$ 20 por visitante.

Realmente o nosso museu é barato e sempre encontramos formas de cortar os custos.

Com o intuito de motivar os nossos funcionários e estimular a melhoria do índice de produtividade, busco manter viva entre eles a paixão pelo 'negócio MAM'.

Na verdade, todos eles estão comprometidos e envolvidos com a arte e a cultura, mostrando um alto desempenho, não desperdiçando praticamente nenhum dos seus esforços."

Eliana Ribeiro é presidente da AMHD há um bom tempo e foi ela que instituiu normas e procedimentos na instituição para que o trabalho voluntário fosse eficaz.

Salienta Eliana Ribeiro: "Acredito que o voluntário tem que estar satisfeito com o seu trabalho.

Caso contrário, não ficará na organização. Mas ele nunca se sente sozinho ou desamparado, pois existe uma supervisão, ou seja, um acompanhamento por funcionários da AMHD."

Nestes últimos anos, sob a direção de Eliana Ribeiro, a AMHD conseguiu aumentar o número de casas mantidas, criou um centro de convivência com salas para cursos, leitura e espaço para eventos, e hoje mais de 50% da receita da entidade vem de contribuições de empresas como Banco Pátria, HSBC, HP, Laboratório Salomão & Zoppi Medicina Diagnóstica, Associação Comercial de São Paulo e Corporação de Estudos Sociais (Corpes). Eliana Ribeiro explica: "As contribuições individuais são também muito importantes pois dão estabilidade ao orçamento.

O orçamento da AMHD é acompanhado por mim com muita minúcia; todos os nossos gastos são acessíveis a qualquer pessoa, e essa transparência da administração certamente é um dos principais motivos que nos permitem conquistar novos colaboradores."

Bem, todos aqueles que trabalham em empreendimentos sociais devem se espelhar no exemplo dessas três empreendedoras sociais de sucesso: Viviane Senna, Milu Villela e Eliana Ribeiro, que realmente dão lições de como proceder para ter uma gestão eficaz.

Aliás, os princípios adotados no Instituto Ayrton Senna, no MAM e na AMHD estão na Tabela 3.

Agora você já está apto a entender como é que se consegue eficácia e um trabalho de alto desempenho e com qualidade numa organização social, não é?

Claro que sim, pois temos vários bons exemplos no Brasil para que neles as pessoas se inspirem e tenham uma referência de como proceder...

Princípio	Conceito
1º) Transparência	É fundamental que as informações relativas à gestão da empresa sejam transparentes. Isto facilita o relacionamento com os funcionários, fornecedores, clientes e colaboradores.
2º) Criatividade	É o principal instrumento para lidar com a escassez de recursos.
3º) Bom humor	Vai ajudá-lo a estimular seus funcionários, facilitará os relacionamentos, além de ser excelente para alimentar sua criatividade.
4º) Respeito	Respeitar as diferenças é um item chave para que você consiga extrair o melhor de cada um de seus funcionários e parceiros.
5º) Gentileza	Ser gentil levará você a obter êxito em tarefas que antes pareciam impossíveis de ser realizadas.
6º) Confiança	É vital acreditar que mesmo os piores problemas serão resolvidos. Além disso, se for confiante a pessoa conseguirá manter a racionalidade em momentos de crise.
7º) Metas	São elas que manterão você no caminho e vão evitar que seus esforços fiquem dispersos.
8º) Flexibilidade	Nunca se prenda às estruturas burocráticas. Promova mudanças na administração se isto for necessário para atingir seus objetivos.
9º) Proximidade	É indispensável estar sempre próximo de seus funcionários, mostrar interesse por suas conquistas e desafios. Isto vai mantê-los estimulados.
10º) Foco	É essencial ter sempre o foco nos resultados. Este é o princípio de tudo.

Tabela 3 - Princípios da gestão eficaz.

VOCÊ ESTÁ SE VALENDO DO FATOR WELLNESS?

Wellness significa bem-estar físico, mental e espiritual. Já o fator *wellness*, como explica o dr. Antônio José Sproesser Jr. no seu livro *Viver Bem com Qualidade – O Fator Wellness*, é constituído pela interseção dos três componentes: **qualidade de vida, saúde e comportamento humano**.

Assim você pode ter saúde, mas se a qualidade de vida não for boa, o seu fator *wellness* estará desequilibrado.

O mesmo ocorre em relação ao comportamento humano.
Se ele não estiver adequado, o fator *wellness* não estará atuante.

Cada uma dessas três entidades apresenta uma série de outras subentidades que também se entrelaçam.

Dessa maneira, no quesito qualidade de vida as subentidades são: sono, exercício físico, sexo, vigor, viagens, habitação, etc.

Em relação ao comportamento humano podem-se destacar: a agressividade, a voracidade, a impulsividade, a gula, a calma, o estresse, a depressão, a angústia, a ingestão de bebidas, etc.

Finalmente, em relação à saúde devem-se citar: a obesidade, a insônia, a dor crônica, a hipertensão arterial, o diabetes, as doenças do coração, etc.

O fator *wellness* oferece para cada pessoa a oportunidade de iniciar definitivamente um programa de melhoria de vida, apoiando-se sempre na tríade soberana do fator *wellness*: qualidade de vida, comportamento humano e saúde plena.

Uma maneira de entender o efeito do fator *wellness* é que ele não deve ser caracterizado por subunidades "não-ideais" como, por exemplo: uma pessoa é obesa – que é uma doença – e isto está provavelmente relacionado à falta de exercício físico, que faz parte da entidade qualidade de vida, e que também está atrelada à voracidade, à gula, e talvez à depressão, que estão incluídas no comportamento humano.

Fica evidente que para alguém se livrar da obesidade é vital mudar o comportamento e alterar a qualidade de vida.

Certamente a pessoa que deu um grande impulso para o processo de compreensão do **comportamento humano** foi o médico austríaco Sigmund Freud, no final do século XIX e início do século XX.

No entendimento de Freud, o ser humano é uma criatura prisioneira dos seus poderes e instintos primitivos.

E ele achava que o ser humano dificilmente conseguiria dominar esses dois fatores, sendo que a razão de nossas vidas acabaria sendo a eterna busca de elementos que nos auxiliassem a controlar melhor esses poderes e instintos.

Uma das teorias de Freud é que **a parte inconsciente do ser humano é mais responsável pelo seu comportamento que a sua parte consciente**!?!?

Ele acreditava que o comportamento humano presente é determinado por conflitos não resolvidos vindos da infância.

Um dos seus legados mais importantes para os anais da psicologia comportamental é que as pessoas precisam amadurecer seu passado para alterar significativamente os seus pensamentos, atitudes e ações no presente.

Na sua opinião, os cinco primeiros anos de vida determinam o que a pessoa será na fase adulta, e é imprescindível que as crianças passem com sucesso os estágios psicossexuais de desenvolvimento para não sofrerem de neurose na fase adulta.

Bem, foram muitas as conquistas no campo do entendimento do comportamento humano no século XX, e no seu final já estavam disponíveis tecnologias, que aliadas a conhecimentos de genética e bioquímica permitiram aos especialistas em behaviorismo e psicoterapia compreender melhor o comportamento humano.

Dessa forma, com o emprego da tomografia de pósitrons e da ressonância nuclear magnética consegue-se agora fazer um mapeamento das funções cerebrais.

Além disso, a descoberta de substâncias químicas presentes no cérebro, **capazes de alterar o humor**, inaugurou a era do reconhecimento que permitiu saber que determinados comportamentos são regulados por processos e reações bioquímicas, podendo o tratamento ser realizado por certas substâncias, possibilitando assim, uma melhor adaptação do ser humano a certos tipos de situação.

Uma outra característica bem estudada atualmente, que influencia muito o comportamento humano, é a presença na corrente sanguínea de alguns hormônios – como a testosterona no homem – responsáveis por maior agressividade, potência e força muscular.

Já na mulher, a presença de progesterona e de estrógeno dita um comportamento delicado, tonalidade de voz típica e outras características femininas.

Além de hormônios, o ser humano depende de ritmos que são definidos pelo próprio organismo.

Um deles é o chamado ritmo circadiano, responsável por muitas de nossas funções, e diversos desses ritmos são requeridos para deflagrar e comandar nossos comportamentos.

Por exemplo, recentes experiências demonstraram que, se alterarmos o ciclo vigília-sono, modifica-se também radicalmente (e para pior...) o efeito da agressividade, sonolência, passividade e depressão.

A **qualidade de vida** é um anseio que tem despertado grande interesse não só das pessoas mas também da mídia, que tem abordado maciçamente o assunto em jornais, revistas, rádio, televisão e outros veículos de comunicação.

De fato, o ser humano tem direito de ir e vir com tranqüilidade, morar em residências que lhe permitam o bem-estar, locomover-se em transportes públicos de qualidade, não se preocupar de ser alvo de assaltos, ter à disposição assistência médica adequada, etc.

Infelizmente nos últimos anos, em particular no Brasil, um significativo percentual de pessoas passou a buscar uma forma fácil, barata e eficiente de viver, não poupando sacrifícios para ir ao encontro daquilo que lhes faz bem e as torna felizes.

A mentalidade atual está fundamentada na idéia do "aqui e agora", sem dar muito valor ao que era dito e valorizado nas gerações anteriores, o "poupar e se resguardar para o dia de amanhã".

Pois é, parece que qualidade de vida para a maioria das pessoas passou a ser exatamente isto: **viver bem o hoje, curtir ao máximo suas ações**.

Mas no século XXI, que alguns dizem que poderá ser chamado da **era da sabedoria**, certamente essa não é a forma correta de buscar qualidade de vida, até porque não se deixará nenhum tipo de contribuição para a humanidade nesta passagem pela Terra...

O dr. Antônio José Sproesser Jr. salienta que existem três domínios – **o ser, o pertencer e o participar** – que são vitais para que as pessoas possam dizer que têm uma boa qualidade de vida.

Ele explica: "O ser é a ´**pessoa**´ que cada um é e pode ser desmembrado em três entidades: o físico (fisiológico), o psicológico e o espiritual."

O ser físico deve preocupar-se, por exemplo, com a sua aparência e higiene pessoal; o ser psicológico vai buscar eliminar o seu estresse nos pensamentos gerados e na organização de idéias, a fim de não sobrecarregar a mente; e o ser espiritual lida com a existência de crenças e valores individuais, procurando saber o que é certo e o que é errado e classificar o que é bom e o que é ruim.

O pertencer significa como cada ser humano se relaciona com as outras pessoas, podendo também ser decomposto em três entidades: o físico, o social e o comunitário.

Assim, por exemplo, o físico está ligado ao lugar em que o ser humano passa a maior parte de seu tempo; o social envolve o seu relacionamento com outras pessoas próximas; e o comunitário engloba o seu acesso à educação, à saúde, ao entretenimento, etc.

Finalmente, o participar representa as coisas que cada ser humano faz no cotidiano, como passatempo e para o seu crescimento interior.

Dessa maneira, é muito bom quando uma pessoa incorpora ao seu trabalho diário alguma atividade voluntária para ajudar outras pessoas; que tenha muitos passatempos (música, esportes, afeição por animais, etc.) e que procure melhorar sempre, desenvolvendo novas aptidões e aprendendo novas coisas.

Realmente, cada item descrito tem um significado muito especial na determinação da qualidade de vida de cada um de nós!!!"

Por fim, o último elemento da tríade que constitui o fator *wellness* é **a saúde**.

Atualmente existem muitas definições de saúde, tais como:

➡ É a adaptação perfeita e continuada do organismo ao seu ambiente.

➡ É a base da boa disposição física e intelectual, da produtividade, do sucesso social e econômico e da capacidade energética para o domínio de imensas áreas e conseqüente excelência da atuação individual.

➡ É o estado de completo bem-estar físico, mental e social.

Em vista dessas definições fica claro que os elementos formadores do conceito atual de saúde são:

➡ **físico** (corpo humano sem lesões, capaz de gerar trabalho e fazer tarefas);

➡ **mental** (a pessoa capaz de lidar com emoções conflitantes, de sentir prazer e de amar);

➡ **ambiental** (preocupação com a preservação do meio ambiente);
➡ **social** (saber se comunicar com a sociedade e viver em paz com as outras pessoas);
➡ **espiritual** (viver com alegria, buscando alcançar seus objetivos).

É natural que para chegar a ter plena saúde freqüentemente temos que nos adaptar e criar novos estilos de vida.

Aliás, esta é a função do fator *welness*, ou seja, fazer com que a vida seja realmente saudável, ensinando a cada indivíduo como gerenciar os conflitos e as tensões do dia-a-dia.

Cuidar de si próprio não é só uma obrigação, é uma necessidade, por isso o fator *welness* nada mais é do que o caminho que cada pessoa deve trilhar para encontrar o equilíbrio necessário que lhe permita ter uma vida melhor, o que se consegue com a melhoria do comportamento, com a otimização da qualidade de vida e com um melhor cuidado com a própria saúde.

AJUDA *ON-LINE* PODE SER ÚTIL...

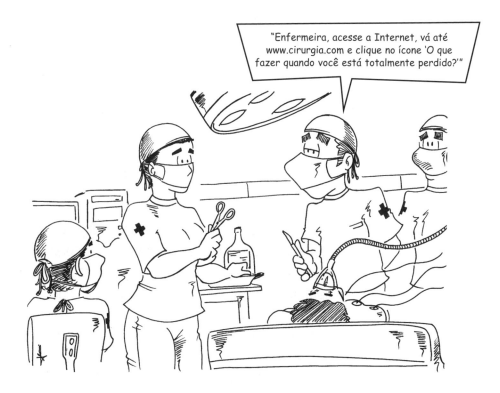

"Enfermeira, acesse a Internet, vá até www.cirurgia.com e clique no ícone 'O que fazer quando você está totalmente perdido?'"

Sobrevivência Perante a Evolução

"Acabou o seu tempo para acertar com ele os seus direitos de arena..."

➡ **SERÁ QUE SOBREVIVER É O SUFICIENTE PARA UMA EMPRESA?**

Sem dúvida que esse não deve ser o objetivo único de nenhuma organização. É preciso que a empresa almeje ser líder em seu segmento, que seja admirada pelos seus empregados e que faça a diferença no mercado.
Para que isso aconteça – como explica o escritor Seth Godin no seu livro *Sobreviver Não é o Bastante – Como Vencer em um Mercado em Permanente Evolução* – a empresa deve aprender a fazer *zoom*, quer dizer, **saiba adotar a mudança sem dor**, quando então as suas possibilidades de evoluir aumentam significativamente.

Nós podemos fazer com que nossas empresas evoluam da mesma maneira que a natureza faz com que uma espécie evolua.

Charles Darwin nesse sentido tinha razão.

A evolução é uma força fundamental da natureza, e Seth Godin demonstra no seu livro como essa força pode ser liberada em qualquer organização.

O primeiro passo é eliminar o reflexo antimudança que está codificado geneticamente em todos nós.

Naturalmente uma organização que evolui pode se tornar cada vez mais lucrativa.

Mas para que ela consiga atingir esse estado é vital que os seus gestores e a sua alta administração estejam cientes e façam uso adequado dos seguintes conceitos:

1. Mudança é o novo estado normal!

   Em vez de pensar no trabalho como uma série de períodos estáveis interrompidos por momentos de mudança, as empresas devem agora reconhecer o trabalho como uma mudança constante, com apenas alguns momentos ocasionais de estabilidade.

2. Caso você e sua empresa não estiverem tirando vantagem da mudança, a **mudança derrotará vocês**!

3. Estabilidade é má notícia para este novo tipo de empresa. Ela exige constantes mudanças para ser bem-sucedida.

4. Empresas que provocam mudanças atraem empregados que querem provocar mudanças. Empresas que têm medo de mudanças atraem empregados que também têm medo de mudanças, o que é até natural...

"Se puder dar uma explicação criativa e artística sobre o desempenho do seu setor, talvez salve seu emprego."

5. A gerência não pode forçar os empregados a superarem seu medo de mudança através de motivação de curto prazo.
6. Redefinindo o que é mudança, as organizações podem modificar a dinâmica de "mudança equivale a morte" para "mudança equivale a oportunidade".
7. A maneira pela qual as espécies lidam com a mudança é evoluindo, e as empresas podem evoluir de maneiras semelhantes àquelas utilizadas pelas espécies.
8. As empresas vão evoluir se a gerência lhes permitir isso.
9. Existem três maneiras pelas quais as espécies evoluem: **seleção natural** (apenas animais aptos vivem o bastante para se reproduzir), **seleção sexual** (a fêmea de uma espécie tende a escolher o macho mais alto disponível, e então é provável que a espécie se torne mais alta ao longo do tempo) e **mutação** (normalmente deletéria para o organismo, mas ocasionalmente pode levar a uma mudança positiva).
10. As empresas podem fazer a mesma coisa, ou seja, o que foi indicado no item 9 utilizando **fazendeiros** (empregados que utilizam testes e um tempo de ciclo rápido para aprimorar constantemente a estratégia campeã de uma empresa), **caçadores** (funcionários que para expandir a estratégia campeã de uma empresa utilizam uma variedade de técnicas) e **magos** (empregados capazes de criar **memes** – os tijolos básicos da construção de idéias – que podem alterar drasticamente a estratégia campeã de uma empresa) para iniciar mudanças em suas organizações.
11. Empresas que adotam a mudança pela mudança, organizações que vêem um estado de fluxo constante como equilíbrio estável, fazem *zoom*.
    Fazer *zoom* é estender seus limites sem ameaçar sua base.
    É saber lidar com novas idéias, novas oportunidades e novos desafios sem ativar o reflexo que evita mudanças.
    Zoom significa adotar a mudança – provocando-a e reagindo a ela – como estratégia campeã de sucesso.
    E empresas que fazem *zoom* evoluem mais rápido e mais facilmente porque não obstruem as forças da mudança.
12. Há CEOs (*chief executive officers* ou executivos principais de uma empresa) que rejeitam a evolução, fazem o que podem para impedi-la e ficam muito tempo presos às suas estratégias campeãs!?!?
13. É bem mais importante a postura de uma empresa em relação ao processo de mudança do que efetivamente as mudanças reais que nela se implementam.
14. É vital que toda organização faça uso de ciclos de *feedback* (realimentação ou introspecção) rápidos para saber o que está funcionando e – o mais importante – o que não está funcionando para que isto seja mudado imediatamente.
15. Uma empresa que faz *zoom* irá atrair *zoomers*, o que lhe possibilitará entrar em **aceleração** ou evolução rápida, aumentando drasticamente sua vantagem sobre seus concorrentes em um ambiente de mudança.

Bem, Seth Godin dá a receita para qualquer pessoa poder se transformar em *zoomer*, *ou seja, a pessoa* que sabe fazer *zoom*.

Esta é a característica que diferenciará extremamente os profissionais no século XXI, e certamente aqueles que souberam fazer *zoom* estarão sempre empregados, pois estarão trabalhando numa empresa que está em constante evolução porque nela os funcionários sabem fazer *zoom*...

Sucesso

O CÃO DO ADVOGADO

Quatro homens estavam discutindo quem tinha o cachorro mais esperto.

Um engenheiro, um contador, um químico e um advogado. Para se exibir, o engenheiro chamou sua cadelinha:

— "*Régua T*, faça aquilo!"

Prontamente, a cadela subiu numa mesa, pegou papel, caneta, compasso e desenhou um círculo, um quadrado e um triângulo. Todos, assustados, concordaram que era uma cadela bem esperta...Mas imediatamente o contador disse que a sua fazia melhor. Chamou sua cadelinha e disse:

— "*Planilha*, vai fundo!"

A cadela entrou na cozinha e de lá saiu com 12 biscoitos, os quais dividiu em quatro grupos de três.

Ainda mais assustados, todos concordaram que aquilo era surpreendente, mas o químico disse que a sua era melhor...

— "*Molécula*, vai lá!"

A cadela lenvantou-se, abriu a geladeira, pegou um litro de leite, um copo de 300 ml e colocou exatamente 200 ml de leite nele sem derramar uma gota sequer.

E aí alguém virou para o advogado e disse: "E o seu cachorro, o que faz?"

— "*Processo*, sua vez!"

Processo pulou do seu canto, comeu os biscoitos, tomou o leite, fez cocô no papel desenhado, transou e engravidou as três cadelas, alegou que havia trabalhado muito e que os filhotes que iriam nascer não eram dele, cobrou 20% que lhe eram de direito e, por fim, protocolou uma petição requerendo dos donos das cadelas indenização por danos morais e pessoais!!!

COM QUEM SE DEVE APRENDER A VENCER?

Num primeiro momento a resposta deveria incluir os tutores ou mentores que conseguiram vencer, porém pode-se aprender a ser um vencedor com aqueles que não tiveram tanto sucesso assim na própria vida, e basta nesse sentido tomar como exemplo os técnicos (ou instrutores) esportivos que não foram campeões e nem atletas destacados, ou então os milhões de professores que ensinaram os seus alunos a virarem líderes e/ou empreendedores nos mais variados segmentos sem nunca terem sido executivos ou empresários de destaque.

Mas é natural que quando as lições são dadas por Jack Francis Welch Jr., o ex-presidente da General Electric (GE), a coisa muda de figura.

A razão é uma só: ele é neste início do século XXI certamente a maior autoridade do mundo para falar sobre **sucesso**, pois tem a seu favor um histórico de 21 anos de excepcionais realizações no comando da GE.

Um currículo que lhe valeu o título de executivo do século XX, conferido pala revista *Fortune* na virada do milênio.

O grupo que ele comandou é um dos maiores conglomerados do planeta.

Aliás, suas 11 unidades de negócios dispersas pelo mundo dão emprego a quase 310 mil pessoas, produzindo desde turbinas de avião a lâmpadas de iluminação, de equipamentos hospitalares a fogões e sistemas de energia.

A GE é também dona nos EUA da rede de TV NBC, de uma empresa financeira e de uma outra seguradora.

Durante a gestão de Jack Welch, os lucros da GE passaram de US$ 1,6 bilhão para mais de US$ 12,8 bilhões anuais.

O valor de mercado da GE foi multiplicado por 40 e chegou a ultrapassar US$ 500 bilhões.

Sobre Jack Welch se escreveram muitos livros e ele próprio escreveu alguns.

O mais recente deles, ele escreveu em parceria com Suzy Welch, sua terceira mulher, denominado *Winning* (*Paixão por Vencer* no Brasil), no qual é apresentada uma análise simples e abrangente de como se pode alcançar sucesso nos negócios, e isto para todas as pessoas, desde os recém-formados até os CEOs.

Nesse livro Jack e Suzy Welch dizem que contratar pessoas capazes é difícil, mas, por sua vez, contratar pessoas ótimas é uma grande proeza.

Em seguida enfatizam que nada é mais importante para a vitória de um gestor do que conseguir alocar as pessoas certas em cada setor.

O modelo que Jack e Suzy Welch recomendam seguir para poder ter equipes vencedoras numa organização é aquele contido em **4 E**s e **1 P**.

Explicam os autores de *Paixão por Vencer*:

"O primeiro E é de **energia positiva** e simplifica que uma pessoa deve ter a capacidade de progredir, de prosperar na ação e de curtir a mudança.

As pessoas com energia positiva comumente são extrovertidas, otimistas, fazem amigos com naturalidade, adoram trabalhar e raramente parecem cansadas após uma jornada de trabalho!!!

O segundo E é de **energização**, isto é, a capacidade de inspirar a equipe a saber enfrentar obstáculos difíceis, quase impossíveis...

Energizar os outros não se limita, obviamente, a fazer discursos inflamados e motivadores.

Exige, isto sim, que se tenha um grande conhecimento do negócio, com a capacidade de influenciar e persuadir as pessoas para se alinharem integralmente na missão da organização.

O terceiro E é do **estofo**, ou seja, da garra, da fibra, da coragem para tomar decisões difíceis, do tipo **sim** ou **não**.

Poucas coisas são piores que um gerente, em qualquer nível, que se mantém indeciso e que posterga todas as decisões.

Os indivíduos titubeantes dificilmente obtêm sucesso na vida, até porque não sabem como e quando devem parar de protelar, têm dificuldade para avaliar e demoram para iniciar a ação.

O quarto E é o da **execução**, isto é, ter a capacidade de fazer o trabalho.

Infelizmete esse E pode parecer óbvio, porquanto em muitas organizações ocorrem freqüentemente apenas os três primeiros Es.

Assim, essas empresas têm pessoas em cargos de mando que demonstram energia positiva, conseguem energizar todas as pessoas ao seu redor – seus colaboradores – e sabem tomar decisões difíceis, porém elas não conseguem alcançar a linha de chegada!!!

De fato, a capacidade de execução é uma habilidade especial e bem distinta.

Significa que a pessoa sabe converter as decisões em ação e persistir até a conclusão, superando todos os obstáculos pela frente, dominando o caos e transpondo todas as barreiras inesperadas que surgem no seu caminho.

Finalmente, os vencedores são aqueles que demonstram **paixão** pelo que fazem.

Este é o **P** do modelo de Jack Welch que caracteriza os que atingem sucesso.

Na realidade, essa paixão tem tudo a ver com vibração sincera, profunda e genuína em relação ao trabalho.

As pessoas imbuídas de paixão se importam com a vitória dos colegas, dos funcionários e dos amigos.

Entretanto, o engraçado a respeito das pessoas cheias de paixão é que elas geralmente não vibram somente com o seu trabalho.

Elas são também assim em outras atividades, sendo fãs ardorosas dos esportes, fanáticas por música ou artes, têm opiniões arraigadas sobre política, participam intensamente de campanhas de solidariedade, etc.

As pessoas apaixonadas mostram que têm a seiva da vida nas veias.

Jack Welch, ao aplicar o modelo dos 4 Es e 1 P, mostrou que foi um gestor muito acima da média, conseguindo fazer o que poucos em sua posição alcançam – formou não um, **mas uma dúzia de possíveis sucessores**.

Aliás, no livro *Paixão por Vencer*, Jack Welch responde à pergunta: "Como escolheu o seu sucessor, Jeff Immelt, e como ele está indo até agora?"

Responde Jack Welch: "Sempre me emociono quando procuro explicar essa escolha.

Em primeiro lugar, Jeff Immelt passou com sobras no modelo dos 4 Es e 1P.

Ele além de tudo é uma **'estrela'**.

Seu desempenho tem sido excelente, superando até as minhas próprias expectativas quanto à sua capacidade de liderança.

Não poderia estar mais orgulhoso da maneira como ele está dirigindo a GE.

Jeff Immelt tornou-se *chairman* e CEO da GE em 10 de setembro de 2001 (!?!?); portanto, no seu segundo dia no cargo, os ataques terroristas mudaram o jogo para todos.

Jeff Immelt enfrentou o novo grau de incerteza no ambiente de negócios com sensatez e determinação impressionante.

Não obstante a queda inevitável no ritmo de atividades nos setores de aviação civil, energia e resseguros, ele conduziu com destreza a empresa até aqui, de modo a conseguir até um crescimento nos lucros anuais.

Quanto a como e por que escolhi Jeff, nunca falei muito sobre esse assunto.

Eu precisava escolher entre três pessoas excelentes – Jeff, Bob Nardelli e Jim McNerney. Não há motivos para realizar uma autópsia pública do processo – **já é passado**.

Porém, tanto Bob quanto Jim alçaram vôos espetaculares em suas funções – Bob como CEO da Home Depot e Jim na 3M.

O que posso dizer de forma definitiva é que o Conselho de Administração e eu ficamos com quem pareceu ser o melhor líder para a GE, e Jeff está confirmando que acertamos na decisão."

Só para completar, convém salientar que Jeff Immelt, o atual executivo principal da GE, tornou-se o sagrado vencedor da disputa sucessória que envolveu inicialmente 40 candidatos.

Inicialmente, ou seja, até ser guindado à condição de *chairman* e CEO da GE, Jeff Immelt era o executivo principal da área de sistemas médicos, tendo assumido a presidência da empresa em 2001 quando tinha 45 anos, portanto bem jovem.

Ele é engenheiro e ex-jogador de basquete, tendo sido apontado em 2004 e 2005 como um dos melhores executivos dos EUA, segundo uma classificação elaborada pela revista *Business Week*.

Jim McNerney, que foi barrado no final da corrida pela sucessão na GE, tornou-se CEO da 3M, para alguns a mais criativa empresa do mundo (e agora está liderando a Boeing...)

Ele é o primeiro executivo forasteiro a comandar a empresa em mais de um século.

Para resgatar o histórico de inovação da empresa, ele elevou os investimentos em pesquisa e desenvolvimento.

Desde que assumiu o comando da 3M, as rendas, os lucros e o preço das ações da 3M não pararam de subir...

Robert Nardelli, ex-chefe dos negócios de turbinas e geradores, foi também preterido na maratona pela sucessão de Jack Welch.

Hoje ele comanda a Home Depot, que é a maior rede norte-americana de material de construção.

Bob Nardelli reorganizou a área operacional e investiu na modernização das lojas.

A Home Depot fatura atualmente mais de US$ 70 bilhões por ano e só perde para a Wal-Mart, a maior varejista do mundo.

Bem, é evidente que Jeff Immelt, Jim McNerney e Robert Nardelli são **vencedores** pois seguiram as lições de um **vencedor**, ou seja, de Jack Welch.

Aliás, é de Jack Welch a seguinte definição sobre liderança e a importância de um profissional talentoso para uma organização: "Ser líder é ajudar outras pessoas a crescer e a alcançar o sucesso.

Líder é aquele que consegue formar excelentes sucessores de forma que se possa ter uma continuidade sem turbulência quando ele se afastar da organização.

O ideal é que quando uma 'estrela' sai da companhia possa ser substituída adequadamente em um dia!!!"

Essa mensagem de Jack Welch significa que nenhum indivíduo é maior que a empresa, e que nela existem muitas outras pessoas que podem atuar com o mesmo sucesso ou até maior que o líder anterior!!!

Talentos

Aí vai a interpretação de certas palavras por algumas pessoas que apesar de serem talentosas em certas áreas (por exemplo, para convercer os leitores a votarem neles), não sabem nem se expressar direito, tendo inclusive um dicionário próprio no qual a lista das palavras que vem a seguir (**Tabela 4**) tem um significado no mínimo confuso.

Tabela 4- NOVOS SIGNIFICADOS

PALAVRA	SIGNIFICADO
Alopatia	Dar um telefonema para a tia.
Abreviatura	Ato de se abrir um carro da polícia.
Açucareiro	Revendedor de açúcar que vende acima da tabela.
Bacanal	Reunião de bacanas.
Barbicha	Boteco para *gays*.
Caatinga	Cheiro ruim.
Cálice	Ordem para ficar calado.
Caminhão	Estrada muito grande.
Canguru	Líder espiritual de um cachorro.
Catálogo	Ato de se apanhar coisas rapidamente.
Compulsão	Qualquer animal com o pulso grande.
Depressão	Espécie de panela angustiante.
Destilado	Aquele que não está do lado de lá.

Detergente	Ato de prender indivíduos suspeitos.
Determina	Prender uma moça.
Esfera	Animal feroz amansado.
Evento	Constatação de que realmente é vento, e não furacão.
Exótico	Algo que deixou de ser óptico, passou a ser olfativo ou auditivo.
Exposa	Uma mulher que já foi "posa".
Formiga	Tradução do inglês que quer dizer: "para uma amiga".
Genitália	Órgão reprodutor dos italianos.
Homossexual	Sabão utilizado para lavar as partes íntimas.
Leilão	Leila, uma mulher grande, com mais de dois metros de altura.
Locadora	Uma mulher maluca, de nome Dora.
Novamente	Diz-se do indivíduos que mudam a sua maneira de pensar.
Obscuro	"OB" na cor preta.
Psicopata	Veterinário especialista em doenças mentais em patas.
Quartzo	Partze ou aposentoz de um apartamentzo.
Razão	Lago muito extenso, porém, pouco profundo.
Rodapé	Aquele que tinha carro, agora, roda a pé.
Sexólogo	Sexo apressado.
Simpatia	Concordância com a irmão da mãe.
Sossega	Mulher que tem os outros sentidos, mas desprovida de visão.
Talento	Característica de alguém muito devagar.
Típica	O que o mosquito nos faz.
Trigal	Cantora baiana multiplicada por 3.
Unção	Erro de concordância muito freqüente, o correto seria: um é.
Vidente	Dentista falando sobre seu trabalho.
Viúva	Ato de ver uva.
Volátil	Sobrinho avisando a onde vai.
Zoológico	Reunião de animais racionais.

Observação importante: Quem gostar desse tipo de interpretação deve ler a coluna de José Simão no jornal *Folha de S. Paulo*.

E agora vamos ver por que é difícil lidar com as pessoas talentosas, incluindo as que conseguem achar graça dos novos significados das palavras da **Tabela 4.**

➥ QUAL É A DIFICULDADE DE LIDAR COM PROFISSIONAIS TALENTOSOS?

Acredite que um excelente exemplo é analisar a ascensão e a decadência de um atleta formidável ou de uma equipe fantástica.

Infelizmente a triste constatação é que por mais fantástico que seja um time ou um atleta, ele não permanecerá imbatível para sempre!!!

Foi assim no caso de Mike Tyson, que quando apareceu no pugilismo, parecia que não iria perder para ninguém, e depois virou saco de pancada até para boxeadores "meia-boca".

E por incrível que possa parecer, isso acabou também acontecendo com a equipe de basquete norte-americana constituída por alguns dos melhores jogadores da liga profissional mais qualificada do planeta.

Pois é, a supremacia norte-americana, que na última década do século XX parecia impossível de ser sobrepujada, acabou naufragando de forma estrepitosa nos Jogos Olímpicos realizados em Atenas em 2004.

E este insucesso serviu de exemplo não só para os EUA, mas para todos aqueles que acham que no esporte como na vida, basta ter um grupo de pessoas ou profissionais talentosos que as vitórias esportivas ou comerciais se sucederão sem parar...

Aliás, já se constatou que isso não é verdadeiro em muitos casos, e o exemplo mais evidente talvez seja o da equipe de futebol do Real Madrid, que com os seus "galácticos", que recebem milhões de euros por ano como Zidane, Ronaldo, Beckham, Roberto Carlos, Raul, etc., não arrasou todos os seus oponentes e nem ganhou os campeonatos espanhol e europeu em 2005.

Situação igual viveu o *Dream Team 4* (Time dos Sonhos 4) dos EUA, que virou o *Nightmare Team* (Time dos Pesadelos) depois de ter perdido várias partidas e ter ganho apenas uma medalha de bronze (3º lugar), o que não serviu nem como prêmio de consolação.

Quanta diferença em relação ao time que foi montado para os Jogos Olímpicos de 1992 que ocorreram em Barcelona, não é?

Aquela equipe dos EUA tinha como jogadores: o sensacional *Magic Johnson*, que jogou com autorização de uma junta médica do Comitê Olímpico Internacional, pois era portador do vírus da AIDS, e craques como David Robinson, Patrick Ewing, Scott Pipen, John Stockton, Clyde Drexler, Chris Laettner (o novato da equipe), Karl Malone, Chris Mullin, Charles Barkley, Michael Jordan (para alguns, o mais fenomenal de todos esses atletas e de toda a história do basquete dos EUA) e Larry Bird.

Em oito partidas, essa equipe conquistou oito vitórias arrasadoras, marcando 938 pontos a favor sofrendo 588 pontos, e chegando ao ouro olímpico com uma tremenda facilidade.

Mas, como tudo é efêmero, após o apogeu começou a decadência.

Isso foi possível notar facilmente já nos Jogos Olímpicos de 1996, pois mesmo jogando em casa, em Atlanta, o *Dream Team 2* não era mais o mesmo.

Se fosse, aliás, não seria o **2**, mas sim o **1**!!!

Porém, mesmo assim ganhou o ouro, entretanto não empolgou como anteriormente.

Nos Jogos Olímpicos de 2000, que aconteceram em Sydney, na Austrália, já deu para antecipar após a semifinal contra a Lituânia, vencida pelos EUA nos dois últimos minutos, que a tragédia iria ocorrer em breve...

Realmente o fracasso da equipe norte-americana de basquete, o *Dream Team 4*, nas Olimpíadas de Atenas pôde ter várias justificativas, como a recusa de várias estrelas da *NBA (National Basketball Association)* como Shaquille O'Neal, Kobe Bryant, Chris Webber, etc., de defender o país por razões financeiras ou pelo temor de um ataque terrorista, ou então os escassos treinos da equipe até o início dos jogos, ou ainda a sensação de que apenas o nome e a tradição levariam à vitória final.

O fato concreto é que os EUA não jogaram bem e perderam de Porto Rico, Lituânia e Argentina.

E talvez o fator mais importante responsável pela derrota tenha sido a **ineficácia** dos treinadores da equipe de basquete olímpica norte-americana de 2004, de administrar os egos de profissionais renomados, que pareciam mais preocupados em não se machucar do que em lutar pela vitória.

Não adianta, além disso, todo mundo querer dar espetáculo, pois alguém tem que carregar o piano.

Numa equipe só de astros (profissionais talentosos), quem muitas vezes acaba fazendo a diferença são justamente aqueles que se dispõem a pegar no pesado (marcar com afinco...), senão a coisa desanda.

Como aliás desandou em Atenas.

Ter o melhor time ou o melhor elenco não garante a vitória antecipadamente.

E nesse sentido, quem poderia dar a melhor receita para lidar com muitos profissionais talentosos ao mesmo tempo é Chuck Daly, o técnico que comandou o primeiro (e único) *Dream Team* dos EUA.

Chuck Daly, opinando sobre a dificuldade de transformar em equipe um conjunto de talentosos e badalados jogadores, disse: "É imprescindível para alcançar esse objetivo adotar inicialmente uma atitude positiva e otimista, pensando sempre em construir e não em destruir!?!?

Só assim é que a eficácia, ou seja, a sinergia entre os grandes astros individuais pode ser alcançada...

Quando reuni o *Dream Team* em 1992, cá entre nós, o único verdadeiro '**time dos sonhos'**, dediquei-me de forma primordial ao combate ao ciúme e à rivalidade entre atletas das diferentes equipes que sempre se enfrentaram na NBA, e de repente encontravam-se juntos para defender o seu país num evento não esperado, ou pelo menos não planejado na mente de cada um deles.

Os sentimentos negativos, como a inveja, estavam ali presentes.

É mais ou menos como a seguinte situação: você sempre quer o que o outro indivíduo tem, e ele, o que é seu.

Quando fui dar o primeiro treino para todos eles, percebi imediatamente que o meu principal desafio não seria nenhuma seleção européia, asiática ou africana.

O nosso maior adversário **éramos nós mesmos**!!!

Só conseguimos vencer porque, com muita conversa e força de vontade, fiz todos entenderem que a guerra de vaidades e a disputa de egos eram coisas para ficar para trás, e que cada um teria que ceder um pouco para atingirmos o objetivo comum, deixando o individual de lado e pensando apenas no trabalho coletivo.

Sabia que, dos mais de 10 mil atletas que estavam em Barcelona, os mais conhecidos e certamente os mais cobrados seríamos nós.

Passei aos meus famosos jogadores a seguinte mensagem: **a derrota de um seria a derrota de todos**!!!

Com o mundo todo contra a gente, torcendo contra nós, esperando ansiosamente um tropeço do *Dream Team*, todos compreenderam que tínhamos que nos unir, que precisávamos ser um time excepcionalmente eficaz, e aí, sim, com esse pensamento em mente, jogamos **como deveríamos, no um por todos, todos por um. E deu certo**!!!"

Talentos **243**

Pois é, esse é o ensinamento que cada gestor deve assimilar quando tiver que lidar com subordinados talentosos, porém pessoas difíceis.

É claro que a lição de Chuck Daly é muito boa, porém é bem difícil de ser aplicada na prática.

Tanto é que os EUA, com bons jogadores de basquete e com técnico competente nos Jogos Olímpicos seguintes, já não tiveram um desempenho tão eficaz como aquele de 1992.

E que sempre é mais fácil culpar o outro do que a si próprio, olhar para fora do que para dentro.

Se formos pensar como Chuck Daly que os nossos maiores adversários (ou inimigos) são internos e não externos, poderemos melhorar como pessoas, e aí, sim, pôr nossos sonhos em prática.

Porque se formos só focar no outro e não no que temos dentro de nós mesmos, a vida vira um pesadelo, conduzindo-nos a um resultado parecido com o obtido pelos EUA com o seu *Dream Team 4* em 2004.

Em Atenas, a verdade é que o problema não foi apenas a brilhante equipe da Argentina que ficou com a medalha de ouro, nem Porto Rico e Lituânia, que derrotaram os EUA na primeira fase.

O problema fundamental do *Dream Team 4* foi o próprio *Dream Team 4!!!*

QUEM FOI O VISIONÁRIO CUJAS FANTASIAS SE TORNARAM REALIDADE?

Júlio Verne conseguiu essa proeza!!!
Ele certamente é um dos escritores mais universais, não apenas por suas novelas, mas porque teve a perspicácia de prever inúmeros avanços científicos e técnicos conquistados nos últimos 100 anos.
Aliás, em 24 de abril de 2005 celebrou-se o centenário de sua morte: ele faleceu em 1905 em Amiens, na França.

Júlio Verne nasceu em 1828 em Nantes, na França, e embora seu pai quisesse que ele estudasse Direito, sua inclinação era pela literatura e pela exploração de outras terras.

Com 11 anos, o pequeno Júlio Verne fugiu de casa com a intenção de tornar-se grumete e, mais tarde, marinheiro.

Seus pais, contudo, conseguiram encontrá-lo a tempo e o reconduziram de volta ao lar. Furioso, Júlio Verne jurou não viajar mais em sua vida além dos limites de sua imaginação.

Essa promessa ele cumpriu em parte, já que a sua fantasia o conduziu a lugares inusitados, ao mesmo tempo em que correu o mundo em numerosas viagens.

No século XIX, ciência e religião digladiavam-se em defesa da razão ou da fé. Entre as armas de guerra estavam periódicos científicos, nos quais eram apresentados relatos rebuscados de experiências ou viagens que se opunham frontalmente a alguns folhetos religiosos bem dogmáticos e sisudos.

O francês Júlio Verne foi uma grande ajuda para que a ciência saísse vencedora do "**século da razão**", ou seja, o século XIX.

Júlio Verne não era inventor, químico ou físico, mas apenas um leitor apaixonado de boletins científicos e relatos de viagens. Ele certamente foi influenciado por Edgar Allan Poe e William Shakespeare, mas o início de sua carreira de escritor não foi fácil.

Apoiado na verossimilhança, construiu uma literatura revolucionária que não apenas divulgou conceitos, mas previu inventos, impregnando de fantasia a hermética moral científica. Contudo muitos editores afirmaram que sua literatura não passava de adivinhação do futuro.

Júlio Verne conseguiu despertar muito interesse popular na sua época e depois de sua morte.

O fato é que em suas novelas delineou ou antecipou possibilidades científicas que depois se converteram em realidade e lhe conferiram uma aura profética, o que contribuiu enormemente para aumentar sua fama.

Júlio Verne começou escrevendo peças de teatro, e foi só em 1863, já com 35 anos, que ele apresentou sua primeira novela "científica" intitulada: *Cinco Semanas em um Balão*, quando a sua popularidade explodiu a tal ponto que da noite para o dia converteu-se talvez no homem mais famoso em toda a França.

Aliás, esse seu livro foi recusado por muitos editores, até que finalmente foi publicado na revista *Magazin d'Éducation et de Recréation*, com uma aceitação pelo público realmente expressiva.

O sucesso alcançado fez com que o editor francês Hetzel lhe oferecesse um contrato de 20 mil francos [um dinheiro significativo, mas nada comparado aos milhões de dólares que hoje recebem gurus da administração como Jack Welch, cujo último livro – *Paixão para Vencer* – na primeira edição teve a impressão de 3 milhões de exemplares, ou Dan Brown, que vendeu 30 milhões de exemplares do seu *O Código Da Vinci*), ou ainda o nosso Paulo Coelho, que no lançamento de *O Zahir*, seu último livro, no mundo todo foram oferecidos aos leitores, de saída, 8 milhões de exemplares (320 mil só no Brasil)]!

A obrigação de Júlio Verne era a de escrever **dois romances por ano**.

Por sinal, seu contrato foi renovado pelo próprio Hetzel e por seu filho, editores de todas as obras do escritor francês durante 40 anos.

Com essa segurança, Júlio Verne dedicou-se integralmente ao "romance científico", e assim surgiram na seqüência: *Viagem ao Centro da Terra* (l864), *Da Terra à Lua* (l865), *20 Mil Léguas Submarinas* (1870), e certamente a sua obra mais famosa, *A Volta ao Mundo em 80 Dias* (1873).

Muitos desses livros legaram personagens conhecidos universalmente, como Phileas Fogg e o capitão Nemo.

A maioria das aventuras científicas imaginadas por Julio Verne foi largamente superada nos últimos anos.

O submarino Nautilus, de *20 Mil Léguas Submarinas*, que em 1870 era um verdadeiro sonho, tem agora réplicas modernas que permitem investigar o fundo do mar em grande profundidade, como aliás fez o outro francês Picard com uma autonomia operacional que 135 anos atrás era impensável.

Os 80 dias que o fleumático milionário Phileas Fogg levou para dar a volta ao mundo em companhia de seu criado Picaporte, há anos foram superados e se sucedem os recordes em todos os meios de transporte imagináveis: aviões, barcos à vela, etc.

Certamente um dos mais impressionantes feitos foi conseguido em março de 2005 pelo milionário Steve Fossett, que com o seu avião de um homem só – ele de 60 anos dentro do *Global Flyer* – conseguiu dar a volta ao mundo sem parar para abastecer, percorrendo algo próximo de 37 mil quilômetros em 67 horas!!!

"Uau, uau, uau", diria Júlio Verne se estivesse vivo.

Por sinal, ele deveria dizer mais, pois Steve Fossett ficou o tempo todo confinado em uma cabine de pouco mais de dois metros de comprimento e sujeito a uma dieta de *milkshakes* de chocolate.

Na verdade, num vôo de **67 horas**, Steve Fossett estabeleceu três recordes na história da aviação: o **primeiro** e o **mais rápido** vôo solo de circunavegação sem reabastecimento; e a **maior distância** percorrida sem pousar, quase dobrando o recorde anterior, obtido por um avião-bombardeiro B-52 em 1962.

O feito também eleva para 65 o número de recordes de resistência e velocidade obtidos por Steve Fossett. O entusiasmo do milionário nos cinco esportes que pratica – vela, balonismo, asa-delta, aviação e esqui – é tão grande que ele é também detentor do **recorde mundial em número de recordes**.

Ele já havia realizado façanha parecida ao dar a volta ao mundo num balão.

Os especialistas afirmaram que, apesar da ajuda de tecnologias de última geração, a viagem em torno da Terra no *Global Flyer* deu a Steve Fossett um lugar nos anais da história

Visionário **247**

da aviação, ao lado de figuras como Santos Dumont – o inventor do avião –, e Charles Lindbergh, o primeiro homem a atravessar sozinho o oceano Atlântico num avião, em 1927.

Um representante da Associação Aeronáutica Nacional que confirmou o recorde de Steve Fossett logo depois do pouso, afirmou: "Parece que esse era o último grande desafio da aviação!?!?

Houve épocas em que esse recorde parecia inatingível, mas hoje, graças à tecnologia e ao esforço físico de um único homem, ele foi batido."

O pouso bem-sucedido do *Global Flyer* deixou bem aliviados os 45 integrantes da equipe do vôo solo de Steve Fossett, pois eles chegaram a avaliar que a tentativa estava à beira do fracasso, depois de descobrir que o *Global Flyer* havia perdido mais de uma tonelada de combustível.

Mas como ventos nas altitudes elevadas acima do oceano Pacífico sopraram a favor do vôo isso ajudou o aventureiro a contornar o problema e terminar vitoriosamente a sua viagem em volta da Terra...

Bem, voltando a Júlio Verne, nas suas outras aventuras, como por exemplo na corrida espacial, já ficou para trás a chegada do homem à Lua, e agora já se pensa seriamente em chegar a planetas como Plutão e Netuno.

Outras metas de Júlio Verne, como a chegada do ser humano ao centro da Terra, continuam sendo impossíveis até agora...

Júlio Verne levou uma vida marcada por inúmeras e freqüentes viagens e cruzeiros por diferentes partes do mundo, que o conduziram a lugares tão distintos como os EUA, Escandinávia, Escócia, Irlanda, Egito, Índia, e os países da costa mediterrânea.

Conheceu dessa maneira muitos cenários que serviram de ambientação para as suas histórias.

Seu interesse por conhecer outros países cessou em 1886, quando Júlio Verne levou dois tiros disparados por um desequilibrado mental.

Isso lhe permitiu dedicar-se à família em Amiens, cidade na qual viveu seus últimos 31 anos, já que ele buscou fugir de Paris...

Na metade de sua vida, Júlio Verne era o escritor mais lido não só na Europa, mas no mundo todo.

As edições de seus livros – traduzidos em muitas línguas – esgotavam-se rapidamente. Embora os críticos literários os considerassem meros passatempos sem qualquer valor literário ou científico (!?!?), o certo é que a Academia Francesa de Letras acabou dando seu aval a Júlio Verne, assim como muitos homens de ciência.

No total, o autor francês escreveu 80 novelas, numerosas obras de divulgação científica e quinze peças para o teatro.

Seus livros foram vertidos para 112 idiomas, o que fez dele o **segundo escritor mais traduzido** da História, ficando atrás só de Karl Marx.

O escritor é hoje considerado o precursor da novela de ficção científica e da moderna novela de aventuras, suas duas grandes especialidades.

Na realidade, sua obra era mais direcionada para a literatura juvenil, e muitos contemporâneos o criticavam muito por propor aos jovens modelos bem afastados do classicismo imperante na época.

Júlio Verne é um dos escritores cujas obras foram levadas mais vezes à grande tela, ou seja, ao cinema.

Infelizmente, nos últimos trabalhos Júlio Verne começou a evidenciar um grande pessimismo e preocupação com o rumo que a ciência indicava para a humanidade, e mais uma vez Verne acertou, bastando lembrar o horror da destruição causada pelas bombas atômicas lançadas no Japão, na 2ª Guerra Mundial...

Júlio Verne morreu devido a uma crise de diabetes, e aí a cidade de Amiens decidiu erguer um monumento em homenagem àquele que foi seu vereador em várias legislaturas, e certamente o mais visionário de todos os franceses...

Ele recebeu também as principais condecorações outorgadas pelo Estado francês, inclusive sendo integrante da Legião de Honra.

Júlio Verne deixou um grande legado, e os seus livros traduzem um estilo peculiar no qual ele misturou dados científicos e buscou explicar teorias, mesclando com maestria ficção e realidade.

Ele conseguiu mostrar que a sua técnica de forma alguma era limitadora da criatividade, mas, ao contrário, certamente com ela conseguiu influenciar muitos inventores, em particular o inventor do avião, o brasileiro Alberto Santos Dumont, que leu seus livros.

Sem dúvida, Júlio Verne teve êxito ao fazer com que o conhecimento avançasse além do espaço definido pelos cálculos da época e antecipou pesquisas, bem como previu usos futuros para as teorias publicadas no final do século XIX.

Entre as invenções cujas previsões lhes são atribuídas estão a televisão – numa época em que não existia sequer rádio –, os mísseis teleguiados, o avião, e o uso de gases como armas de guerra.

Todas essas "fantasias" tornaram-se cada vez mais reais com as pesquisas desenvolvidas por Júlio Verne.

Infelizmente, com tantos méritos literários, existem poucas reedições das suas obras no Brasil.

"Brincadeira perigosa, não é?"

Alguns atribuem o desinteresse à pouca atração que esse tipo de literatura exerceria nos jovens de hoje, pois a tecnologia atual já oferece opções para fazer as "viagens" de Júlio Verne, como acontece com diversos *videogames*.

Porém, indiscutivelmente isto é uma vergonhosa lacuna, ou seja, a não-existência de publicações de Júlio Verne, mesmo que fossem adaptadas por escritores brasileiros...

Ainda que não seja possível alcançar diretamente o público pré-adolescente, pode-se atingir as pessoas que têm a leitura de Julio Verne marcada na sua história.

A literatura verniana, apesar de vivermos no século XXI, é capaz de transportar jovens por cenários criados a partir do *script* científico-literário sem limites criativos e sem ajuda do *videogame*.

É isso que desperta a imaginação das pessoas, e por isso as editoras brasileiras deveriam repensar em seu posicionamento e produzir adaptações das obras de Julio Verne, que seriam bem-vindas e dariam retorno financeiro, além de fazer com que as novas gerações conhecessem **o mais importante visionário do século XIX**, que profetizou há mais de 100 anos praticamente tudo o que existe hoje na Terra, criado pelo homem!!!

Bibliografia

ANDRADE, C. D. de
Declaração de Amor – Canção de Namorados
Editora Record – Rio de Janeiro – 2005

ARAÚJO, P. H. de
Motivando o Talento Humano
Editora Eko – Blumenau – 1999

BICK, J.
El Paradigma
Ediciones Urano S. A. – Barcelona – 2004

BLUCHE, F.
Memórias Secretas de Alexandre
Editora Objetiva Ltda. – Rio de Janeiro – 2000

BOYER, L. – BUREAU, R.
Citações
Livraria Nobel S. A. – São Paulo – 1996

CAVALCANTI, V.
O Melhor de Stanislaw Ponte Preta
Jose Olympio Editora – Rio de Janeiro – 1976

CHEUNG, T.
Toda a Sorte do Mundo
Editora Fundamento Educacional Ltda. – São Paulo – 2004

CHU, Chin – Nig
A Arte da Guerra para Mulheres
Editora Fundamento Educacional Ltda. – Curitiba – 2003

COVEY, S. R.
O 8º Hábito – Da Eficácia à Grandeza
Elsevier Editora Ltda. – Rio de Janeiro – 2005

CURY, A.
Dez Leis para Ser Feliz – Ferramentas para se Apaixonar pela Vida
Editora Sextante – Rio de Janeiro – 2003

CURY, A.
Revolucione sua Qualidade de Vida
Editora Sextante – Rio de Janeiro – 2002

CURY, A.
Você é Insubstituível
Editora Sextante – Rio de Janeiro – 2002

DESLAURIERS, P.
Zona de Alta Freqüencia
Editora *Best Seller* – Rio de Janeiro – 2005

EMMETT, R.
Não Deixe para Depois o que Você Pode Fazer Agora
Editora Sextante – Rio de Janeiro – 2003

HANNA, P.
Você Pode – Descubra o Caminho para Mudar e Vencer
Editora Fundamento Educacional Ltda. – São Paulo – 2004

HERALD, J.
Atitude!
Editora Fundamento Educacional Ltda. – São Paulo – 2004

KOTLER, P.
O Marketing sem Segredos
Artmed Editora S. A. – Porto Alegre – 2004

KURKE, L. B.
A Sabedoria de Alexandre, o Grande
Relume Dumará Editora – Rio de Janeiro – 2005

KÜSTENMACHER, W. T. – SEIWERT, L. J.
Simplifique sua Vida
Editora Fundamento Educacional – São Paulo – 2004

KYNE, P. B.
O Empreendedor – Como Criar Oportunidades
Editora *Best Seller* – Rio de Janeiro – 2005

LISBOA, L. C.
O Som do Silêncio
Verus Editora – Campinas – 2004

MALIN, S.
Por que você ama quem você ama
Editora Caras S. A. – São Paulo – 2004

NELSON, B.
Faça o que Tem de Ser Feito, não Apenas o que lhe Pedem
Editora Sextante – Rio de Janeiro – 2003

PETERS, T.
Reimagine
Editora Futura – São Paulo – 2004

PLUTARCO
Alexandre, o Grande
Ediouro Publicações Ltda. – Rio de Janeiro – 2004

POUNDSTONE, W.
Como Mover o Monte Fuji?
Ediouro Publicações Ltda. – Rio de Janeiro – 2005

REIMAN, J.
Idéias – Como Usá-la para Renovar seus Negócios, sua Carreira e sua Vida
Editora Futura – São Paulo – 2004

RICE, E. E.
Alexandre o Grande
Editora Nova Fronteira S. A. – Rio de Janeiro – 2004

RIFKIN, J.
O Sonho Europeu
Makron *Books* do Brasil Editora Ltda. – São Paulo – 2005

ROSENBLOOM, J.
La Pequeña Gran Enciclopedia de La Risa
Juegos & Co S. R. L. – Buenos Aires – 1999

SCHOEPLIN, M.
O Amor Segundo os Filósofos
Editora da Universidade do Sagrado Coração – Bauru – 2004

TROUT, J. – RIVKIN, S.
O Poder da Simplicidade
Makron *Books* do Brasil Editora Ltda. – São Paulo – 1999

VILLAR, S.
As 100 Melhores Crônicas de Humor
Alta Life *Books* – Rio de Janeiro – 2004

ZAGLAR, Z.
Namorados para Sempre – Como Fazer do seu Casamento um Eterno Romance
Editora Vida – São Paulo – 2001

WELCH, J. – WELCH, S
Paixão por Vencer – A Bíblia do Sucesso
Elsevier Editora Ltda. – Rio de Janeiro – 2005

WHITELEY, R. – HESSAN, D.
Crescimento Orientado para o Cliente
Elsevier Editora Ltda. – Rio de Janeiro – 1996

Revistas

Business Week – The Mc Graw Hill Companies, Inc.

Empreendedor (www.empreendedor.com.br) - Editora Empreendedor.

Enjeux – Group Lês Echos.

Entrepreneur – Entrepreneur, Inc.

Época – Editora Globo.

Exame (www.uol.com.br/exame) - Editora Abril.

Forbes Brasil – Editora J.B.

Forbes Global – Forbes Global, Inc.

Fortune – Time Warner Publishing B.V.

Inc. – G + J USA Publishing.

Isto é Dinheiro – Editora Três.

Newsweek – Newsweek, Inc.

Pequenas Empresas & Grandes Negócios – Editora Globo.

Profissão Mestre – Humana Editorial Ltda. – Curitiba – Paraná

Seu Sucesso – Editora Europa.

Veja – Editora Abril.

Vencer – Intermundi Editora Ltda.

Você S. A. - Editora Abril.

The Atlantic (www.theatlantic.com/tech/) - The Atlantic Monthly.

The Economist (www.economist.com/research) - The Economist Newpaper Limited.

 Qualidade com Humor

Conheça os títulos mais recentes do autor:

O BOOM NA EDUCAÇÃO
O Aprendizado Online

A RODA DA MELHORIA

GESTÃO CRIATIVA
Aprendendo com os mais bem
sucedidos empreendedores do mundo

QUALIDADE DA CRIATIVIDADE
Volume 1 e 2

EMPREENDER É A SOLUÇÃO

Boa Leitura, melhor qualidade de vida

Acesse nossos títulos no site:
www.dvseditora.com.br